赵可云 王焕景 主编

信息化教学
理论与实践

清华大学出版社
北京

内 容 简 介

本书阐述了如何将教学理论、教学模式、教学方法等应用到中小学信息化教学实践中以提高教育教学的效率、效果、效益。本书旨在提升师范类专业学生的信息化教学能力,以满足现代教育教学的需求。本书共分为五篇(即理论篇、设计篇、技术篇、研究篇、案例篇)九章,分别是信息化教学概述、信息化下教师专业发展、信息化教与学理论、信息化教学环境、信息化教学设计、多媒体课件的设计与开发、微课的设计与开发、信息化教学研究、信息化教学实践优秀案例。

本书面向的读者对象为师范类专业本科生、研究生和一线教师,也可供从事信息化教学和教育信息化管理的相关人员参考。

图书在版编目(CIP)数据

信息化教学理论与实践 / 赵可云,王焕景主编.

北京:清华大学出版社,2024.7. -- ISBN 978-7-302
-66830-5

Ⅰ. G434

中国国家版本馆 CIP 数据核字第 2024VR4031 号

责任编辑:聂军来
封面设计:常雪影
责任校对:李 梅
责任印制:刘 菲

出版发行:清华大学出版社
网　　址:https://www.tup.com.cn,https://www.wqxuetang.com
地　　址:北京清华大学学研大厦 A 座　　邮　编:100084
社 总 机:010-83470000　　邮　购:010-62786544
投稿与读者服务:010-62776969,c-service@tup.tsinghua.edu.cn
质量反馈:010-62772015,zhiliang@tup.tsinghua.edu.cn
课件下载:https://www.tup.com.cn,010-83470410
印 装 者:大厂回族自治县彩虹印刷有限公司
经　　销:全国新华书店
开　　本:185mm×260mm　　印　张:16　　字　数:387 千字
版　　次:2024 年 8 月第 1 版　　印　次:2024 年 8 月第 1 次印刷
定　　价:49.90 元

产品编号:102994-01

前　言

随着信息化新时代的到来，信息科学与技术日益影响着人类的发展。各个国家都在积极应对信息化带来的巨大机遇和挑战，将教育信息化作为促进教育改革和发展的重大措施，并投入大量资源提升本国教育信息化的水平。为了积极融入信息化时代，我国也发布了一系列文件来推进教育信息化，以加速教育信息化与教育强国建设的步伐。《国家中长期教育改革和发展规划纲要（2010—2020 年）》《教育信息化十年发展规划（2011—2020 年）》《教育信息化 2.0 行动计划》《中国教育现代化 2035》等都彰显了时代对教育信息化的需要，也为教育工作者指明了方向。党的二十大报告中提出的"深入实施科教兴国战略"指明了新时代新征程教育发展的新任务——"加快建设教育强国"，强调要"加快建设高质量教育体系"。而教育强国的建设离不开人才的培养和师资队伍的建设，所以要着力提升师生的数字化素养和能力，帮助师生适应数字化发展变革。党的二十大报告指出，新时代教师队伍建设的新方向是"培养高素质教师队伍"，强调加强高素质教师队伍的建设，以人才引领发展的理念推进新时代教师队伍建设改革，切实推进落实《新时代基础教育强师计划》，深入推进教师队伍数字化治理和教师资源数字化建设。在信息化日益快速发展的背景下，教师传统教学能力受到不断变化和创新的信息化教学形式的挑战，以往的各种教育教学模式已难以满足信息化时代提出的新要求。教学能力的提升和教学模式的创新与变革迫在眉睫。

乘时代之风，我们应重视教师信息化教学能力的发展，加深教师对信息化教学理论的把握，提升教师对新形式教学资源的设计制作能力，培养教师信息化教学的设计能力，将信息化时代的教师从"知识传授者"转变为"学习引领者""积极教育创新者"和"教育变革实践者"，为应对信息化时代的到来做好充足准备。

为提升教师的信息化教学能力，本书从理论、设计、技术、研究、案例五个层面对教师信息化教学进行了详细介绍，旨在使教师对信息化教学有基本的认识，帮助其掌握一定的多媒体课件及微课的制作技能，为教师在信息化环境下开展教学设计和教学研究提供指导。同时在第五部分介绍了相关案例，与前面四部分内容相互呼应和对照，帮助读者更好地在实际教学或研究中运用本书中的知识,发展自身的信息化教学能力,让本书真正能够与实践接轨,服务于教师教学实践。除此之外,本书还以二维码形式添加了拓展资源,尽量为读者提供本书知识辐射范围内的相关资料,读者可根据个人兴趣选择个性化的学习方向,丰富相关知识,加深对相应知识的理解。

本书由曲阜师范大学的赵可云整体统筹与规划并主持编写,汇集多名具有丰富教学与技术经验的教师和研究者,经过拟定体系框架、初期编写、修订、编委会审阅和再修订,最终完成本书的编写。本书具体分工如下:王焕景负责书稿任务统筹推进;吴焕庆、杨鑫负责编写第一章;吴运明、周凯、张丽丽负责编写第二章和第三章;张洪孟、董清爽负责编写第四章;张海燕、刘明祥负责编写第五章;陈燕、李晓飞、亓小涛负责编写第六章;亓建芸、孔勇负责编写第七章;刘敏、徐振国、谢万里负责编写第八章;金辛芳、周金花、刘雪英、时培福、杜晓敏、王志乐、刘磊负责编写第九章。李兴保审阅了全文。曲阜师范大学教育技术学专业的研究生杨晓晨、黄晓萌、王妮妮、陈宁、魏士琪、赵雅倩、王悦、赵国瀚、程鑫鑫、邵思淙、葛义、葛扬迪、刘西静、高静怡、张乐康、张秀秀、崔妍、商慧波等参与了本书的编写工作,搜集、整合了书稿所需的大量文献及资源。在此,对每一位编者的付出与努力表示感谢!

本书受到泰山学者工程专项经费资助(项目编号:tsqn202211130)。

本书面向对象为师范类专业学生、教育硕士、一线教师及从事信息化教学理论与实践研究的读者。本书中引用、借鉴了很多同行的文章及案例(在参考文献和书稿中已注明),在此表示衷心的感谢,如有遗漏,恳请谅解。限于编者水平,书中难免存在疏漏和不足之处,恳请各位专家、同行及广大读者批评、指正。

编　者

2024 年 1 月

目 录

理 论 篇

设 计 篇

理 论 篇

第一章　信息化教学概述

学习目标

（1）了解我国教育信息化的相关政策。

（2）理解教学信息化和信息化教学的区别与联系。

（3）了解信息化教学的发展历程。

（4）理解教师知识结构演变过程，掌握 TPACK 的构成与内涵。

第一节　教育信息化概述

没有信息化就没有现代化，教育信息化是教育现代化的基本内涵和显著特征，是《中国教育现代化 2035》的重要内容与主要标志。教育信息化具有突破时空限制、快速复制传播、呈现手段丰富的独特优势，被认为是促进教育公平、提高教育质量的有效手段，是实现全民终身学习的有力支撑，必将带来教育科学决策水平和综合治理能力的大幅提高。以教育信息化支撑引领教育现代化，是新时代我国教育改革发展的战略选择，对于建设教育强国和人才强国具有重要意义。

一、教育信息化的内涵

多媒体、互联网、人工智能、大数据、区块链等技术迅猛发展，正在深刻地改变着人才需求和教育形态。信息技术不仅改变了教与学的方式，而且已经深入影响教育的理念、文化和生态。教育信息化正是在教育实践积极拥抱信息技术的过程中逐渐生成的概念。教育信息化是在 20 世纪 90 年代伴随着"信息高速公路"的兴建而提出来的，英文通常将教育信息化表述为 informationization、informationalization、informatization 等。美国于 1993 年 9 月正式提出建设国家信息基础设施（National Information Infrastructure，NII），也称信息高速公路（Information Superhighway）的计划，其核心是发展以互联网为核心的综合化信息服务体系和推进信息技术（Information Technology，IT）在社会各领域的广泛应用，特别是把 IT 在教育中的应用作为实施面向 21 世纪教育改革的重要途径。美国的这一举动引起了世界各国的积极反应，许多国家相继制订了推进本国教育信息化的计划及政策。

什么是教育信息化？"化"在哪？根据现代汉语语法规则，在名词或形容词之后可以加上后缀"化"字构成动词，可以使原来的词性和词意发生变化。"化"字加在名词之后成为一个新动词，使原来名词的内涵、作用扩大化，以便在更大范围内得到功能性的表现，如机械化、工业化、智能化、网络化、信息化等。"信息化"建立在"信息"与"化"的结合之上。"化"使

"信息",乃至"信息技术"在更大的范围、领域内得到体现,表达一种"利用信息技术将某事物、领域、部门进行系统性改变、改造的意蕴"。基于这一观点,教育信息化则可以理解为利用信息技术对教育形态进行的系统性改变。

在学术界,国内外有许多专家曾对教育信息化的内涵、实质做过多种不同的解读,并且见仁见智地从不同角度进行了各种各样的论述。黎加厚认为,教育信息化是将信息作为教育系统的一种基本构成要素,并在教育的各个领域广泛地利用信息技术,以促进教育现代化的过程[1]。祝智庭认为,教育信息化是通过广泛而深入地应用现代信息技术以促进教育改革和发展的过程,其必然催化出"信息化教育"这一全新的教育形式[2]。李克东认为,教育信息化是指教育与教学的各个方面在先进的教育思想指导下,积极应用新技术,并且开发、广泛利用信息资源,培养适应信息社会要求的创新型人才,加速实现教育现代化的系统工程[3]。南国农认为,教育信息化是指在教育中普遍运用现代信息技术开发教育资源,优化教育过程,以培养和提高学生的信息素养,促进教育现代化的过程[4]。

2011年,何克抗[5]提出,教育信息化的本质(即基本内涵)可以用一句话予以概括,即运用以多媒体计算机和网络通信为核心的信息技术来优化教育、教学过程,从而达到提高教育、教学的效果、效率与效益("三效")的目标。效果是指各学科教学质量和学生综合素质的提高;效率是指用较短的时间来达到预期的效果;效益是指用较少的资金投入获取更大的产出,对教育来说"更大的产出"就是要培养出更多的优质人才。教育信息化所追求的"三效"目标,也是各级各类教育部门时刻都在关注的目标。确保这些目标的实现,正是教育信息化的优势所在。为了确保"三效"目标的实现,教育信息化致力于实现三个方面的目标。第一,创设信息化教学环境。该环境能支持情境创设、启发思考、信息获取、资源共享、多重交互、自主探究、协作学习的教学方式与学习方式,也就是实现一种既能发挥教师主导作用,又能充分体现学生主体地位的以"自主、探究、合作"为特征的教与学方式,这正是基础教育新课程改革所要求的教与学方式。第二,提供丰富的信息化教学资源。丰富的教学资源(含各种学习工具软件)是实现信息技术与课程整合的必要前提。没有丰富的优质教学资源,就谈不上学生自主学习,更难以让学生进行自主发现和探究,也难以改变教师主导课堂、学生被动接受知识的状态。事实上,没有教学资源的支持就没有真正意义上的"信息技术与课程整合"。第三,在信息化教学环境下实现教育思想、教学观念的根本性变革,使"以教师为中心"的教育思想转变为"主导—主体相结合"的教育思想,使只是强调"传递—接受"的教学观念转变为更关注"启发—引导"的教学观念。

教育信息化的基本目标在于培养满足现代社会发展需求的创新型人才,最终实现教育的现代化与跨越式发展。教育信息化主张以全新的教育思想和教育理念来指导信息和信息技术在教育教学领域的全面应用,并且倡导按培养创新型人才的要求,合理有效地通过信息技术的使用,逐渐探索符合发展要求的信息化教育教学模式,设计与开发标准化的信息化教育教学资源,进而达到教育现代化和实现教育跨越式发展的目标。一定意义上,教育

① 黎加厚.教育信息化环境中的学生高级思维能力培养[J].中国电化教育,2003(9):59-63.
② 祝智庭.教育信息化:教育技术的新高地[J].中国电化教育,2001(2):5-8.
③ 李克东.知识经济与教育技术的发展[J].中国电化教育,2002(8):35-36.
④ 南国农.教育信息化建设的几个理论和实际问题(上)[J].电化教育研究,2002(11):3-6.
⑤ 何克抗.教育信息化是实现义务教育优质、均衡发展的必由之路[J].现代远程教育研究,2011(4):16-21.

信息化实践过程不仅是简单地将计算机和信息技术引入课堂,其实质追求的是通过技术在教育中的深度应用,促使现代教育思想和教育理念逐渐转变。而教育实践者掌握教育信息化的理念、理论,并能够有意识地对教育系统进行认识、分析及改造,则是教育信息化不断推进的根本落脚点。

二、教育信息化的内容及特征

(一)教育信息化的内容

随着信息技术在教育领域中的作用日益凸显,人们愈加认识到,教育信息化的发展关乎一国教育的质量。作为一个系统化工程,教育信息化关系到教育系统全方位、立体化的改革与发展,具体可以从信息化基础设施、信息化教育资源、信息技术教育应用、信息化人才培养、信息技术和信息技术产业、信息化法规和标准六个主要方面予以把握。信息化基础设施是基础,信息化教育资源是核心,信息技术教育应用是关键,信息化人才培养是抓手,信息技术和产业的发展是支撑,信息化法规和标准是保障。六个方面相互作用、互相影响,进而决定教育信息化的实际成效。

1. 信息化基础设施

教育基础设施是一个教育系统正常运转的物质基础,构成了教育系统的底座与基石,为教育系统功能的发挥,尤其是教育教学等各项业务的开展提供了条件支撑和公共服务。在漫长的社会历史进程中,教育基础设施的形式日益丰富,塑造了不同时代的教育形态[①]。在农业社会,教育基础设施建设主要是在学园或私塾等特定的物理空间中,围绕语言、文字、纸笔展开的,催生的是学徒制的教育。工业社会以机械化为特征的印刷技术构成了教育基础设施建设的核心支撑,在此基础上产生了现代意义上的学校,催生了班级授课制式的教育。到了信息社会,教育信息化的长足发展为教育提供了以信息化为特征的基础设施,教育信息化的新形态或隐或现地出现。

基础设施建设对于教育信息化的发展具有重要的意义。随着第五代移动通信技术(5G)、物联网、工业互联网、人工智能、数字孪生等新兴技术的迅猛发展,以新一代信息技术驱动的信息融合与创新的基础设施建设显得尤为必要和迫切,在这种背景下,教育信息化新型基础设施建设被提出[②]。教育信息化新基建遵循需求导向、创新引领、协同推进、统筹兼顾的基本原则,以技术迭代、软硬兼备、数据驱动、协同融合、平台聚力、价值赋能为特征,聚焦信息网络、平台体系、数字资源、智慧校园创新应用和可信安全等重点方向。其一,信息网络新基建,主要依托国家电子政务外网和互联网,建设教育专网并升级校园网络,以提升学校网络质量,提供高速、便捷、绿色、安全的网络服务。其二,平台体系新基建,主要依据构建新型数据中心、促进教育数据应用推动平台开放协同、升级网络学习空间等原则,推动各级各类教育平台融合发展,构建互联互通、应用齐备协同服务的"互联网+教育"大平台。其三,数字资源新基建,主要依托国家数字教育资源公共服务体系,开发新型资源和工具,优化资源供给服务,提高资源监管效率,以此推动数字资源的供给侧结构性改革,创新供给模式,

① 郑旭东,周子荷.教育新基建三问:何为基? 新在哪? 如何建? [J].电化教育研究,2021,42(11):42-47.

② 祝智庭,许秋璇,吴永和.教育信息化新基建标准需求与行动建议[J].中国远程教育,2021(10):1-11.

提高供给质量。其四,智慧校园新基建,重点支持有条件的学校利用信息技术升级教学设施、科研设施和公共设施,促进学校物理空间与网络空间一体化建设。其五,创新应用新基建,依托"互联网＋教育"大平台,创新教学、评价、研训和管理等应用促进信息技术与教育教学深度融合。其六,可信安全新基建,着力于增强网络感知能力,有效感知网络安全威胁;过滤网络不良信息,保障绿色上网;提升信息化供应链水平,推动可信应用;强化在线教育监管,保障广大师生的切身利益。

2. 信息化教育资源

信息化教育资源是用于教育和教学过程的各种信息资源,其能否有效开发和利用关乎教育信息化建设的成败。教育资源建设是实施教育信息化建设的核心内容,要努力丰富教育资源,才能使教育信息化建设落到实处。教育资源可以是和教学内容密切相关的文字、图片、音频、视频等。教育资源要用先进的信息化音视频技术,实现文字、图形、图像和声音的同步传输,并要符合网络标准,有较好的交互控制。

信息化教育资源可分为以教育信息为主要内容的教育软件资源和以管理信息系统的基础数据为主要内容的教育管理信息资源两大类。其中教育软件资源主要包括各种网络数字课程、多媒体素材、各类计算机辅助教学(CAI)课件等资源,以文献资料查阅和检索服务为主的图书情报信息资源,以教育信息资源的生成分析处理、传递和利用为主的各种软件工具类资源,以及能被教育应用的其他互联网资源。教育管理信息资源主要是指为实施现代教育管理而建立的各类数据库资源,以及为方便和支撑教育者、教育内容、教育对象、教育资源及其支持服务体系为主要内容的相关资源等。信息化教育资源在教育中的应用最为直接,教育过程即通过应用各种教育资源予以展开。对各种教育信息资源的生成、整理、分析、处理、传递和应用,应根据教育信息的特点、教育过程的要求展开。信息化教育资源建设从长期来看是一项艰苦而漫长的工程,可以本着"边开发、边应用"的原则,采用各种可能的方法,用各方面的资金全面地建设教育信息化资源库。"边开发、边应用",其应用也能更进一步促进资源的开发,并且在应用的过程中要不断进行评价修改和升级,以进一步完善教育数字资源。

3. 信息技术教育应用

信息技术的教育应用是教育信息化建设的根本出发点,也是激发信息化育人价值的直接抓手。有了信息网络和信息资源这些基础条件之后,信息技术的教育应用便成为教育信息化的主角,教育信息化建设的水平和效益都主要体现在应用这一环节。教育信息化所依赖的信息技术在飞速发展,信息技术,乃至人工智能技术的发展更是日新月异,而如何将信息技术有效应用于教育中,并用于解决现实而迫切的教育问题则成为教育信息化的关键。具体来说,应做到三个结合:信息技术与教学手段的结合、信息技术与教学内容的结合、信息技术与教学管理的结合。在信息技术应用方面应注重做好三件事:一是做好与教学手段密切相关的硬件及软件建设,其决定着信息技术教育应用的方向,直接关系到信息技术教育应用的效率和效果;二是建立因地制宜的教育信息化环境,形成与教育对象和教育内容相适应的信息化教育模式;三是在不同层次上开展教学管理的理论研究与实践工作,并将其作为教育领域信息技术教育应用的主要任务。

信息技术应用于教育教学有多种途径,作为技术工具中介,信息技术可以全面支持学习者与学习环境中的信息资源和学习社群的互动,主要发挥以下四种功能。

（1）对学习进行管理监控。信息技术的一项重要功能是支持对学习活动的监控，可以支持对学习活动的规划设计，收集和保留关于学习者学习情况的信息，为学习者提供有效的测评、反馈和建议，并在必要时进行有针对性的干预和控制。在传统学习环境中，学习监控的职能在很大程度上是由教师完成的，而且主要是外部监控。在新的学习环境中，基于计算机的各种工具可以为学习的监控提供有力的支持，包括学习管理系统、电子学档、计算机辅助测验、适应性学习系统等。在智能技术的赋能下，智能学习环境更强调通过提供关于学习状况的信息和学习建议来促进学习者对学习过程进行自我计划、自我监控、自我调节。

（2）作为媒体提供内容资源。信息技术作为媒体可以承载和传输各种内容资源，提高信息资源的丰富性、交互性、灵活性和开放性。内容资源的具体形式包括课件、教学资源库、教学素材库、电子教材、电子书刊、学生自建数据库、数字图书馆、数字博物馆、虚拟科技馆等。这些内容资源既包括了结构化程度较高的课件，也包括各种开放的素材资源；既包括校本资源和本地性资源，也包括全球范围内的分布性资源；既包括专门为教育目的设计开发的资源，也包括各种各样的并非专门为教育目的而开发，但可以用于教育的信息资源。图书馆、博物馆、科技馆、美术馆等公共服务机构也可以借助互联网技术为教育提供丰富的、高质量的资源和便捷的服务。

（3）提供信息处理工具。学习过程中包含非常复杂的信息加工活动，需要借助一定的信息处理工具，如计算工具、写作工具、绘画工具等。计算机等信息技术从诞生之初就是为了完成信息加工任务，随着智能化信息加工工具的发展，其能够更有效地帮助学习者实现灵活开放的、随时随地的信息处理活动。因此，在信息时代，学习者可以充分利用计算机等信息技术工具更有效地加工信息，例如用于处理文字、数据或多媒体信息的应用软件，多媒体与网页制作工具，模拟、建模与知识可视化工具，各种面向特定认知任务的认知工具（如概念图工具），以及帮助学习者完成各种具体任务的智能教育代理等。

（4）作为社群互动工具。互联网、微信、微博等媒介越来越成为一种有力的沟通交流工具，而人际交往与互动则在教育过程中占有核心地位。计算机媒介沟通工具可以有效地支持人际互动，扩展参与沟通的成员范围，扩展理解与思想的广度，促进学生与同学、教师、专家等人士的跨越时空的沟通交流。其既可以支持同步交互（如网上聊天室、视频会议等），让学生能够与身处远方的同学、教师和专家实时交流，同时也可以支持异步交互。研究表明，在异步交互中，学生可以在发出自己的发言之前对自己的想法进行更深入地思考和完善，因而有利于实现更为深入的研讨。而且，利用计算机支持的协同工作工具，还可以实现学生的网上远程协作学习，以及教师之间合作工作。网络不仅仅是计算机联网，更重要的是人的心灵与智慧的联网，它大大缩短了人与人之间的时空距离，从而可以实现更便捷、更广阔、更灵活开放的人际沟通互动。

4. 信息化人才培养

信息化教师队伍建设是教育信息化有效推进的根本保障。教育人员的知识结构、创新精神和开拓能力，深刻影响教育和教育信息化成效。人才是教育的生命，也是教育信息化的生命。当前，随着信息技术的普及，教育信息化从业人员基本已具备一定的信息素养。然而，只有一定的信息素养并不足以满足在教育中有效应用信息技术的现实需要。因此，培养大量掌握信息技术应用能力的教育信息化人才尤为关键。具体而言，保障教育信息化落实推进应重点关注两类人才的培养。一类是技术型的教育信息化人才，主要是指专门从事教育信息技术和信息化资源的研究与开发教育信息化硬件建设、教育信息化软件应用和维护的专门人才。教育信息化发展对专业要求教育信息化人才有较细的分工，其可以是电子技术专业人才、硬件工程师、高级软件编程人才、网络工程师或微电子技术专业人才等。另一类是管理应用型的教育信息化人才，相对于技术型的人才来说，其主要是指在教育领域从事具体教学、教育管理及其他教育服务的各类人才。信息化发展对该领域全体人员的信息技术知识、信息利用能力和信息素养都提出了较高的要求。

教育信息化的根本目的是实现教育现代化，培养创新型人才。面向信息社会的创新型人才应具备的一项基本素质就是信息能力。这不仅是教育领域内的事情，而且是信息社会中每一个人赖以生存，用于学习进步的一项基本能力。所以，教育信息化应将每一位学生的信息能力培养作为教育的一项重要内容大力推进，以保证实现国家社会经济的发展。我国在各级、各类学校中广泛开展的信息技术教育就是实现教育信息化的重要步骤和主要内容。

5. 信息技术和信息技术产业

信息技术和信息技术产业是教育信息化的支柱。信息技术是指对信息的采集、加工、存储、交流、应用的手段和方法。其内涵包括两个方面：其一，将信息技术视为一种手段，即各种信息媒体和工具，如印刷媒体、电子媒体、计算机网络、远程通信等，是一种物化形态的技术；其二，将信息技术视为一种方法，即运用信息媒体和技术对各种信息资源进行采集、加工、存储、交流、应用的方法，是一种智能形态的技术。信息技术就是由信息媒体本身和信息媒体应用的方法这两个要素所组成的。信息技术的核心是信息的数字化和信息传输的网络化。信息技术是教育信息化的技术支柱，是教育信息化的驱动力。在教育信息化过程中开展信息技术研究不仅可以丰富教育信息化的研究内容，而且可以将新的、更加有效的物态化技术和智能技术应用于信息化教育中，提高信息化教育的质量和效果。

信息技术产业主要指信息技术设备制造业和信息技术服务业。由于信息技术设备制造业的发展需要强大的技术和资金做后盾。因此，在我国的教育信息化过程中，信息技术产业的发展应由不同的社会部门分工协作来完成。其中教育信息技术产品的制造业，应动员教育系统、科研院所和相关企业等互补性较强的部门共同参与，以便将教育系统从教育信息技术产品的开发中解脱出来，集中精力做好以教育信息资源的开发和应用为主的教育服务。例如，如何开发好微课、教育短视频等新一代信息化教育资源成为教育发展新时期对教师的一个必然要求。

6. 信息化法规和标准

教育信息化是一项系统工程，教育信息化工作的顺利进行需要政府及相关部门在教育信息化基础设施建设、教育信息化资源开发、教育信息技术应用、教育信息技术和产业等各个方面制定一系列政策法规和标准，建立一套完善的促进信息化建设的政策、法规环境和标准体系，以规范和协调各要素之间的关系，这既是教育信息化健康发展的重要条件和保障，也是开展教育信息化的依据和蓝图。只有这样，才能使各级政府、教育管理部门、学校的教育信息化规范化、秩序化，进而推动教育信息化健康顺利地向前发展。

（二）教育信息化的特征

教育信息化的特征可以从技术层面和教育层面两个维度来考察。

从技术层面看，教育信息化的基本特征是数字化、网络化、智能化和多媒体化。数字化使教育信息技术系统的设备简单、性能可靠和标准统一。网络化使信息资源可共享,活动时空限制少、人际合作易实现。智能化使教育信息化系统能够做到教学行为人性化、人机通信自然化、复杂任务代理化。多媒体化使信息媒体设备一体化、信息表征多元化、真实现象虚拟化。

从教育层面看,信息化教学具有教材立体化、资源全球化、教学个性化、学习自主化、活动合作化、管理自动化、环境虚拟化等显著特征。

(1)教材立体化。教材立体化是指在网络环境下利用声音、动画、影像等多媒体技术而实现的一种新型教学解决方案。立体化教材由以传统纸质媒介为主的教材、教学指导书、训练教程,以及辅助教学的电子教案、多媒体课件、试题库、素材库,辅助学习的多媒体课件、网络课程等构成。

(2)资源全球化。资源全球化是指利用互联网,使全球的教育资源与教育网站、电子书刊、虚拟图书馆和教室等连成一个信息海洋,供广大教育用户共享。

(3)教学个性化。教学个性化是指利用人工智能技术构建智能导师系统,以实现教师能够根据学生的不同个性特点和需求进行教学和提供帮助。

(4)学习自主化。学习自主化是指随着以学生为主体的教育思想日益得到认同,利用信息技术支持自主学习,保障学生作为知识的主动建构者逐渐成为必然的发展趋势。

(5)活动合作化。活动合作化是指倡导学生使用计算机、网络、智慧教室、网络学习空间等信息化设备、环境,通过合作的方式开展学习活动。

(6)管理自动化。管理自动化也称为计算机管理教学,包括计算机化测试与计分、学习问题诊断、学习任务分配、电子学档、学习活动记录、学习智能评价等。

(7)环境虚拟化。环境虚拟化是指学生在 VR 和 AR 工具营造出的虚拟校园中,进行远程协作交流、教学设计和学习创造等多元丰富的学习活动。

三、《教育信息化 2.0 行动计划》与教育数字化转型

在不同历史阶段,为适应具体的教育需求,教育信息化建设的任务及重点也进行着适应性调整。教育信息化 2.0 行动计划与教育数字化转型是教育信息化发展到一定程度,顺应现实教育发展的必然选择,是教育信息化的新阶段。

(一)《教育信息化 2.0 计划》

2018 年以来,为加快教育现代化和教育强国建设,推进新时代教育信息化发展,培育创新驱动发展新引擎,结合国家"互联网＋"、大数据、新一代人工智能等重大战略的任务安排,2018 年 4 月教育部印发《教育信息化 2.0 行动计划》[①]。文件指出,在教育信息化 2.0 时代,教育信息化将作为教育系统性变革的内生变量,支撑引领教育现代化发展,推动教育理念更新、模式变革、体系重构,使我国教育信息化发展水平走在世界前列[②]。

《教育信息化 2.0 行动计划》指出,经济社会发展新时期,教育将呈现三个特点。

(1)线上线下结合的教与学成为主流。信息技术将像黑板、粉笔那样,成为课堂教学的

---

① 中华人民共和国教育部. 教育信息化 2.0 行动计划[EB/OL]. (2018-04-18)[2023-03-01]. http://www. moe. gov. cn/srcsite/A16/s3342/201804/t20180425_334188. html.

② 任友群. 走进新时代的中国教育信息化:《教育信息化 2.0 行动计划》解读之一[J]. 电化教育研究,2018(6):27-28.

必然构成要素,教师、学生均将自觉或不自觉地利用信息技术开展教学、学习活动。

(2)建立在数字化、网络化基础上的个性化、终身化学习将变得更加重要。基于当前"教育信息化发展1.0"所构建的信息化、数字化硬件基础,探索能够支撑、实现个性化学习、终身学习的技术应用"之路""之法"尤为必要。个性化学习标志着优质教育资源可送达每个学生个体,标志着教育公平可落实于学生个体层面。终身学习则标志着优质教育资源可突破教育时间、学段限制,实现"人人皆学、处处能学、时时可学"。

(3)智能化将引发教与学更加深刻的变革。具体表现为以下三个方面。

① 拓展知识获取途径,除了书本、教师之外,学生可以从无处不在、无时不在的网络环境中,获取大量的知识信息。

② 转变学习方式,学习将由正式学习向正式与非正式学习共存方式转变,由灌输式、"填鸭式"向自主、合作、探究学习方式转变。

③ 变革教学分析、评价方式,由以往基于教师课堂观察、"考试摸底"等感性、粗犷的教学分析评价方式,向基于教育数据收集、大数据分析及学习分析技术的科学量化分析方式转变[①]。

为实现具有以上特征的教育教学,《教育信息化2.0行动计划》提出了"三全两高一大"的发展目标。"三全"是指教学应用覆盖全体教师、学习应用覆盖全体适龄学生、数字校园建设覆盖全体学校。"两高"是指着力提高教育信息化应用水平、着力提高广大师生信息素养。"一大"是指建成"互联网+教育"大平台。由此实现"三个转变",即从教育专用资源向教育大资源转变,从提升师生信息技术应用能力向全面提升其信息素养转变,从融合应用向创新发展转变。进而探索"三个新模式",即构建"互联网+"条件下的人才培养新模式、发展基于互联网的教育服务新模式、探索信息时代教育治理新模式。为落实教育信息化2.0的目标,文件提出"八大行动",即数字资源服务普及行动、网络学习空间覆盖行动、网络扶智工程攻坚行动、教育治理能力优化行动、百区千校万课引领行动、数字校园规范建设行动、智慧教育创新发展行动和信息素养全面提升行动。并且该文件也指出实现远大目标必然应过的三关:第一关是信息技术在教育教学和管理中的普及应用;第二关是信息技术在教育教学和管理中的云端一体化应用;第三关是信息技术在教育教学和管理中的智能化应用。

从"三通两平台"建设(三通是指宽带网络校校通、优质资源班班通、网络学习空间人人通,两平台是指教育资源公共服务平台和教育管理公共服务平台)与应用到"三全两高一大"目标的提升,反映了"以人为本"的教育发展观,追求人的全面发展,以及教育应与具体的历史社会发展相统一的本质特征,体现了教育信息化发展由关注信息化硬件、环境建设向关注人的全面发展转变,以及逐渐深化的必然历史进程。一定意义上,《教育信息化2.0行动计划》的颁布,不仅全面总结、概括了教育信息化建设发展数十年来的宝贵成果,也明确了教育信息化发展新时期、新阶段的科学、具体的发展目标。

(二)教育数字化转型

"十四五"期间,我国在推动教育信息化方面迎来新突破,教育的全面数字化转型成为我国教育信息化发展的主要方向[②]。2021年3月,中华人民共和国第十三届全国人民代表大

---

① 王珠珠.教育信息化2.0 核心要义与实施建议[J].中国远程教育,2018(7):5-8.
② 祝智庭,胡姣.教育数字化转型的实践逻辑与发展机遇[J].电化教育研究,2022,43(1):5-15.

会第四次会议表决通过的《中华人民共和国国民经济和社会发展第十四个五年规划和 2035 年远景目标纲要》,要求聚焦教育等重点领域,推动数字化服务普惠应用[①];同年 7 月,教育部等六部门联合发布《关于推进教育新型基础设施建设构建高质量教育支撑体系的指导意见》,明确指出以教育新基建推动线上线下教育的创新发展,积极促进教育数字化转型[②];同年 11 月,《提升全民数字素养与技能行动纲要》发布,明确提出加快建设完善数字基础设施,全面推进数字校园建设,建成一批智慧教室、智慧教学平台、虚拟实验室、虚拟教研室等,全面提升数字化水平,并把提升全民数字素养与技能作为建设网络强国、数字中国的一项基础性、战略性、先导性工作[③];同年 12 月,《"十四五"国家信息化规划》发布,强调要提升教育信息化基础设施建设水平,构建高质量教育支撑体系,推动新兴信息技术赋能教育教学变革,深化教育领域大数据应用[④]。2022 年 1 月,国务院印发《"十四五"数字经济发展规划》,要求加快推动文化教育等领域公共服务资源数字化供给和网络化服务,拓展教育、对口帮扶等服务内容,助力基本公共服务均等化[⑤]。从我国近年来一系列政策可以看出,教育数字化转型已逐渐成为我国教育事业改革发展的关注重点。

那么,何为教育数字化转型?欧盟委员会认为,数字化转型是指通过先进技术的融入及物理和数字体系的整合,获得创新型业务模式和新流程的新优势,并实现智能产品和智慧服务的创造。数字化转型具有丰富的层次。在技术层面,是指新数字技术的使用;在组织层面,涉及组织流程的改变或新业务模式的创生;在社会层面,意味着教育体系全方位的重构。实际上,教育的数字化转型是指通过新一代信息技术在教育新基建中的创新应用,把教育从劳动密集型行业转变成技术密集型行业。例如,有观点认为教育数字化转型是教育领域内一场深刻的"工业革命",如果说在这场"革命"之前,教育的各项业务主要是靠人力为主、机器为辅,那么在这场"革命"以后,教育中的大部分业务将主要交给机器来完成,在生产方式上超越工场手工业的水平,实现真正意义上的机器大生产,并在这一过程中实现规模化与个性化的统一。

教育的数字化转型并不仅仅是技术的引入和应用,更重要的是"人"的改变,其最终目标在于完成教育的"制度转型"。制度转型是指对一个机构赖以建立和运转的核心思想、价值观念、结构流程、行为模式、文化氛围等进行有目的的、根本性、集中深入、影响深远的变革的过程。教育的制度转型意味着整个教育体系的重构和教育生态的重塑,集中展现了新一代信息技术通过新基建给教育生产方式带来的深刻裂变。教育主要是一种信息型实践,以信息

---

① 国务院. 中华人民共和国国民经济和社会发展第十四个五年规划和 2035 年远景目标纲要[EB/OL].（2021-03-13）[2023-12-10]. https://www.gov.cn/xinwen/2021-03/13/content_5592681.html.

② 国务院. 教育部 中央网信办 发展改革委 工业和信息化部财政部 人民银行关于推进教育新型基础设施建设构建高质量教育支撑体系的指导意见[EB/OL].（2021-07-01）[2023-12-10]. https://www.gov.cn/gongbao/content/2021/content_5636150.html.

③ 网信办. 提升全民数字素养与技能行动纲要[EB/OL].（2021-11-05）[2023-12-10]. https://www.cac.gov.cn/2021-11/05/c_1637708867754305.htm? eqid=99d9b4e40027f94f0000000664271007&wd=&eqid=9a47d479000039450-0000006645b06c6.

④ 网信办."十四五"国家信息化规划[EB/OL].（2021-12-27）[2023-12-10]. https://www.cac.gov.cn/2021-12/27/c_1642205314518676.html.

⑤ 国务院. 国务院印发《"十四五"数字经济发展规划》[EB/OL].（2022-01-12）[2023-12-10]. https://www.gov.cn/xinwen/2022-01/12/content_5667840.html.

基础设施为基础和关键支撑的教育新型基础设施体系极大降低了这种信息型实践中对各种信息资源进行统筹协调的时间和空间成本,且伴随着时间的推移会极大提升教育的劳动分工和生产力水平,进而增加教育产品与服务的供给及教育系统本身的复杂性,产生新的教育生产方式。随着生产方式的改变,教育的生产关系也将发生根本性的变化。以分班授课和分科教学为核心的现代教育的一整套制度安排都将瓦解,以课堂为中心、以教师为中心、以书本为中心的传统教育将退出历史舞台,作为教育生产关系核心的师生关系的重构将进入新的历史阶段,"教育革命"随之到来。

教育数字化转型是教育信息化的特殊阶段。数字经济和数字社会的发展推动了教育培养目标和内容的发展与变革。黄荣怀提出,教育数字化转型应聚焦实现四个目标:一是利用数字化技术,重塑传统的工作思路与流程,形成数字化意识,以实现数字思维引领的价值转型;二是教师、学生及教育管理者的数字化能力的培养,这是数字化转型的基本能力;三是构建智慧教育发展新生态,涉及数字战略与体系规划、新型基础设施建设、技术支持的教学法变革、技术赋能的创新评价等;四是形成数字化治理体系和机制,对教育治理的体制机制、方式流程、手段工具进行全方位系统性重塑[1]。

教育数字化转型的内涵包含四个基本方面:其一,教育数字化转型在战略层面上的根本任务指向价值观优化、创新和重构,以形成组织和机构的数字化意识和数字化思维为目标;其二,转型致力于实现教育的系统性变革,是教育全要素、全流程、全业务和全领域的数字化转型,旨在推动智慧教育生态的形成和发展;其三,数字化转型的核心路径在于数字能力建设,既包括学生和教师的数字能力建设,也包括教育管理人员的数字能力建设;其四,教育数字化转型的关键驱动要素是数据,易用、可用、好用的数字教学平台和工具的广泛采纳是数据采集基础,平台的互操作性是基本保证。教育数字化转型的核心在于促进全要素、全业务、全领域和全流程的数字化转型。全要素涉及教与学过程中的各个要素,包括培养目标、教育内容、教学模式、评价方式、教师能力、学习环境等;全业务涉及教育管理过程中的各个方面,包括发展规划、课程教材、教师发展、学生成长、科技支撑、教育装备、国际合作、教育督导、教育研究等;全领域涵盖基础教育、高等教育、职业教育、成人与继续教育以及社会培训等教育领域,同时也兼顾城市和农村等地域均衡公平;全流程则是人才培养的全过程,包括招生与选拔、教学与课程、培养与管理、升学与毕业等。综上所述,教育数字化转型为当前时期的教育信息化建设提供了方向及路径。

第二节　教学信息化与信息化教学

一、教学信息化

（一）教学信息化的内涵

关于教学信息化内涵的界定,众多学者进行了相关的研究。赵国栋等对教学信息化的内涵做了界定,认为教学信息化是以现代教学设计理论为依据,将各种信息技术工具整合于

---

① 黄荣怀,杨俊锋.教育数字化转型的内涵与实施路径[J].中国教育报,2022(4):4.

教学过程中,从而促进教学信息的传递、提高师生间的交流,最终达到提高教学效率和效果的目标的多维和多层的发展过程[①]。龚晖在研究中指出,教学信息化主要指利用计算机网络技术来收集和获取教学信息,对教学行为进行调整、完善和优化的全过程,是教育信息化的一部分[②]。顾海青等认为,教学信息化是利用信息技术,支持和改进教与学的过程,是将教学中交互传递的信息部分编码、传递和使用,通过提高这些信息的利用深度和广度,进而提升教学效率的过程[③]。禹淑芳认为教学信息化是一个过程,是指在教学过程中全面、深入地运用以计算机为核心的现代信息技术,改革传统的教学理念、教学方法和教学效果的过程[④]。从这个意义上说,教学信息化是信息技术与教学相互融合的过程,是一个不断发展和深入的过程。教学信息化有两层含义:一是把提高信息素养纳入教育目标,培养适应数字化社会的人才;二是把信息技术手段有效应用于教学管理与科研,注重教育信息资源的开发和利用。教学信息化的实现就是要使教学手段科技化、教育传播信息化、教学方式现代化。教学信息化不只关注教育手段的改变,更关注通过教育手段的改变来促进教学目标的转变、教学过程的转变和师生角色的转变过程,其最终目的是实现信息化的教育。

(二)教学信息化具体内容

赵国栋等认为教学信息化包括教师的信息化、学生的信息化和教学媒介的信息化三个部分[⑤]。程静认为教学信息化的主要建设内容有信息化教学环境的建设、教学资源的建设及应用和运行机制的建设[⑥]。孟晓玥认为教学信息化的主要内容包括教学环境的信息化、教学资源的信息化、教学过程的信息化、教学评价的信息化和课程建设与维护的信息化等[⑦]。基于对教学信息化的理解和教育数字化转型的时代背景,本书将教学信息化过程中具体内容的信息化转变分为三个部分,分别是教学目标的转变、教学过程的转变和师生角色的转变。

1. 教学目标的转变

在数字化时代,教学目标的确定应符合教学数字化的发展趋势,从传统的教学目标制定的偏向于学习者对知识内容的把握转向对学习者能力和知识素养的提升的把握,以实现学生的发展,即为学而教、为学生而教,更加关注对于创新型人才的培养。在具体的教学目标设计过程中应结合技术手段支持环境、学科特点和学习者的现有知识能力水平,将学习目标划分为知识与技能、过程与方法、情感态度与价值观三个具体的维度,同时注重掌握教育信息化 2.0 时代下的新兴教与学工具及新兴教学模式或方法的应用与创新,同时也注重信息技术、学科内容和教学法三者之间的联结与互动;更注重技术支持下教与学的应用与创新,以此充分体现"学习者为主体",让学习者掌握在不同信息化教学环境下,基于真实教学情境开展教学设计与实施,并全面提升学习者的信息化教学创新能力和实践能力[⑧],实现教学目

① 赵国栋,缪蓉,费龙.关于教育信息化的理论与实践思考[J].中国电化教育,2004(4):19-24.
② 龚晖.教学信息化亟须解决的三大问题[J].辽宁教育,2013(8):37.
③ 顾海青,涂伟.教学信息化绩效评价维度的思考[J].电脑知识与技术,2016,12(29):136-137.
④ 禹淑芳.信息化教学研究[M].北京:科学出版社,2005.
⑤ 赵国栋,缪蓉,费龙.关于教育信息化的理论与实践思考[J].中国电化教育,2004(4):19-24.
⑥ 程静."十一五":从管理信息化到教学信息化的转变[J].中国教育信息化,2007(21):4-6.
⑦ 孟晓明.制约教学信息化成败的关键因素及其对策分析[J].中国教育信息化,2007(9):4-6.
⑧ 李柱.教育信息化 2.0 时代师范生 TPACK 能力培养研究[D].银川:宁夏大学,2022.

标的多元化。

2．教学过程的转变

教学过程是教学设计的实施和教学目标的实现途径。由于教学目标的多元化及学习方式的灵活性等，信息化教学过程可以实现因材施教，即利用现代信息化工具和手段来对学习者学习风格、认知特点及学习进度情况提供及时的反馈。教学过程信息化和数字化转变的具体内容主要包括以下几个方面。

1）教学情境设计信息化和数字化

教学情境的设计是教学过程中影响教学有效性的因素之一。在信息化和数字化教学环境中，因为其独特的虚拟性，教师可以创建模拟的学习环境和社区，帮助学生在知识与情境之间建立联系。这就要求：一方面，随着各教学要素的变化，信息化教学的情境设置也应该不断有新内容、新形式；另一方面，信息化和数字化教学环境创设应该根据学生的学习情况进行调整，根据最近发展区设置难易程度适中的学习情境。这就要求教师能够较好地运用各种信息技术，在教学过程中熟练使用各种技术及时排除可能的障碍，有效使用信息技术并调动学生积极性。

2）教学策略设计信息化和数字化

在进行教学设计的过程中，教师应该依据不同的信息化、数字化环境等实际情况，选择恰当的信息化、数字化教学策略。在信息化的教学策略设计过程中，课程的学习内容需要经过数字化处理后成为学习者的学习资源，可以通过三个途径来实现学习内容的转化。一是可以通过教师开发和学生创作，把课程学习内容转化为数字化的学习资源，并提供给学习者共享；二是可以充分利用网络上的共享资源作为课程教学的素材资料；三是可以利用全球共享的数字化资源与课程内容整合在一起进行教学活动。

3）教学评价设计信息化和数字化

教学评价是检验教学效果的直接途径，为增强教学效果提供了指导方向。对信息化教学效果的评价，主要应着眼于信息化的教学活动是否满足教与学双边主体的发展需要，以及信息化教育教学发展的需要[①]。在实际的课堂教学过程中，一方面，教师需要在教学过程中有意识地收集学生各项课堂数据以对教学效果及完整过程进行评价，针对整个教学过程进行反思，包括目标的设定、教学设计的情况、教学过程的实施及自身的表现，以此促进专业发展及自我更新。另一方面，教师应注重对学生评价的多元化及过程性，教学评价可以根据不同的教学形式的变化而变化，如小组评价、档案记录、电子签到等形式，使评价具有发展性[②]。

3．师生角色的转变

在教育数字化转型的背景下，教师不再只是知识传授者，而是成为学习的指导者和协作的组织者。学生也从被动接受者转变为主动参与者，积极参与教学过程的设计和实施。教师可以利用技术和平台来丰富教学的形式，创造更多元化的学习体验，技术和平台的应用不仅可以提高课堂教学的效果，还能激发教师的教学创新能力，促进教学方法的不断改进和优化。

---

① 刘斌.信息化教学有效性的理论思考[J].现代教育技术,2013(3)：26-30.
② 吴薇.关于信息化教学有效性的思考[J].继续教育,2017,31(9)：45-48.

总的来说,教育信息化的发展为教学过程带来了新的可能性和机遇,教师和学生可以共同参与教学过程的设计和实施,实现教与学的双向互动,提高教学效果,改善学习体验。

（三）教学信息化进程的推动策略

1. 以课程思政引领教学信息化

随着社会的发展和教育的变革,信息化教学已经成为现代教育的重要方向之一。在信息化教学中,课程思政的内容起着至关重要的作用。课程思政旨在通过教育培养学生的思想道德素养和社会责任感,使其成为有理想、有道德、有文化、有纪律的公民。在课程中融入思政教育元素,旨在培养学生的思想道德素质、社会主义核心价值观和人文素养。信息化教学为课程思政内容的融入提供了更丰富、更多样化的教学手段和资源,可以帮助学生更好地理解和应用相关的知识。因此,将信息化教学与课程思政相结合,可以更好地促进学生全面发展,为其未来发展打下坚实的基础。在课程思政内容的教学与信息化教学相融合的过程中,教师不仅要关注学科知识的智能化传授,更要关注学生的人格培养和价值观塑造。通过将思政内容与学科知识数字化学习相结合,帮助学生建立正确的世界观、人生观和价值观。

2. 改变旧的教育观念,探索和构建新型的教学模式

数字化社会对传统的教学模式产生了冲击,它要求对教学目标、教学内容、课程结构、教学的实施方法和手段,实施全面的变革。信息化和数字化的教学资源和手段使教学形式向着多向性的多媒体、网络化教学转变,实现以学生为中心,充分发挥学生的学习积极性和主动性,培养学生的学习能力和创造能力。运用信息化教学手段和工具构建新型教学模式的基本原则是:以先进的教学理论为指导,充分发挥信息化和数字化教学手段及工具的优势,实现教学过程要素关系的转变,体现素质教育的总目标。

3. 建立数字时代教学理论,促进学生素质的提高

通过专题研究、教学实验和各种教研活动,研究在数字化环境下影响学生学习因素的特点和规律,探讨学生在数字社会中应具备的素质、培养途径和方法,逐步形成新的教学理论。要以现代教育理论为指导,有明确的教学改革目标,有科学的组织和管理,有教师的积极参与,有效促进学生综合素养的形成与发展。

4. 合理配置数字化设备,建设教育信息技术环境

教学信息化环境是指教与学活动空间和系统化的信息技术条件,即实现教学信息展示多媒体化、教学资源共享,有利于学生主动参与、有利于信息反馈和教师调控的现代化教学环境。当前应逐步建设基于多媒体计算机和多媒体设备的课堂教学环境;基于多媒体计算机网络、以学生为中心的个别化交互式学习环境;基于多媒体计算机网络(如校园网)的协商学习环境;基于各学科特点的专用学习环境;基于互联网的远程教学环境;基于过程数据自主采集与分析的多元化评价平台等。由于我国的现实条件,要在短时间内实现所有地区都达到上述水平是不现实的,但要在上述理念的基础上充分利用现有条件,逐步配置数字化教学设备。

5. 建设数字化资源库,完善现有资源体系

数字化时代的教学设计,应营造"以学生为本"的教学环境。这一环境的创设,需要全方位、多角度、丰富的数字化资源,且注重内容的广博、精深,同时实现与知识内在结构的密切关联。在表达方式上,应当有高质量、高品位、高艺术水平方面的追求。也就是说,教育数字

化资源的构思、设计尤为重要。需要明确两个方面：一是预先确定学习主题所需数字化资源的种类，创设能从不同角度表现学习主题的多种情境；二是了解每种数字化资源在学习过程中所起的作用。学校应组织人力收集与本校教学任务相关的知识信息，尤其是最新科学发现、最新科技成果方面的信息，建成本校的教育数字化资源库。

6. 加强师资培训，促进教师队伍数字化转型

为帮助教师队伍适应教育的数字化转型，教师在掌握上述教学技能的同时，也应积极从多个角度把握教学的数字化。因此，为教师提供全面的培训和支持，帮助其掌握数字化教学技能和工具的使用方法是十分必要的。可从以下几个角度开展教师的数字化教学能力培训活动。

1）制订数字化转型培训计划

根据学校的数字化教育发展目标和教师的需求，制订具体的数字化转型培训计划。该计划应包括不同层次和不同技能水平的培训内容，从基础的数字化工具使用到创新教学模式的应用等。

2）提供系统化培训课程

组织系统性的培训课程，包括理论知识和实践操作。培训内容可以涵盖数字化教学资源的搜集与利用、在线教学平台的使用、虚拟实验室和模拟软件的应用等。培训形式可以包括线上课程、线下研讨会、集中培训等多种方式。

3）提供个性化培训支持

了解教师的现有水平和需求，提供个性化的培训支持。可以通过一对一指导、小组交流等方式，帮助教师解决具体问题、掌握关键技能，并提供持续的技术支持和咨询服务。

4）激励教师参与培训

设定激励机制，鼓励教师积极参与数字化转型的培训。可以设立培训学时奖励、培训成果展示等机制，给予教师一定的激励和认可。

5）建立学习社群和资源共享平台

建立教师学习社群和数字化教学资源共享平台，促进教师之间的交流和学习。教师可以在线共享教学资源、交流教学经验，提升数字化教学水平。

通过以上措施，可以提升教师的数字化教育意识和技能，激发教师的主动性和创新精神，推动整个师资队伍的数字化转型。

7. 丰富并更新课堂教学管理形式，实现多样化管理

在日常课堂教学中，大部分教师都会在教学活动实践过程中和学习后运用评价机制激发学生的学习积极性。虽然这种评价方式能够及时激励孩子的学习兴趣，但它无法直观呈现学生学习的总体表现情况，导致评价结果不全面，而且评价方式过于单一。然而通过数字化的教学工具或手段却可以实现随时随地实时发送点评，同时能够实现在课堂上随机抽取学生提问的功能，较好地激发了学生的学习兴趣和好胜心，增强了课堂的趣味性和互动性。此外，数字化教学工具或手段还具有评价类型多元化、评价方式多样化、学生课堂表现积分排名即时更新、各种数据自动生成等特点，达成教、学、评一致性，有利于学生全面发展，通过课堂管理信息化提高教学效益。

二、信息化教学

（一）信息化教学的内涵

1. 信息化教学的概念界定

信息化教学

南国农在信息化教育相关概论中指出，信息化教学是指教育者和学习者借助现代教育媒体、教育信息资源和方法进行教育教学的双边活动，其既是师生通过教学媒介进行的教育教学活动，也是师生运用信息技术进而展开的教学过程[①]。雷朝滋认为，信息化教学就是在保持传统教学优势的基础上，充分利用信息化的技术手段弥补传统教育的短板，创造条件，进而有效支撑素质教育的实施[②]。张跃东将信息化教学定义为以现代教学理念为指导，以信息技术为支持，服务学生个性化发展的教学[③]。肖力等认为，信息化教学并不是将信息技术手段与传统教学简单相加，而是利用现代信息技术构建的一套完整的新型教学体系，是以先进教育教学理论为指导，以现代信息技术为支撑，精准服务学生的学习需求与个性化发展，应用新型教学模式和方法的教学活动[④]。李琳琳认为，信息化教学是将现代教学理念作为基本指导，注重现代信息技术在教学活动中的应用，如多媒体技术、计算机网络技术等，构建一个良好的教学与学习环境，并且在教师的组织和指导下，将学生的主观能动性最大程度调动出来，让其真正意义上变成知识、信息的主动构建者，从而达到良好的教学效果[⑤]。对信息化教学的理解应该是多方位的，包括信息化教学的外部形态、信息化教学设计及信息化教学核心理念[⑥]。信息化教学的外部形态即辅助教学的具体信息技术手段与表现形式。信息化教学设计不是信息技术的简单使用，而是需要通过创设信息化教学情境，在探究式活动中构建学科知识体系，实现情感的激励与课堂氛围的调动，做到信息技术与学科教学的深度融合，实现两者的协调发展。

本书认为信息化教学是在信息化背景下，教师在了解信息化及教学相关基础理论的基础上，掌握现代化教学媒体使用的技巧，同时学会选取和设计各种多媒体教学课件，并通过信息化技术进行师生互动，在过程中及时利用相关技术手段进行记录，以探索和创造新的教学方法和技巧。信息化教学以信息化手段和方法为基础，以先进教学理念为指导，构建一套的系统的信息化教学体系，以满足学习者个性化学习和全面发展的需要，使信息化技术更好地方便教学、规范学校管理，提高教学质量和效果[⑦]。

信息化教学是教育数字化转型的一部分，强调使用信息技术手段改进教学过程；而教育数字化转型则更广泛，涵盖了教学、管理、评估等各个教育环节，并借助数字技术和数据应用来提升整体教育质量和效果。两者相辅相成、相互促进，共同推动教育的现代化发展。

① 南国农.信息化教育概论[M].北京：高等教育出版社，2011.

② 信息技术与学科教学有效融合：教育部科技司雷朝滋同志在第十八届全国教育教学信息化大奖赛和第五届"中国移动校讯通杯"全国教师论文大赛现场交流活动上的讲话[J].中国电化教育，2014(12)：1-2.

③ 张跃东.职业院校信息化教学设计的程序与方法[J].中国职业技术教育，2018(35)：48-52.

④ 肖力，周斌.推进信息化教学，打造精彩教学设计[J].物理教师，2020，41(2)：25-29.

⑤ 李琳琳.信息化教学在乡村小学体育教学中的应用研究[D].兰州：西北师范大学，2018.

⑥ 黄培清.高职公共英语信息化教学实施效果调查分析：以厦门海洋职业技术学院为例[J].常州信息职业技术学院学报，2021，20(2)：41-46.

⑦ 王菊平，周优钢，赵诗勇.教师信息化教学知识及能力体系研究[M].银川：宁夏阳光出版社，2019.

2. 信息化教学的组成要素

信息化教学要素相比于传统的教学要素主要差异就在于,信息化教学能够利用网络通信技术来设计、开发和应用信息化的教学资源,方便学生进行自主学习、个性化学习和便捷式学习[①]。对于信息化教学要素的构成,由于关注角度的不同,有以下几种看法。

(1)三要素说。三要素说从教学模式的内涵角度认为信息化教学包含教学过程、教学结构和教学方法这三个要素,其关系如图1-1所示。

从图1-1中可以看出三个要素之间相互关联且相互制约,当一个要素发生变化时必然受其他两个要素的影响,同时每个要素为其他要素的变化创造条件,共同作用于信息化教学模式。从逻辑上来看,表现出了"三体合一"的整体性[②]。

(2)四要素说。四要素说从教学过程的角度认为教学的构成要素为教师、学生、教学媒体、教学内容这四个方面[③]。其基于现代教育教与学的理论,认为教师是教学的主导者,教师对教学内容进行精心设计,选择恰当的教学媒体,而学生在教学过程中扮演学习主体的角色。相比于三要素说,四要素说更加关注要素之间的相互作用,包括人机关系、师生关系、人与教学内容之间的关系[④]。

图 1-1 教学模式三要素

(3)五要素说。五要素说认为教学的构成要素是理论基础、目标基向、实现条件、操作程序、效果评价[⑤]。

综合上述观点,同时考虑到信息化教学资源的设计、开发,尤其是其应用过程都是为了取得最优的教学效果,利用信息化的教学资源方便教师的教学和学生的学习,将信息化教学的构成要素分为教师、学生、平台或设备、教学资源这四个方面[⑥]。

3. 信息化教学、教学信息化和教育数字化转型的区别与联系

信息化教学、教学信息化和教育数字化转型是相关概念,但在具体含义和范畴上有所区别。信息化教学是利用现代化的信息技术手段来支持、辅助和改进教学活动的过程,通过改变教学方式、手段和内容,提高教学效果,提高教学质量,促进学生的全面发展。信息化教学关注的是教学过程中的技术应用和教学手段的改进。

教学信息化更加广义,它包括了信息化教学的概念,同时还包括从教育管理到教育评估等更广泛的教育环节。教学信息化的目标是通过应用信息技术改变教学活动与教育资源的组织、管理和应用方式,促进教育的发展。教学信息化不仅关注教学过程中的技术应用,还关注教育资源的数字化、网络化和管理过程的信息化。

教育数字化转型是指利用数字技术和工具,将教育过程中的各个环节数字化、网络化,并运用数据分析和应用技术来提升教育质量和效果的过程。它推动了教育的智能化,通过

---

① 姜蔺,韩锡斌,程建钢.MOOCs学习者特征及学习效果分析研究[J].中国电化教育,2013(11):54-59.

② 袁顶国,刘永凤,梁敬清.教学模式概念的系统分析:教学模式概念的三元运行机制[J].西南师范大学学报(人文社会科学版),2005(6):110-114.

③ 姚巧红.运用现代教育技术构建课堂互动教学模式的探索[D].兰州:西北师范大学,2001.

④ 杜恺琳,朱丽丽,王佲.论信息化教学模式的构建:信息化教学模式的定义与构成要素分析[J].中国医学教育技,2012,26(4):372-376.

⑤ 兰乔.行走在理想与现实之间:《信息化教学模式:理论建构与实践例说》简介[J].教师博览,2007(4):57.

⑥ 国钦蕾.初中生物学信息化教学资源的设计与开发[D].济南:山东师范大学,2019.

运用大数据和人工智能等技术为学生提供个性化的学习支持和评估。教育数字化转型是一个更为综合的概念，不仅包括了信息化教学的方式和内容改变，还将数字技术应用到教育管理、评估等方面，提升整个教育过程的效率和质量。通过教育数字化转型，学生可以获得更加个性化的学习支持，教师可以更好地了解学生的学习情况和需求，教育管理者可以更加高效地进行管理和决策。

因此，信息化教学是教学信息化的一部分，强调教学过程中的技术应用与改进；教学信息化更广泛，包括教学和其他教育环节的信息化；而教育数字化转型涵盖了整个教育过程，以数字技术为基础，推动教育的全面转型和创新发展。三者之间存在内在的联系和互相促进的关系。

（二）信息化教学的特征

信息化教学是以信息技术的应用为主要特征实现教学目标，涉及现代教学观念的指导和现代教学方法的应用，与传统教学相比，信息化教学的特点主要表现在以下方面。

1. 丰富的教学资源

信息化教学强调教学过程中对于信息技术的运用，通过多媒体技术改变了传统的教学媒介。信息技术的运用，使得教学信息的表征由简单的文字、语音等发展为集语音、文字、图形、视频、动画等于一体的多元化的表征形式。这也体现了教学过程中以学生为中心的教学理念。教学材料不再是单纯以印刷媒体为主的"死的"教材，而是以计算机多媒体、超媒体为主的集结构化、动态化和形象化于一体的"活的"教材。

2. 虚拟化的教学环境

信息化教学的最大特点就是教学环境不再局限于传统的课堂，信息化教学过程中教学可以突破时间空间限制，综合学生特点创造信息化教学环境。如虚拟教室、虚拟学习社区、虚拟图书馆、虚拟阅览室等，这样的方式使得学习不再局限于空间时间，超越地域、年龄、文化背景等限制，不仅为数字化学习创造了环境条件，而且为全民教育、终身教育的实现创造了环境条件。

3. 以学生为中心的教学理念

与传统教学理念相比，信息化教学理念所具有的突出特点是以学生为中心，以技术为主要媒介手段。首先是教学中心由教师转移到学生，由以教为中心转移为以学为中心，不仅注重技能及知识的传授，而且注重学生的全面发展，注重学生综合能力的培养，以帮助学生终身学习。

4. 多元化的教学目标

信息化教学作为一种新的教学形式，在教学目标上也不同于传统的教学目标。教学目标是实现以适应终身教育为目标的素质教育，培养促进就业与学习能力的综合的、多元的目标。教师在设定教学目标时应该考虑到学生需要达到的多种目标，从多个角度制定符合当前学习者认知水平的目标。

5. 灵活的教学策略

在教学过程中，教学的策略可以根据教学内容、学生情况及信息技术的支持选择不同策略。例如，网络环境下的个别化、自主化教学、协作式学习、探究式学习、基于资源的学习、基于问题的学习等形式，教学的方法也由教师引领转为师生共同掌握以提高学习者学习兴趣，从而达到更佳的教学效果。

6. 自动化的教学管理

与传统的教学管理相比,由现代信息技术支持的教学自动化管理系统的出现,实现了全方位的教学自动化管理。学生的管理可以全部实现自动化、信息化、数字化。从招生注册到选课、过程监控、任务分配、教学指导及测试评价都在信息技术的基础上完成。这样的方式一方面加快了教育现代化,另一方面也适应了学生的需求,节省了时间和人力。

(三)信息化教学的意义与价值

1. 信息时代教育数字化转型的必然选择

过去几年来,教育部陆续发布了《教育信息化 2.0 行动计划》[①]《第二批人工智能助推教师队伍建设行动试点工作》[②]《教师教育振兴行动计划(2018—2022 年)》[③]等一系列教育信息化相关文件,要求信息化教学应用覆盖全体教师和学生、数字化校园建设覆盖各级学校,构建一体化"互联网+教育"大平台,加强教师信息化应用培训,促进信息化与教育全面融合发展。随着人工智能、大数据、信息化等技术的迅猛发展,学校作为我国培养创新型人才的主阵地,自然也要顺应当前信息化教学的潮流,逐步实现信息化和数字化的教学转型。而教师作为与学生直接接触的第一战线,也应顺应时代形势、转变教学理念、更新教学手段,探索信息化发展形势下人才培养的新模式。这就要求教师在日常的教学活动中不仅要重视对学生基础知识的传授,同时还应当加强对学生创新思维和实践能力的培养,引导学生在具备一定基础知识和能力的同时,能够拥有敢于质疑、乐于探索的探究能力,为其未来的全面发展奠定基础。党的二十大报告中关于教育数字化转型的有关内容涵盖了各个方面,从基础设施和平台建设到教学内容和师生互动方式的改革,从学生综合素质和创新能力的提升到数据分析和管理服务的优化,旨在推进教育现代化与跨越式发展,建设适应未来社会需求的人才培养体系。综上所述,教育信息化的变革是时代发展和社会进步的必然要求,信息化教学改革是在教育顺应信息化时代的过程中必不可少的一部分。

2. 顺应教学资源整合与利用的趋势

随着人工智能、大数据、信息化等技术的发展,教育资源共享程度进一步提高,网上丰富的教学资源和慕课资源为教学提供海量的教学素材,也打开了教学的新思路。信息化平台的进一步运用,使教学不再拘泥于传统课堂,课堂教学的形式可以更加丰富多样,并且在依托传统课堂的基础上,教师还可进一步利用微课、慕课和教学平台等信息技术资源,丰富学生课后活动,夯实教学成果,也为个性化学习奠定基础。在借助技术和平台的过程中,可以根据其灵活、可记录数据的特征使教学目标的制定更加多样化,从而真正满足学生的学习需求,并在教学的过程中通过数据的记录来帮助教师全面了解学生的学习情况。学生在信息化教学的过程中兴趣浓厚、学习热情高,便于提升各方面能力,也能进一步激发自主学习兴趣。在学生利用大数据搜集技术探索符合需求的学习资源过程中可以提高对资源有

① 教育部.教育部关于印发《教育信息化 2.0 行动计划》的通知[Z].教技〔2018〕6 号,2018-04-18.

② 教育部.教育部关于实施《第二批人工智能助推教师队伍建设行动试点工作》的通知[Z].教师函〔2021〕13 号,2021-09-07.

③ 教育部等五部门.教育部等五部门印发《教师教育振兴行动计划(2018—2022 年)》[Z].教师〔2018〕2 号,2018-03-22.

效性的敏感度。综上所述,信息化教学可以从多个维度提高教学效果,帮助学习者实现全面发展。

3. 适应新时代背景下人才培养方案的实施

目前从国家和社会对人才的需求来看,不仅需要学生具备扎实的知识基础,而且需要其具备会学习、会探究、会思考的能力,主动接受新事物、新理念、新技能的倾向,并不断适应社会发展变化,成为具有较强的实践能力和创新意识的人才。信息化具有知识更新快,信息存储量大、突破时空限制等优势,教师借助信息化教学,一方面,可将复杂知识点通过图片、视频等方式展现;另一方面,培养学生以新方式获取新知与技能,帮助学生主动性与创新性养成的同时,提升信息化和数字化能力,更好地发展成为全面发展的创新型人才[①]。

第三节　信息化教学发展历程

一、计算机辅助教学阶段

近年来,随着信息技术的快速发展,计算机多媒体技术在课堂教学中的运用越来越受到广大教师的重视。世界数字教育大会明确提出"数字变革与教育未来"这一主题,落实在课程教学领域,必须探索适应数字时代创新型人才培养的新范例、新模式。

信息化教学
发展历程

(一)计算机辅助教学的概念

在计算机辅助教学中,多媒体计算机技术可以将文字、动画、声音、图片、影像等多种媒体结合起来表达信息,增强信息的真实性、表现力和感染力。用多媒体进行课堂教学可以充分调动学生的主动性和积极性,培养学生的创新精神和自主学习能力,优化课堂教学效果,提高教学效率。CAI教学进入教学领域,实现了从传统教学模式到现代教学模式的根本转变[②],主要是利用先进的计算机技术,以文字、插图、图像和声音来辅助教师,成为现代教育的发展趋势[③]。

学者们对计算机辅助教学有自己的理解,有的学者将计算机辅助教学定义为"以计算机为主要媒介开展的教学活动,即利用计算机帮助教师开展教学活动"。有的学者则将计算机辅助教学定义为"利用计算机帮助或代替教师完成部分教学任务,向学生传授知识和提供技能培训,并直接为学生服务"。

表1-1给出了计算机辅助教学自20世纪50年代至今的发展,清晰反映了计算机辅助教学理论、技术和实践的情况。计算机辅助教学从1980年年初引入我国至今,对中小学教育的教学改革起到了积极的推动作用。1980年后期,全国重点高等师范院校开始开设"电化教育"课程,一般高等师范院校到1990年中后期开始普及"电化教育"课程,2002年,教育部在文件《关于推进教师教育信息化建设的意见》中明确要求师范院校要开设现代教育技术

① 张洁琼.信息化条件下中职机电专业教学改革的探究[J].知识文库,2022(16):109-111.
② 陈贵平.计算机辅助教学的问题及对策[J].教育与职业,2014(17):163-165.
③ 王鹏,王妍.试论计算机辅助教学与实现教学目标的整体性[J].电子测试,2013(16):175-177.

公共必修课,至此,现代教育技术课程得到普及,计算机辅助教学在该课程中得到体现①。

表 1-1　计算机辅助教学发展情况

时间	学习理论	核心技术	数字类型	适用范围	主要优点	主要缺点
20世纪50—70年代	行为主义学习理论	"问—答"教学程序编制技术	程序化教学	主要是知识呈现和简单技能训练	程序编制简单,学习中不会迷航	教学结构呆板,学习效率低
20世纪70—90年代	认知主义学习理论	分支式课件编制技术、智能CAI技术	单机课件化教学	用于个别学习与课堂演示	能模拟部分课堂教学,可编制多分支系列课件,适应性教学课件	课件可修改性差,难以适应教学变化
20世纪90年代至今	建构主义学习理论、人本主义学习理论、社会化学习理论	网络技术、多媒体技术、人工智能技术	网络化教学	用于远程自助式学习、协作学习、问题型学习、专题型学习等,适用范围广	学习资源全球一体化,能进行在线多向讨论与发现式学习,能自主建构有效的学习环境,便于因材施教	学习中易于迷失方向,信息传输受带宽限制

（二）计算机辅助教学的模式

在教学模式上,计算机辅助教学中的教学模式是学习理论、计算机技术、网络技术和教学实践的有机结合,是为完成现代教学与学习任务而采用的相对稳定的,用以设计、组织、实施、评估、优化教学与学习的策略方法和结构的简化形式。从认识论和价值观两个维度来考察计算机辅助教学模式。从认识论视角来看,包含着以教师为中心的客观主义和以学生为中心的建构主义;从价值观视角来看,有面向个别化教学环境的个体主义和面向课堂(集体化)教学环境的集体主义。

借助二维坐标系的象限,可以将计算机辅助教学模式分为以下四类:

(1) 客观主义—个体主义(以教师为中心的个别化教学模式);

(2) 建构主义—个体主义(以学生为中心的个别化教学模式);

(3) 客观主义—集体主义(以教师为中心的集体化教学模式);

(4) 建构主义—集体主义(以学生为中心的集体化教学模式)。

在教学模式的分类方面,以学生为中心的计算机辅助教学的教学模式主要包含探究型教学模式、问题型教学模式、协作型教学模式、教授型教学模式、案例型教学模式等教学模式;以教师为中心的计算机辅助教学的教学模式主要包含操作与练习、指导、咨询、模拟、教学游戏、问题求解等教学模式。

二、"互联网＋教育"阶段

21世纪是一个机遇与挑战并存、瞬息万变的信息化时代。随着现代交通工具的发明和信息技术的介入,时间的即时性、连续性,空间的广延性、内置性愈发影响着人们的生活。互

---

① 中华人民共和国教育部.关于推进教师教育信息化建设的意见[EB/OL].(2012-09-01)[2023-12-23]. http://www.moe.edu.cn/.

联网的出现打破了时间与空间的限制,世界万物互联互通,每个人都不再是孤立的个体。"互联网+"背景下,我国多个行业、多个领域均实现了飞速的发展,同时也在较大程度上推动了教育发展。

(一)"互联网+教育"的内涵

国务院《关于积极推进"互联网+"行动的指导意见》中对"互联网+"的解释是:"把互联网的创新成果与经济社会各领域深度融合,推动技术进步、效率提升和组织变革,提升实体经济创新力和生产力,形成更广泛的以互联网为基础设施和创新要素的经济社会发展新形态。""互联网+"具有跨界融合、创新驱动、结构重塑、尊重人性、开放生态、连接一切的特征。

《中国教育现代化2035》等系列政策文件明确要求,将以"互联网+"为主要特征的教育信息化作为教育系统性变革的内生变量,支撑引领教育现代化发展,推动面向信息社会的教育理念更新、模式变革和体系重构[①]。

"互联网+"的发展在教育领域催生了一种新型教育形态,推动了人才培养模式、学习模式及办学模式的创新[②]。"互联网+"加速了教育领域的变革,也为教育模式的创新提供了现实的条件和前所未有的机遇,"互联网+"教育应运而生,联通主义理论是"互联网+"教育的本体论[③],该理论认为,知识是一种网络现象,学习即连接的建立和网络的形成,这些网络包括神经网络、概念网络和外部或社会网络。陈丽指出,"互联网+"教育不是在线教育,而是一种变革的思路,是以互联网为基础设施和创新要素,创新教育的组织模式、服务模式、教学模式等,进而构建数字时代的新型教育生态体系[④]。"互联网+"的迅猛发展,在给经济升级带来新动力的同时,也给当今的社会、教育带来了机遇和挑战。还有不少学者将"互联网+"教育看作"学习"的变化,刘宏森认为,互联网不仅仅是一种工具,更是一种新的知识生产、转化、储存、学习的方式[⑤]。

(二)"互联网+教育"的现实应用

"互联网+"教育不仅仅是两个字段的组合,其中的"+"具有无限开放性,使教育的宗旨逐渐转向学习者开放、学习地点开放、学习方法开放和学习理念开放。"互联网+"时代,学习者的学习观念、学习行为、学习方法和学习效果发生了重大改变,在现代信息技术的支持下,强调基于学习者的背景、学习过程的信息、学习结果的数据进行个性化教学、差异化教学。自主学习、探究学习、合作学习、理解性教学、反思性教学等成为信息化下重要的教与学方式。

2012年4月,本·尼尔森(Ben Nelson)在美国旧金山创立了Minerva大学,以慕课(MOOC)为基础,将互联网与本科教育深度融合,并不断创新发展,探索了"互联网+高等教育"模式。尼尔森及其管理团队坚持认为大学教育的中心应该是学生,学生经过理论与实

---

① 孙立会,刘思远,李芒.面向2035的中国教育信息化发展图景:基于《中国教育现代化2035》的描绘[J].中国电化教育,2019(8):1-8.

② 南旭光,张培."互联网+"教育:现实争论与实践逻辑[J].电化教育研究,2016,37(9):55-60.

③ 王志军,陈丽.联通主义:"互联网+教育"的本体论[J].中国远程教育,2019(8):1-9.

④ 陈丽,林世员,郑勤华."互联网+"时代中国远程教育的机遇和挑战[J].现代远程教育研究,2016(1):3-10.

⑤ 刘宏森.互联网时代的教育:困境和作为[J].中国青年研究,2015(7):30-34.

践的结合,探索未来职业并做好充足准备,也包括目前尚不存在的职业。Minerva大学以学生为中心,开发学生潜力,展开独特教学和学生生活体验[①]。

"互联网+"教育引领我国教育改革,慕课(MOOC)是新近涌现出来的大规模的网络开放课程,2020年,中国高等教育推出了首批高校在线教学英文版国际平台。截至目前,以"爱课程""学堂在线"为代表的国内优质平台在医学与疫情防控、自然科学、工程与技术等8个领域已上线了近700门优质课程。慕课的出现及发展,表明现代信息技术有力地促进了现代教育的发展。数据显示,目前我国上线的慕课数量超过3.4万门,学习人次达5.4亿,在校生获得慕课学分人数1.5亿人次,慕课数量与学习规模位居世界第一,课程建设数量和应用规模迅速跃居世界第一。自2017年起,教育部共计遴选认定了包括1875门线上课程、728门虚拟仿真实验教学课程和868门线上线下混合式课程在内的国家级一流课程,对慕课建设与应用的发展起到了示范带动作用。在慕课的教育背景下,传统课堂亟须变革,同时,传统课堂借助"互联网+",实现优势互补,找到传统课堂与慕课教育的契合点,促进教学的发展。

在2022年,互联网教育应用得到了进一步的普及,主要表现在微课堂和数字化教材的发展上。微课堂是一种短小精悍的教学方式,通常时间在5~10分钟,内容简洁明了,适合学生在课间休息或碎片化时间学习。微课堂通过互联网平台进行发布和传播,逐渐被广泛应用于各个领域的学习和培训。数字化教材逐渐取代传统纸质教材,成为主流教材。数字化教材不仅可以节省教学资源,还可以通过互联网进行共享、传播和更新。

(三)"互联网+教育"的优势

1. 教学方式多样化

"互联网+"教育鼓励学生多利用互联网资源进行学习,也鼓励教师多利用互联网资源教学,这种教育模式更强调学生的自主性及灵活性。传统学校教育注重课堂教师讲授,学生被动学习,教师上课讲授的内容一定程度上受专业水平的限制。

2. 学习场所不受限制

在"互联网+"教育的模式下,学校不再是学习者学习的唯一场所,学习不受年龄和场所的限制。任何有学习需要的人都可以在互联网技术支持的环境下免费、开放和平等学习。

3. 提供个性化教学和服务

教师运用"互联网+"开展教学,一方面,可以对每个学生的学习过程和阶段情况、测评结果实现完整系统的跟踪、记录、贮存;另一方面,教学和学习服务系统可根据学生个人学习情况、学习能力,提供个性化学习建议、指导教学和制定指导方案等。

三、"人工智能+教育"发展阶段

以互联网信息技术和人工智能为代表的现代技术的迅速发展,使人类进入大数据时代,大数据在各领域的广泛应用体现了技术的普遍性[②],2022年8月,《科技部关于支持建设新一代人工智能示范应用场景的通知》发布,智能教育被纳入首批示范应用场景,用于助力国

---

① Academics Philosophy and Pedagogy of Minerva[EB/OL]. https://minerva. kgi. edu/academics/pedagogy.
② 毕四通,金林南. 大数据时代思想政治理论课教学技术理性的反思与超越[J]. 江苏高教,2022(8):120-124.

家教育数字化战略的实施①,当今时代,人工智能引领的新一轮科技革命急剧地改变着人类社会的生产、生活、思维和学习方式,人类社会由信息化向智能化快速发展,新一代人工智能技术,如 ChatGPT 的问世,意味着人工智能开始从量变走向质变,已成为人工智能技术发展的新里程碑。特别是人工智能与教育深度融合、相互赋能、创新发展而形成的智能教育,有力地冲击着现代教育的范式,为未来教育的变革发展提供了无限的生机与活力,成为世界各国教育竞争的制高点。

(一)人工智能教育的内涵

人工智能与教育的关系可分为三种。第一种是人工智能作为教学体系的辅助性工具,将人工智能知识图谱技术、语音图像识别技术等运用到教学工具中,以实现个性化的学习;第二种是用人工智能打造智慧校园,将人工智能技术,如人脸识别等,用于校园内的管理服务系统,例如课堂管理、校园安防等;第三种是人工智能学科体系,包括编程教育、机器人教育等②。前两种是人工智能作为技术赋能教育,而第三种则是作为教育中的学习内容而存在。当前,人工智能教育的内涵主要涵盖人工智能在教育领域的应用③。人工智能教育是近年来备受关注的教育领域,其不仅为学生提供了学习新知识、掌握新技能的平台,更能够培养学生的创新精神、实践能力以及解决问题的能力,对学生未来的职业发展和社会贡献具有重要的意义。

(二)人工智能教育的应用

人工智能应用于教育的典型性,突出表现为以下四个方面。

1. 大数据技术

大数据技术是人工智能的基础。数据是人工智能的燃料④,吴永和等提出了由数据层、算法层、服务层组成的"人工智能＋教育"通用技术框架,其中数据层是最底层,是教育数据的输入端口,是各类"人工智能＋教育"技术形态实现的基础⑤。人工智能教育运用离不开数据收集,广泛收集的数据具有数据量大、速度快、多样性、价值密度低、真实性难以保证的特点,这就需要大数据技术进行数据处理,从而提取有效信息,增加数据的价值。通过大数据分析,教育机构可以收集和分析学生的学习行为和成绩数据,从而为每个学生提供定制化的学习方案,提升学习效果。同时,多源是大数据的一个重要特征,表现出对教育评价全过程与全时空数据信息的持续采集与追踪,内含对评价对象全景式呈现的意蕴,多源数据则"帮助我们以前所未有的视角判断什么可行、什么不可行;展示那些以前不可能观察到的学习层面"⑥。在信息化时代,教育与信息技术的深度融合使大数据在教育管理、个性化学习、智慧教学等领域的应用不断深化。2020 年,中共中央、国务院印发《深化新时代教育评价改

① 刘三女牙.人工智能＋教育的融合发展之路[J].国家教育行政学院学报,2022(10):7-10.

② 蔡自兴,徐光祐.人工智能及其应用[M].3 版.北京:清华大学出版社,2004.

③ 梁迎丽,刘陈.人工智能教育应用的现状分析、典型特征与发展趋势[J].中国电化教育,2018(3):24-30.

④ 曹晓明."智能＋"校园:教育信息化 2.0 视域下的学校发展新样态[J].远程教育杂志.2018,36(4):58.

⑤ 吴永和,刘博文,马晓玲.构筑"人工智能＋教育"的生态系统[J].远程教育杂志.2017,35(5):28-34.

⑥ 维克托·迈尔-舍恩伯格,肯尼思·库克耶.与大数据同行:学习和教育的未来[M].赵中建,张燕,译.上海:华东师范大学出版社,2014.

革总体方案》,提出充分利用信息技术,提高教育评价的科学性、专业性、客观性[1],科学评估大数据技术在教育领域的应用,是推动教育现代化和智能化发展的要义。

2. 算法技术

人工智能时代,教育开始出现新的转向,智能教育应运而生[2]。智能教育是依托算法技术而产生的先进教育形态,以计算力和程序设计为核心,在实践中显现出超越传统教育的优势。算法是人工智能的"灵魂"[3]。人工智能教育应用中的算法是针对教育中要解决的实际问题,结合教育逻辑设计算法、搭建模型,最终在相关数据的基础上计算而进行教学决策、教学管理、教学活动等。智能算法推荐系统是一种凭借机器深度学习,基于受众的个人信息和行为数据全息采集,实现信息内容精准匹配与分发的技术架构,以智能算法推荐技术赋能学校教育供给,将有利于教育者精准掌握新时代不同学生群体的自我发展期待,通过宏观审视结合微观剖析驱动,教育内容精准供给与智能推送,可以显著增强学生学习的满足感与效能感。同时,算法可以处理和分析大量的教育数据,包括学生成绩、出勤率、行为模式等,这些分析可以帮助教育者识别趋势和问题,制订更加有效的教育政策和干预措施,将复杂的学习数据转化为易于理解的图表和报告,帮助教师和学生更好地理解学习过程和结果,从而做出更明智的决策。不过,任何算法技术和自适应系统技术都不能取代"人"这一生命体在教育中的主体地位,算法技术的目的只有指向人的发展。

3. 智能导学系统

所谓智能导学系统(intelligent tutoring system,ITS),是以个性化学习为定位,针对课后学习环节进行辅助以提升良好学习效果的计算机辅助教学技术。智能导学系统是推动教育智能化转型的重要举措之一,它模拟教师实现一个教师直线面对一个学生的智能化教学,该模型下对应教学三要素形成"三角模型"——导师模型、学习者模型、领域模型。ITS可依据学生的学习习惯、个人兴趣特长等向其提供个性化的学习路径[4];为学生提供学习资源和推送学习同伴等教育资源[5];以游戏化学习理论(game-based learning)为基础,设计令学生快乐学习的教育游戏[6]。智能导学系统对于教师教学和学生学习来说具有显著的辅助作用,但作为一种新兴技术,如何让学生、教育者理解其原理和各成分的含义是该技术成熟运用于教学的前提,当今,随着智能导学系统中各类复杂模型的嵌入与实际应用,更需要增强智能导学系统中各个模块与关键功能的可解释性,尤其是针对教师、学习者和家长等提供具备教育意义的可解释性。例如,对批阅结果为错误或部分错误的题目不但提供错误答案的反馈信息,还要结合学习科学和教育心理学相关理论,针对不同对象提供不同方式的解释性信息,以满足系统使用者的心理需求,增强其学习效果,从而提升其在教学实践中的实用性,并拓展其应用场景与模式。

4. 自然语言处理

自然语言作为人与人进行交流沟通的重要工具,常用的语言包括汉语、英语、俄语等,而

---

① 伍远岳,武艺菲.大数据时代的教育评价:特征、风险与破解之道[J].中国考试,2023(10):9-16.
② 张欣,陈新忠.人工智能时代教育的转向、价值样态及难点[J].电化教育研究,2021(5):20-25,69.
③ 高山冰,杨丹.人工智能教育应用的伦理风险及其应对研究[J].高教探索.2022(1):45-50.
④ 皮埃罗·斯加鲁菲.智能的本质 人工智能与机器人领域的64个大问题[M].北京:人民邮电出版社,2017.
⑤ 王万森.人工智能[M].北京:人民邮电出版社,2011.
⑥ 李鸣华.人工智能及其教育应用[M].北京:科学出版社,2008.

语言是人类学习的重要工具,自然语言处理技术可以广泛应用于师生教与学的活动过程中,也是教育智能发展的基础。自然语言处理主要针对词语、段落或者篇章进行处理,从而更好地对文本进行进一步的处理和分析。有学者指出,自然语言处理技术首先有望帮助教师从简单重复的教学工作中解放出来,如作文的自动批改评测是智能化对英语写作进行评分、纠错和指导的技术,是自然语言处理与语言教学结合的一个成熟应用,它能降低教师作业批改的工作量,使他们有更多时间专注学生全面长远的发展[1];其次,自然语言处理技术可以促进传统教学方法、教学环境的变革,如智能对话系统,它可以在不同的教学环境中提供人性化的交互方式和个性化的智能辅导与教学,为学生和教师提供更多元化的教学材料、更丰富的交互方式、更加个性化的教育模式[2];最后,关于自然语言处理模型系统的学习问题,尽管很多知识点的逻辑推理对人类来说不是问题,但是计算机理解起来却有困难,所以自然语言处理在教育领域的应用也面临着一定的挑战。

(三)人工智能教育的发展趋势

人工智能在教育领域的发展正推动教育模式发生深刻变革。通过个性化学习、智能辅导、数据驱动的教学决策、沉浸式学习体验、终身学习支持、社交学习与协作、教育公平和创新教学内容,人工智能将显著提升教育质量和学习效果,促进教育的普惠和公平。人工智能教育的跨学科性对教师的要求较高,因为成为一个领域的专家需要几十年的时间,成为跨学科专家更为不易。但是,机器的精力、记忆力、进化力远远胜过人类[3]。随着科技发展和人类生活方式的改变,人工智能教育将史加普及化,相关知识和技能的教育将从高等教育逐步向中小学甚至幼儿教育渗透,越来越多的教育机构开始在课程中引入人工智能内容,使学生从小就能够接触并理解人工智能技术。这种普及化不仅限于城市地区,随着技术的发展和教育资源的共享,偏远和欠发达地区的学生也将有机会接受高质量的人工智能教育,人工智能促进教育变革已成必然趋势。所以,深入了解人工智能领域的发展趋势、教育领域与人工智能领域的融合程度是应对人工智能教育发展变革的首要任务[4]。

随着人工智能技术的不断发展与成熟,人工智能系统进行个性化教学辅助的算法过程将变得更加透明和可解释,使得教师和学生等使用主体能够理解和评估人工智能系统的决策依据,重新建立起对人工智能的信任。除此之外,人工智能教育的伦理安全问题也是必须要考虑的环节,要建立人工智能教育伦理需遵循的问责原则、隐私原则、平等原则、透明原则、不伤害原则、非独立原则、预警原则与稳定原则[5]。当前,人工智能系统的升级和算法技术正不断提升,人工智能与教育的技术伦理冲突将有所缓解,人工智能技术将更好地实现教育资源的智能化管理和调度,随着人们数据隐私安全意识的提升和人工智能技术的发展,人工智能将进一步采用加密、脱敏、去标识化等技术手段来加强数据的隐私安全保护。

---

① 郑南宁.面对人工智能挑战人才培养的下一步该如何走[J].中国大学教学,2019(2):9-13,8.

② 清华大学人工智能研究院.人工智能发展报告(2011-2020)[R].2020.

③ 张学军,董晓辉.人机共生:人工智能时代及其教育的发展趋势[J].电化教育研究,2020,41(4):35-41.DOI:10.13811/j.cnki.eer.2020.04.005.

④ 戴静,顾小清.人工智能将把教育带往何方——WIPO《2019技术趋势:人工智能》报告解读[J].中国电化教育,2020(10):24-31,66.

⑤ 杜静,黄荣怀,李政璇,等.智能教育时代下人工智能伦理的内涵与建构原则[J].电化教育研究,2019(7):21-29.

最后,人工智能教育的发展不仅仅是技术和教育的结合,它将深刻影响未来社会的各个方面,通过普及化、个性化、跨学科融合、公平和终身学习以及政策支持和国际合作,人工智能教育将为培养未来的人才和推动社会进步发挥重要作用,但人工智能教育的主体仍然是"人"而非"人工",人工智能的教育产出落脚点要聚焦于人的自然智能的发展。人工智能是在机器上实现人的教育,不是教育机器实现智能[①]。所以,要在确保师生的主体性的基础上,实现安全、透明、可预测、可解释、可审查、可追溯、可负责的人工智能教育[②],着力提升人工智能教育仿真的适切性和本土化水平,打造"高质量且有温度"的人工智能教育发展新样态。

四、信息化教学的新发展:数字化转型

党的二十大报告对推进教育数字化、加快建设教育强国、办好人民满意的教育做出新部署。报告指出,推进教育数字化转型,建设以数字化为支撑的高质量教育生态、学校形态、教学方式是我国从教育大国走向教育强国的必由之路[③]。"数字化是社会信息化的高级阶段",数字化的核心是将信息转化为可测量的数据,以此消除信息化中的不确定性,提升信息的准确性[④]。由此可见,数字化教学是信息化教学新的发展形态,数据成为教育教学的关键要素。深刻理解党的二十大报告,站在时代高度去看信息化教学新发展,实现数字化转型,需关注以下几点。

1. 夯实教育数字化转型数字基座

消除信息孤岛,顶层设计智慧体系,夯实数字基座,是数字化升级转型建设中面临的首要问题,也是不可逾越的第一道障碍。融合中立的数字基座,需要全面建立和维护信息系统用户的数字身份,实现基础数据、用户角色和权限的融合;实现组织信息资产统一的授权和身份数据集中的管理与审计;实现系统数据的融合分析和可视化,最终通过数据驱动决策,推动数字化转型。

2. 用数字赋能,用智慧提质,建设"教育大脑"

以"教育大脑"为抓手,借助互联网、大数据、人工智能等技术,不断探索面向未来的教育生态体系,改革创新具有情境感知、全向交互、智能管控、按需推送等特征的教学场景广泛普及,数据资源协同共享,智能服务深入应用,在建设高质量教育体系中发挥支撑引领作用。

3. 构建数字孪生空间,建造未来学校

在中国这样的人口大国,只有充分利用信息技术,构建网络化、数字化、个性化、终身化的教育体系,才能实现人人皆学、处处能学、时时可学的学习型社会。要打破教育资源在区域、学校、教室及人与人之间的"孤岛",加快形成物理空间和网络空间结合的"双空间"。尤其是要应用虚拟现实等技术,通过多通道感知和多模态交互,实现虚拟世界与真实世界的无缝对接。

---

① 石连海,杨羽.适应与跨越:人工智能冲击下的教育现代化[J].中国教育学刊,2022(3):47-52.

② 张慧,黄荣怀,李翼红,等.规划人工智能时代的教育:引领与跨越——解读国际人工智能与教育大会成果文件《北京共识》[J].现代远程教育研究,2019(3):3-11.

③ 中华人民共和国中央人民政府.习近平:高举中国特色社会主义伟大旗帜　为全面建设社会主义现代化国家而团结奋斗——在中国共产党第二十次全国代表大会上的报告[EB/OL].(2022-10-25)[2023-12-15].https://www.gov.cn/xinwen/2022-10/25/content_5721685.html.

④ 祝智庭,胡姣.教育数字化转型的本质探析与研究展望[J].中国电化教育,2022(4):1-8,25.

第四节　信息时代教师知识与能力的变革

信息时代
教师知识
与能力变革

　　随着信息技术的普及和人们对信息技术价值的认同,信息技术已深入教育教学的各个环节,推动着教学方式的变革。教师知识结构应与教学实践相适应。信息化教学经历了"计算机辅助教学"阶段、"互联网＋教育"阶段,并迎来了人工智能时代。与此同时,教师的知识结构也发生了相应演变。另外,数字化在全球经济社会各个领域的重要性日益凸显,全球"数字化"教育也在深入推进之中。置身于以人工智能、5G(第五代移动通信技术)等数字科技为引领的新时代,教师队伍的数字化转型迫在眉睫,数字胜任力逐步成为数字化转型期教师发展的重要内容。本节将对教师知识结构和数字胜任力的发展历程做出详细梳理,以便各位教师对其有一个纵贯历史的、系统的、完整的认识,从而明确自身知识与能力发展目标。

一、整合技术的学科教学知识结构

(一)学科教学知识的起源

　　早期关于教师知识的研究是在"过程—结果"这一导向下进行的,此阶段只注重寻找能够提高学生学习成绩的教师知识,忽视了对教师知识结构的整体把握。在一系列的文章中,对教师知识研究具有代表性的是斯坦福大学的舒尔曼(Lee Shulman),他认为之前人们忽视了教师知识,教师学科知识没有得到广泛关注。1987 年,舒尔曼提出了未来被广泛认可的教师知识结构。舒尔曼认为一个合格的教师应该具备以下七种类型的知识:第一类是学科内容知识,主要指教师所教的具体学科的一般概念、原理等知识;第二类是一般性教学知识,是指超越具体学科的有关课堂组织和管理的原理和策略;第三类是课程知识,是指有关教材和教学计划的知识;第四类是学科教学知识,是指结合了具体学科内容的教学法知识,也就是对于具体学科的具体问题、课题或论点,在课堂上如何进行教学组织以促进学习者学习的知识,这部分知识就是学科教学知识;第五类是学习者知识,是指关于学习者特点的知识;第六类是教学环境知识,是指关于课堂和班级基本情况、学校管理等方面的知识;第七类是指有关教育哲学和教育史的基础知识[①]。舒尔曼等人发现,教师的学科教学知识既影响其教学内容、教学过程,也会影响其对教学方法的选择。

　　关于教师知识结构的研究中,最具代表性的是舒尔曼的学科教学知识,其后诸多学者均以舒尔曼的研究为基础,是对学科教学知识的再造与升华。

　　PCK 的核心是把学科知识转化成容易被学生理解和接受的知识,是学科教师特有的知识类型。进入 21 世纪以来,随着教师专业化进程的不断推进,国内外学者从未停止探索教师专业知识结构,随着信息时代的到来,信息技术越来越多地渗透到教师的日常教学活动中,使得诸多学者认识到技术知识已经成为教师专业知识的重要组成部分,对于教师的专业发展将起到至关重要的作用。下面将重点梳理信息技术时代对教师知识结构的全新界

---

　　① Shulman L S. Knowledge and teaching: Foundations of the new reform[J]. Harvard Educational Research,1987,57(1): 1-22.

定——整合技术的学科教学知识(TPACK)。

（二）TPACK 的形成

随着以计算机技术、网络技术为代表的信息技术的飞速发展,教育教学方式悄然发生了巨大变化。信息技术被广泛应用于教学准备、课堂教学和课后辅导等诸多环节,大大提高了教师的教学效率,优化了学生的学习过程,成为教师日常教学活动的重要组成部分。然而,任何一项技术被某一领域所应用并引起该领域的深刻变革,都会经历一个漫长的融合过程,信息技术之于教育也是如此。黑板、投影等传统技术已经与教育活动发生了深度融合,成为常规化的教学工具,信息技术则与之不同,其与教育的发展并不同步,发展脚步更快一些,这样就会造成信息技术与教育融合的过程中出现这样或那样的问题。例如,教师不考虑实际教学需要而片面地追求新技术的应用,教师对新兴的信息技术产生畏难情绪等。因此,教师在实际教学活动中应如何选择和使用信息技术,如何实现信息技术与教育活动的深度融合,成为亟待解决的难题。

要实现信息技术与教育教学的深度融合,培养一批掌握现代教育理论和现代教育技术的高水平教师队伍是非常重要的。2005 年,米什拉(Mishra)和科勒(Koehler)在密歇根州立大学所开展的一项教师专业发展培训项目的研究中发现,虽然目前多数研究者和一线教师都认为教师应该懂得一些技术知识,但人们却较少关注到教师应该如何学习这类知识。传统的教师培训项目只关注教师对软硬件的使用技能,而不去关注技术与学科内容、教学方法之间的复杂互动关系,也就是教师如何将信息技术有效融合到日常教学活动中。由此,他们设计了一种"依靠设计的学习"方法,以在日常教学活动中应用信息技术为目标,帮助教师学习技术知识。受到实践的启发,米什拉和科勒首次提出了教师应具有整合技术的学科教学知识。2005 年下半年,米什拉和科勒根据自己所开展的教师专业发展培训项目的研究数据,对整合技术的学科教学知识进行了系统的阐述,并简单介绍了整合技术的学科教学知识的七个组成要素,包括学科内容(C)、技术(T)和教学法(P)三个核心要素,以及学科教学法(PC)、整合技术的教学法(TP)、整合技术的学科内容(TC)、整合技术的学科教学法(TPC)。2006 年,米什拉和科勒在 *Teacher College Record* 杂志上发表文章,对 TPCK 的理论框架、实践路径及未来发展方向进行了系统的介绍,标志着整合技术的学科教学知识正式诞生。在接下来的一年时间内,美国教育研究协会(AERA)、美国教师教育学院协会(AACTE)等研究机构相继认可这一全新的教师知识界定。2007 年,米什拉在第九届全美技术领导峰会上,广泛征集教育协会专家和杂志编辑意见,认为"TPCK"的缩写既难发音,又难记忆,故在"TPCK"缩写之中加入元音字母"A",将整合技术的学科教学知识的缩写确定为"TPACK",在更深层次的意义上是指组成整合技术的学科教学知识的三个核心要素紧密相连,不可分割,三者间相互融合,成为完整的教师知识框架。随着深入研究的展开,越来越多的学者意识到 TPACK 是一种涉及多因素的新知识结构,教师此类知识的形成往往会受到社会、文化和心理等诸多要素的影响。为此,米什拉在 2009 年将情境因子纳入整合技术的学科教学知识框架中①。至此,整合技术的学科教学知识框架被完整提出。2008 年,由美

---

① Koehler M J, Mishra P. What is Technological Pedagogical Content Knowledge? [J]. Contemporary Issues in Technology and Teacher Education,2009,9(1): 60-70.

国教师教育学院协会创新与技术委员会发表的《整合技术的学科教学知识教育手册》（*Handbook of Technological Pedagogical Content Knowledge（TPCK）for Educators*）一书，系统阐述了整合技术的学科教学知识（TPACK）。TPACK 理论框架如图 1-2 所示。

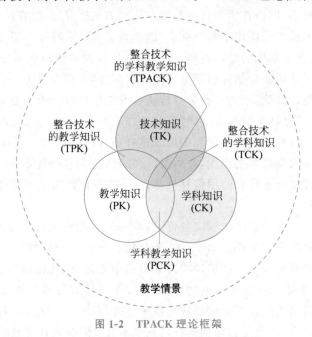

图 1-2　TPACK 理论框架

1. 技术知识

技术知识（technological knowledge，TK）即关于技术的知识，指教师使用各种技术工具和软件设计并支持教学的知识。技术包括传统技术（如黑板、粉笔、教科书、投影器等低水平技术）和现代技术（如电视、广播及计算机、网络等技术）。

2. 学科知识

TPACK 中的学科知识是对舒尔曼的学科教学法知识中的学科内容知识的继承和发展。舒尔曼认为教师所教授的学科知识主要包括该学科有关的概念、理论、观念、组织框架、证据和证明，以及获得学科发展的实践和途径等①。米什拉和科勒在舒尔曼研究的基础上，重新整合界定了学科知识，认为学科知识应包括两个层次，第一层次是具体学科的概念性、理论性和程序性知识，组织和联系观点的解释框架知识，证明和校验的规则性知识。第二层次是教师应该掌握所教学科的实体性和句法性学科结构，其中实体性学科结构就是学科中具体的概念和规则被组织的方式，用以解释学科中的一些事实；而句法性结构就是学科中正确的和错误的、有效的和无效的规则集合。简而言之，一名教师所必备的学科知识，不仅仅是学科本体所包含的概念、理论和方法等基本知识，还应该包含对学科本体更深层次的理解，以及相关学科之间的联系。

3. 教学法知识

教学法知识（pedagogical knowledge，PK）通常是为所有学科所共享的一般教学法，是教师对教学实践、过程、程序、策略及教与学的方法的认识，也包括关于教学目标、教学评价

---

① 李美凤，李艺. TPCK：整合技术的教师专业知识新框架[J].黑龙江高教研究，2008(4)：74-77.

及关于学习过程的知识。需要特别说明的是,这里的教学法知识一定是与具体学科无关的,能够被应用到任意一门学科的一般性的教学法,教师通过对此类知识的掌握,能够更有效地组织课堂教学,采用有效方法呈现课堂教学内容,了解学习者的学习习惯和倾向。因此,教学法知识是在对学习科学理论全面理解的基础上,将具体理论应用于课堂管理、课程设计和实施,以及学习者评价等教学活动之中的知识。

4. 学科教学法知识

学科教学法知识(pedagogical content knowledge,PCK)由学科知识与教学法知识综合而成。PCK一经舒尔曼提出便得到广泛的响应与认可,诸多学者围绕PCK展开了深入的研究。PCK涉及学科知识的重新组织与加工,并根据教学情景的需要进行传输与呈现,对学生学习中的困难或错误进行诊断、分析与纠正,并对学习进行合理的评价等[①]。学科教学法知识的核心理念就是转换学科内容而为教学所用,这种转换发生在教师寻找多种途径表示学科内容知识、重新编辑和整合教学资源以适应不同的教学内容和不同学习基础的学生时[②]。

5. 整合技术的学科内容知识

整合技术的学科内容知识(technology content knowledge,TCK),是由技术与特定的学科知识(或教学内容)相互作用产生的。技术与内容的相互作用包括两个方面:一是根据内容选择、设计恰当的技术,例如,我国开发的面向数学教学的"Z+Z"智能教学软件,以及广泛应用于数学、物理和化学教学的几何画板软件;二是利用技术所提供的更多的可能性拓展学习内容的来源与类型,例如,利用网络获取学科最新研究成果,利用动画模拟难得一见的物理现象或过程。

6. 整合技术的教学法知识

整合技术的教学法知识(technology pedagogical knowledge,TPK),是由技术和一般教学法相互作用产生的。新技术不仅可以用于强化原有的教学方法,也可以产生新的教学方法,反之,教师所采用的教学方法也会影响技术的选择与设计。例如,Webquest(基于网络的探究式学习)教学模式发挥了网络在获取、交流、发布及共享信息方面的优势。又如,个性化教学的实施借助于用户画像、智能推送技术等。

7. 整合技术的学科教学知识

整合技术的学科教学法知识(technological pedagogical content knowledge,TPCK)是在舒尔曼的PCK概念基础上整合技术而形成的,也是由以上所有类型的知识综合而成的。TPCK代表着教师能够根据具体的教学情景的需要,综合考虑学科知识、教学方法和技术支持,设计恰当的教学方案,换句话说,就是把技术转化为解决教学问题的方案的知识。与PCK的独特地位相类似,TPCK对教师应用技术的有效教学具有支配作用,包含了具体教学情景中技术与学科知识、教学方法的真实的复杂关系,包括教师对技术的深刻理解,对自己原有的教学观念、教学方法的重新审视与反思,敏锐地在技术、学科知识与教学方法的相互关系中寻求新的可能。

8. 境脉因素

"境脉"是包括多种因素在内而表现出的一种协同作用。整合技术的学科教学知识在创

---

① 李美凤,李艺. TPCK:整合技术的教师专业知识新框架[J].黑龙江高教研究,2008(4):74-77.

② 任友群,詹艺.整合技术的学科教学知识:教育者手册[M].北京:教育科学出版社,2011.

立之初是不包含境脉因素的，但随着研究的逐渐深入，研究者越来越多地认识到，整合技术的学科教学知识是一种涉及多条件、多因素，且彼此交互的结构不良的新知识，教师对此类知识的掌握和应用往往需要与社会、文化和心理等诸多外围因素协同作用。境脉因素是整合技术的学科教学知识框架中最难以具体化的因素，特别是情境因素中某几个因子之间的协同作用，往往是动态性最强，最难以具体化的。境脉因素与整合技术的学科教学知识的其他要素的互动，会对教师的教学和学习者的学习产生促进或阻碍的作用。教师对于此类知识是很难达到像其他要素一样的掌握程度，更多的是对于具体境脉因素的一种回应。

二、教师能力新要求——数字胜任力

教师是教育活动的主导者，是构成教育活动的支持性要素，也是技术赋能教育高质量发展的关键变量。但在教育数字化转型的流程再造中，"对许多人来说，完成这些工作需要的技能与他们目前掌握的技能截然不同"。数字胜任力是指在生成新知识的过程中，批判性、反思性地使用数字技术所需的知识、能力与态度[①]。数字胜任力已经成为教育数字化转型中，教师开展教学活动所必备的能力。此部分以欧盟提出的教师数字胜任力框架为依据，对其演变历程、构成，以及教师数字胜任力发展阶段进行了阐述。

（一）教师数字胜任力的演变

从概念的发展来看，教师数字胜任力的概念经历了从教师数字技能，到教师数字素养再到教师数字胜任力的演变过程[②]。早期的教师数字技能主要指教师具备的与处理信息化问题对应的一系列技术能力。计算机素养是 20 世纪 80 年代最常用的术语之一，后来信息素养、媒体素养、网络素养等术语也常被使用，但是这些术语都主要聚焦于教师的数字技能。

最早的"数字素养"概念是吉尔斯特（Gilster）于 1997 年提出来的，吉尔斯特明确指出数字素养是一种更为综合的能力，而不仅仅是打字等基本技能[③]。这一界定将"数字素养"这一概念与"数字技能"区分开，将计算机素养与其他（包括信息评估和知识重组）的"软"技能以及一系列的数字理解、数字态度等相结合。教师"数字技能"便转向了内涵更广泛的教师"数字素养"，体现出数字化时代教师所需具备的更加多样化的知识、能力和态度等。近年来，素养（literacy）一词逐渐被胜任力（competence）取代，从各国和国际组织颁布的"框架"可发现，其中使用的均是胜任力一词。

（二）教师数字胜任力的构成

欧盟教师数字胜任力框架（European Framework for the Digital Competence of Educators，简称 DigComEdu）包括 6 个胜任力域（area），共由 22 项能力构成，如图 1-3 所示[④]。

第一，专业化参与域（professional engagement）是面向广泛的专业环境，即教师为了自

---

① Instefjord E. Appropriation of digital competence in teacher education[J]. Nordic Journal of Digital Literacy，2015（4）：155-171.

② 孙晓红，李琼. "学习者中心"的教师数字胜任力框架国际经验[J]. 比较教育学报，2022，337（1）：28-40.

③ GILSTER P. Digital literacy[M]. New York：Wiley Publishing，1997：25-48.

④ 郑旭东，马云飞，岳婷燕. 欧盟教师数字胜任力框架：技术创新教师发展的新指南[J]. 电化教育研究，2021，42（2）：121-128.

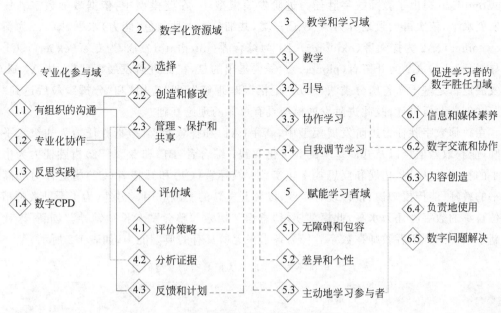

图 1-3　欧盟教师数字胜任力框架

身专业发展或组织利益,通过使用数字技术与同事、学生、家长和其他教育利益相关者开展专业化互动。专业化参与域包括有组织的沟通、专业化协作、反思实践和数字持续性专业发展(continuous professional development,CPD)四个方面的能力。

第二,数字化资源域(digital resources)指向教师为了满足学生的学习需求,以有效、负责的方式使用、创造和共享数字资源的能力,包括选择、创造和修改,以及管理、保护和共享三个方面的能力。

第三,教学和学习域(teaching and learning)指向教师在管理和协调教与学活动中如何有效使用技术的能力,包括教学、引导、协作学习和自我调节学习四个方面的能力。

第四,评价域(assessment)指向教师使用数字策略(digital strategies)加强评价的能力,包括评价策略、分析证据,以及反馈和计划三个方面的能力。

第五,赋能学习者域(empowering learners)指向教师如何在实施以学习者为中心的学习策略方面,充分发挥数字技术的优势与潜力,包括无障碍和包容、差异和个性,以及主动地学习参与者三个方面的能力。

第六,促进学习者的数字胜任力域(facilitating learners' digital competence)则关注促进学生数字胜任力发展所需的具体教学胜任力,包括信息和媒体素养、数字交流和协作、内容创造、负责地使用和数字问题解决五个方面的能力。

值得注意的是,从属于不同"域"的胜任力之间并不是孤立的,而是具有一定的关联性。也正是由此,教师数字胜任力的构成不仅在胜任力域的层面具有系统性,而且在胜任力域所辖的具体能力方面也存在很强的关联性。由此可见,DigCompEdu 从整体上展现了教师数字胜任力是一项系统性的综合能力,但最终都指向和服务于学习者数字胜任力的发展。

(三)教师数字胜任力发展阶段

为描述教师数字能力的不同发展阶段与能力水平,帮助教师了解个人优势与不足,

DigCompEdu 提出了教师数字胜任力进阶发展模型①。在此模型中,依据教师数字胜任力的发展水平,依次可大致划分为 A、B、C 三类,共细分为六种角色(能力)水平,即 A1 为新手(newcomer)、A2 为探索者(explorer)、B1 为综合者(integrator)、B2 为专家(expert)、C1 为领导者(leader)、C2 为开拓者(pioneer)。需要指出的是,在此进阶发展模型中,从 A1 到 C2 的发展逻辑是基于布鲁姆分类法(即从"记忆"和"理解",到"应用"和"分析",最后达到"评价"和"创造")所设计,故此进阶发展模型具有可靠的理论基础。

在教师数字胜任力进阶发展模型中,新手(A1)和探索者(A2)指胜任力为初级水平的教师,能获取新信息以及开展基本的数字化实践;综合者(B1)和专家(B2)指胜任力为中级水平的教师,能应用、拓展和反思数字化实践;领导者(C1)和开拓者(C2)指胜任力为高级水平的教师,能传授知识、批评现有实践,以及开发新的实践应用。另外,为了帮助教师精准定位自身的数字胜任力水平,此模型使用"意识""探索""整合""专长""领导""创新"来代表从新手教师到开拓者教师在数字胜任力各水平上所具有的典型能力,如表 1-2 所示。

表 1-2 教师不同数字胜任力所具有的典型能力

胜任力水平	专业化参与域	数字化资源域	教学和学习域	评价域	赋能学习者域	促进学习者的数字胜任力
A1 新手	产生使用数字技术的意识,进行不确定和基础性使用					
A2 探索者	探索数字选择	探索数字资源	探索数字教学和学习的策略	探索数字评价策略	探索数字评价策略	鼓励学习者使用数字技术
B1 综合者	拓展专业实践	将数字资源与学习环境匹配	有意义的整合数字技术	加强传统的评估方法	探索以学生为中心的策略	开展活动以培养学习者的数字胜任力
B2 专家	加强专业实践	有策略地使用交互资源	加强教学实践和学习活动	有策略和有效地运用数字评价	解决学习者的赋能问题	有策略地加强学习者的数字胜任力
C1 领导者	讨论和更新专业实践	综合使用高级的资源和策略	有策略地、有目的地更新教学实践	批判性地反思数字化评估策略	有策略地使用系列工具以赋能学习者	全面、批判性地培养学习者的数字能力
C2 开拓者	创新专业实践	促进使用数字资源	创新教学	创新学习者参与	创新学习者参与	使用创新设计提高学习者的数字胜任力

思　考　题

1. 试述教学情境、教学策略和教学评价的设计如何体现教学的信息化转变?
2. 谈一谈对信息化教学的理解。
3. 请叙述教学信息化与信息化教学的区别与联系。

---

① 郑旭东,马云飞,岳婷燕.欧盟教师数字胜任力框架:技术创新教师发展的新指南[J].电化教育研究,2021,42(2):121-128.

4．请谈一下对于"互联网＋"教育的理解。

5．当前常用的人工智能教育手段有哪些？

6．试述教师知识框架的演变历程。

7．TPACK 具体包括哪几个方面的知识？请列举出来并解释。

8．教师的数字胜任力包括哪几个方面？

9．教育数字化转型时期，教师的知识与能力结构将会发生哪些变化？

────┤ 拓 展 资 源 ├────

1．联合国教科文组织．人工智能与教育：政策制定者指南［M］．北京：教育科学出版社，2021．

2．杨晓哲．人工智能应用：初中版［M］．上海：华东师范大学出版社，2020．

3．南国农．信息化教育概论［M］．北京：高等教育出版社，2004．

4．姜永生．信息化教学概论［M］．北京：中国铁道出版社，2018．

5．祝智庭．现代教育技术—走向信息化教育［M］．北京：教育科学出版社，2002．

6．张静．融合信息技术的教师知识发展研究［M］．北京：中国社会科学出版社，2017．

第二章　信息化下教师专业发展

学习目标

(1) 了解我国教师专业发展状况。

(2) 理解教师专业发展和信息化下教师专业发展的区别与联系。

(3) 了解信息化下智慧教师的素养结构。

(4) 理解信息化下智慧教师的成长路径。

第一节　教师专业发展概述

一、教师专业发展内涵

教师专业发展(teacher professional development)是教师教育领域一个基本且重要的概念。从 20 世纪 60 年代中期开始,国际上对中小学教师的素质就已经做了较多的研究,达到很高的关注度。联合国教科文组织 1965 年提出"终身教育"理念后,职前培养为主的教师专业发展模式已不再适应新时代的特征。从 20 世纪 80 年代起,教师专业化成为世界普遍关注的潮流。随后教师专业发展成为教师专业化的重点和着力点。1980 年以"教师的专业发展"(the professional development of teachers)为主题的《世界教育报》(*World Yearbook of Education*)[①]指出教育专业化存在两个目标:一是将教师看作社会层级中的一个阶层,所以专业化的目标即为争取专业的地位与权力,并力求集体向上流动;二是由于教师是以教书育人为旨归的专业工作者,因此,其必须将提升教学水平及扩展个人知识为努力目标。因此以发展教师"专业能力"(professional competence)为目标的取向称为"专业发展"。从以上可以看出,教师专业发展包含群体组织和教师个体两层含义,对社会而言,教师专业发展为未来人才的培养起到重要的推动作用。对于教师自身而言,则对教师自我的生存质量和生活状态有一定的关联。

党的二十大报告强调"要坚持教育优先发展、科技自立自强、人才引领驱动,加快建设教育强国、科技强国、人才强国",把教育、科技、人才的重要性摆在了突出位置。教师是教育高质量发展的第一资源,是人才队伍建设的重要保障。教师专业化是实现教育高质量发展的关键。教育家顾明远指出,社会职业有一条铁定的规律:只有专业化,才有社会地位,才能受到社会的尊重;如果没有社会地位,得不到社会的尊重,后果将不堪设想。现阶段国内外对教师专业发展的内涵定义多种多样,综合大部分学者对教师专业发展的解读,将其定义

---

① 王会亭.基于具身认知的教师培训研究[D].苏州:苏州大学,2017.

为：教师作为从事教育工作的专业人员，在专业思想、专业知识、专业能力、专业情意等方面不断发展和完善的过程，同时也是不断塑造自我角色，完善自我能力，最终不断提升自我专业水平，实现专业成长的过程。

二、教师专业发展实质

要准确把握教师专业发展的实质，首先须对教师专业有一个清晰的认知。具体而言，可以从以下几方面来理解教师专业。首先，教师专业是一种实践。教师作为教育专业工作者，其专业活动迥异于其他工种的活动，其以学习者行动的改变为目的，而非以单纯追求学问的提高为旨归。正如李·舒尔曼所指，在专业工作中，行动与理解同等重要，甚至更为重要。"专业的教育者……的教学是为了让学生明了认识是为了行动——改变他人的心智和生活，负责任地以及正直地为他人服务"[①]。其次，教师专业规定了边界。教师所从事的是有目的、有计划、有组织地培养人的活动。这种特殊的专业实践决定了其具有明确的目标、内容、范围、方式及伦理规范，从而使其与其他活动大相径庭。最后，教师专业意味着熟练。教师作为以教书育人为己任的专业工作者，应拥有丰富的专业知识、深邃的教学思维、超强的问题解决能力、敏锐的洞察力。换言之，教师的专业实践应该达到熟练的境界。

综上，教师专业的实质落脚在于教师专业实践的改善。这种实践是一种保罗·佛莱雷（Paulo Frcire）所称的实践，即一种明智的行动，一个基于深入思考的行动过程[②]。同时，教师的专业实践是一个完整的有机体。它既是教师的知识、认知、行为以及伦理在特定的情境中交互作为的过程，又以促进学生的学习和发展作为衡量教师专业实践改善的最终标准[③]。

需要指出的是，教师专业实践改善的过程必须合乎教育伦理和道德规范，必须能使学生真正实现诗意栖居，回归与完善生命的过程。既然教师专业发展的实质是教师专业实践的改善，那么就必须通过实践的手段来促进教师专业的发展。这也就客观上要求，作为教师专业发展的重要手段——教师培训必须摆脱"理论至上""知识中心"的怪圈，要让学习者深入教育现场，在真实的教育实践中，通过不断地体验及内化，逐步确立角色意识，提升教学能力，涵养道德人格，从而胜任教育教学工作。

三、教师专业发展阶段

教师专业发展阶段目前来看是一个复杂、长期的过程，具有阶段性、终身性和发展性等特点，教师进入教师职业生涯周期后，从新手教师到成长为专家型教师也需要一个漫长的过程。每个教师在职业生涯中专业发展重点和表现性特征都是不一样的，同时每个教师发展阶段也存在共性的规律。因此，教师专业发展阶段研究便旨在探寻教师成长的规律，帮助教师顺利经历专业发展各个阶段。

20 世纪 80 年代，美国学者德那弗斯（Dreyfus）依据专业知识与技能的差异，将教师从新手到专家的发展过程划分为五个阶段：新手阶段、优秀新手阶段、胜任阶段、熟练阶段、专家阶段[④]。美国学者卡茨（Katz）根据与学前教师一起工作的经验，特别针对学前教师的训

---

① 李·舒尔曼.标志性的专业教学法：给教师教育的建议[J].黄小瑞,崔允漷,译.全球教育展望,2014,43(1)：3-13.

② 保罗·弗莱蕾.被压迫者教育学[M].顾建新,张屹,译.上海：华东师范大学出版社,2020.

③ 崔允漷,王少非.教师专业发展即专业实践的改善[J].教育研究,2014,35(9)：77-82.

④ 宋广文,苗红霞.教师的发展：一种关于专家教师形成的认知心理学分析[J].外国教育资料,2000(5)：30-33.

前需求与专业发展目标,提出教师专业发展四阶段论,包括求生存时期(survival)、巩固时期(consolidation)、更新时期(renewal)和成熟时期(maturity)[①]。虽然对象是对学前教师提出来的教师专业发展阶段理论,但是对其他学段也是适用的。

当然,也可以从与教师专业化的关系视角来理解教师专业发展阶段。具体包括两种情形。一是将教师专业发展等同于教师专业化。这种情形又可细分为三种情况,即二者同指教师职业从非专业或半专业逐渐发展成为一门专业的过程,二者同指教师个体从新手逐渐成长为专家型教师的过程,二者均包括了教师职业专业化和教师个体专业化两个过程。二是将教师专业发展与教师专业化相区别。教师专业发展和教师专业化具有迥异的内涵。教师专业化是指教师职业专业化的过程;教师专业发展则是指教师个体由新手逐渐成长为专家的过程。将二者严格区别开,对于教师专业发展的理论研究与实践操作均具有重要意义。当前关于教师专业发展阶段的划分主要如表 2-1 所示[②][③]。

表 2-1　教师专业发展阶段划分

研究者	划 分 依 据	教师专业素质结构
福勒	教师在职业生涯不同阶段关注对象不同	关注生存阶段、关注情境阶段、关注学生阶段
纽曼	以年龄为依据,结合生命周期规律以及教师专业发展特点	20～40 岁的初步发展阶段、40～50 岁的黄金发展阶段以及 50 岁以上的面临结束阶段
休伯曼	以入职时间为依据,以心理学和社会心理学相结合的研究方法	入职期(1 至 3 年)、稳定期(4 至 6 年)、实验和歧变期(7 至 25 年)、平静和保守期(26 至 33 年)、退出教师期(34 年以上)
叶澜、白益民	教师专业结构革新和改进规律	"非关注"阶段、"虚拟关注"阶段、"生存关注"阶段、"任务关注"阶段、"自我更新关注"阶段
傅道春	教师专业结构变化及生命周期	职前成长阶段、初步接触阶段、能力构建阶段、热心与成长阶段、职业退缩阶段、职业更新阶段、职业低落阶段、职业退出阶段
柳国梁	以教师进入工作岗位后的从教时间,并综合生命周期标准、社会化标准、关注研究标准和自我更新标准	适应期(1 至 4 年)、成长期(4 至 10 年)、成熟期(11 至 25 年)、后成熟期(25 年以上)

为便于培训对象的组织与管理,当前"国培计划"主要依托教龄及职称将教师专业发展阶段分为新手教师、成熟教师以及专家教师三个阶段(表 2-2)。

通过对上述国内外不同学者对教师专业发展阶段的审视与分析,本书认为教师专业发展阶段应该由教师发展的特点来决定。从宏观上来说,各个阶段具有连续性、递进性,每个阶段都有自己的特征和发展规律,处于不同发展阶段的教师,其发展任务和发展方式是不同的。因此,要积极挖掘其内在规律,意识到每个阶段对于整个阶段的重要性和不可替代性,进而实现教师持续性自主发展。

---

① 杨秀玉.教师发展阶段论综述[J].外国教育研究,1999(6):36-41.
② 席莉莉.专业发展不同阶段幼儿园教师专业自主发展意识现状研究[D].兰州:西北师范大学,2020.
③ 朱茂芳.不同专业发展阶段小学语文教师课堂话语研究[D].芜湖:安徽师范大学,2018.

表 2-2　"国培计划"教师专业发展阶段及特征

阶段划分	教龄	职称	特　　征
新手教师	1 至 3 年	中学二级以下	刚踏上教师岗位,对于新的工作环境、工作内容、工作职责等尚处于摸索阶段;经验不足,在教学生、处理学生出现的各种问题,以及和家长交流沟通等方面存在困难
成熟教师	4 至 20 年	中学二级至高级	各个学校的中青年骨干教师,不但能够完成教学任务,也能够不断探索新的方式来进行教学,并且在处理各类学生问题和与家长沟通上比较得心应手
专家教师	20 年以上	高级及以上	理论知识和实践性知识都非常丰富,能很好地处理学校、学生、工作、家庭等一系列的问题;有坚定的教师信念和教育情操

四、信息化下教师专业发展

教育信息化是伴随着技术的迅猛发展,不断与教育相结合逐步产生的。根据祝智庭[①]的观点,教育信息化是指在教育领域广泛而深入地应用现代信息技术,以推动教育变革和发展的过程。这一过程必然会导致一种全新的教育形态的形成,即信息化教育。随着大数据、云计算、物联网、人工智能、元宇宙等新一代技术的不断发展,技术与教师教育的结合日益紧密,对于促进教师专业发展具有重要的意义。信息化下的教师专业发展随着现阶段信息技术的不断发展,赋予教师专业发展新的内涵。信息化下教师专业发展具有教育性和技术性双重特点,是教育与技术的结合。在教育信息化背景下,一名合格的教师要具备信息素养,不仅具有运用信息技术的意识,还要不断提高利用、加工、设计资源的能力,将信息技术与教育教学深度融合,以便应对教育信息化的新挑战。为此,国家高度重视教育信息化背景下的教师专业发展,为教师专业发展实践提供了政策遵循。

（一）全国中小学教师信息技术能力提升工程

教师信息技术应用能力是信息化社会教师必备的专业能力,为提升教师信息技术应用能力、学科教学能力和专业自主发展能力,推动每个教师在课堂教学和日常工作中有效应用信息技术,促进信息技术与教育教学融合取得新突破,教育部于 2013 年启动了全国中小学教师信息技术应用能力提升工程,并于 2014 年研究制定了教师信息技术应用能力标准、培训课程标准和能力测评指南等,并要求到 2017 年年底完成全国 1000 多万中小学(含幼儿园)教师新一轮提升培训,各地要将信息技术应用能力培训纳入教师和校长培训必修学时(学分),原则上每 5 年不少于 50 学时。教师信息技术能力提升工程的实施,对于全面提升教师信息技术应用能力具有重要的意义,它是破解教育信息化发展瓶颈问题,充分发挥信息技术手段综合效益的基础工作;是促进教师转变教学方式,深入推进基础教育课程改革的重要抓手;是实现教师终身学习,有效促进专业自主发展的关键路径"。

2019 年,教育部印发的《关于实施全国中小学教师信息技术应用能力提升工程 2.0 的意见》[②]提出,到 2022 年,构建以校为本、基于课堂、应用驱动、注重创新、精准测评的教师信

---

①　祝智庭. 现代教育技术:走向信息化教育局[M]. 北京:教育科学出版社,2002.

②　教育部. 关于实施全国中小学教师信息技术应用能力提升工程 2.0 的意见[EB/OL]. (2019-04-02)[2023-12-18]. http://www.moe.gov.cn/srcsite/A10/s7034/201904/t20190402_376493.html.

息素养发展新机制,通过示范项目带动各地开展教师信息技术应用能力培训(每人5年不少于50学时,其中实践应用学时不少于50%),基本实现"三提升—全面"的总体发展目标:校长信息化领导力、教师信息化教学能力、培训团队信息化指导能力显著提升,全面促进信息技术与教育教学融合创新发展。其间,为指导各地规范实施中小学教师信息技术应用能力提升工程2.0校本应用考核工作,教育部印发了《全国中小学教师信息技术应用能力提升工程2.0校本应用考核指南》,遵循应用驱动、精准测评、以评促用的原则,通过实施校本应用考核,诊断和评价教师信息化教育教学能力,评估学校能力提升工程2.0实施成效。

(二)人工智能助推教师队伍建设

随着大数据、云计算、人工智能等信息技术的不断发展,信息技术与教师教育融合越来越深。人工智能对于实现教育改革发展、解决教师队伍建设难点问题、打造高水平、专业化、创新型教师队伍等具有十分重要的意义,必将为教育强国战略与教育现代化提供强大技术支持。2018年,在出台的《关于全面深化新时代教师队伍建设改革的意见》[1]中提出"教师应主动适应信息化、人工智能等新技术变革,积极有效地开展教育教学"。同年,《教师教育振兴行动计划(2018—2022年)》推出了"互联网+教师教育"创新行动,并强调应充分利用大数据、人工智能等新技术,助力教师教育理念与模式变革,推进教师教育信息化建设与应用。2022年4月,教育部等八部门在实施的《新时代基础教育强师计划》中提出"深入实施人工智能助推教师队伍建设试点行动,探索人工智能助推教师管理优化、教师教育改革、教育教学方法创新、教育精准帮扶的新路径和新模式"[2]。

2018年8月,教育部启动了第一批人工智能助推教师队伍试点工作,首批遴选了宁夏和北京外国语大学开展示范,通过开展人工智能助推教师队伍建设行动试点工作,探索人工智能助推教师管理优化、助推教师教育改革、助推教育教学创新、助推教育精准扶贫的新路径,为在全国层面推广人工智能助推教师队伍建设行动,探索模式,积累经验,奠定基础。

为进一步深入推进新技术与教师队伍建设的融合,促进教师专业自主发展,强化教师适应人工智能等新技术对教育教学变革的意识,探索形成新技术助推教师队伍建设的新路径和新模式,2021年,教育部印发《关于实施第二批人工智能助推教师队伍建设行动试点工作的通知》[3],在56所高校、20个地市、25个区县启动第二批试点工作。同时,教育部在文件中对高校、地市和区县重点推进工作做了明确要求,即高等学校要重点推进四项工作,包括创建智能化教育环境,提升教师技术素养与应用能力,推进教师大数据建设与应用,服务地方教育教学改革与创新等。地市和区县要重点推进六项工作,包括推动教师应用智能助手,

① 中共中央国务院.关于全面深化新时代教师队伍建设改革的意见[EB/OL].(2018-01-31)[2023-12-15].http://www.gov.cn/zhengce/2018-01/31/content_5262659.htm.
② 教育部.新时代基础教育强师计划[EB/OL].(2022-04-13)[2023-12-20].http://www.moe.gov.cn/srcsite/A10/s7034/202204/t20220413_616644.html?eqid=83074907000176cf00000003646d600e.
③ 教育部.关于实施第二批人工智能助推教师队伍建设行动试点工作的通知[EB/OL].(2021-09-15)[2023-12-15].http://www.moe.gov.cn/srcsite/A10/s7034/202109/t20210915_563278.html.

创新教师培养模式,开展教师智能研修,提升教师智能教育素养,建设与应用教师大数据,智能引领乡村学校与薄弱学校教师发展等。

（三）国家教育数字化战略行动助推教师专业发展

《教育部2022年工作要点》明确提出,要实施教育数字化战略行动,教育数字化是教育未来发展的必然趋势,也是实现高质量教育体系建设的重要保障和最优策略。2022年,教育部启动了国家教育数字化战略行动,以前所未有的力度全面推进教育数字化转型。国家智慧教育平台开设了"暑期教师研修"专题,进一步开拓了教育信息化创新发展的中国道路,丰富了中国特色教育信息化的内涵。在教育数字化战略转型背景下,数字化应用和工具将为教师专业发展提供支持教学、教研、学生评价、资源建设和自身成长需要且易用、体系化的硬件工具和应用系统,有力推动教师队伍的整体质量进一步发展。

在教师专业发展过程中,应将教育数字化理念和技术与教师培训有机结合,融入教师培训全过程,赋能教师专业发展,进一步推进大数据等新一代信息技术与教师专业发展的深度融合。教师在培训过程中,既是数据的产生者,也是数据的接受者,因此,教师是教育数字素养背景下"人"的核心因素,要全面强化教师大数据采集、分析和应用能力。

五、教师专业发展面临的机遇与挑战

（一）教师专业发展面临的机遇

1. 数字技术为教师专业发展理念的快速更新提供基础

数字技术的不断发展,尤其是现阶段,大数据、云计算、人工智能、数字孪生、元宇宙等新兴技术的出现,导致现阶段教育环境发生了较大的变化,跟以前的传统教育环境不可同日而语,因此对于教师专业发展来说,教师专业成长的角色也随之发生着改变,教师专业发展理念也在快速地发生变化,数字技术为教师专业发展理念的快速更新提供了坚实的基础。教师可充分运用数字技术,随时随地学习各种先进的教育教学理念,及时掌握教育最新发展动态,丰富自己的理论知识。

2. 数字技术促进教师专业发展知识结构快速迭代

1986年,舒尔曼首次提出学科教学知识"PCK"概念,主要内涵是教师个人教学实践经验、学科专业知识与教学法知识的统称。随着数字技术的不断发展,基于技术的"TPACK"应运而生。在此背景下,教师专业发展的知识结构不仅包括学科专业知识,还包括教育学、心理学、学科教学法及教育技术等知识。数字技术为教师专业发展知识结构快速迭代提供了各种各样的数字技术工具,为实现教师专业发展知识管理起到了重要的促进作用。

3. 数字技术为教师教育教学能力的快速提升提供保障

课堂教学是教师教育教学的主阵地,也是教师专业成长的主渠道。数字技术为教师教育教学能力的提升提供了多种教学环境,并将其应用于课堂教学实践,其作用在提高了教师应用教育技术能力的同时,也相应提高了教师整合数字资料,优化教学方案、教学过程的能力,有利于教师教学能力和教学质量等综合专业素质的提升。当今社会教师要进一步强化利用数字技术辅导课堂教学的能力,充分拓宽教学手段和方法,在实践中不断提升自己。

4. 数字技术为教师专业发展多样化资源获取途径

现阶段已经进入数字社会,各种各样的教育资源、工具、软件、平台等极大地丰富了教师专业学习的可能性。一是从个体方面,教师在备课、教学设计、制作多媒体软件时都可以运用数字技术,为教师研修、交流与协作提供了坚实的基础。二是从群体方面,各个区域不断自主开发教育资源,已经形成了丰富的共享资源库,教师可以从中迅速找到相应的资源。可以看出,数字化资源正悄悄地改变着学习方式,数字技术为教师专业发展多样资源的获取提供了多条路径,打破了传统教室和书本的物理限制,为教师多样化资源的获取提供了一个网络化、智能化的数字环境。

5. 数字技术为教师专业发展共同体的建立提供平台

数字化背景下的教师专业发展共同体是数字技术发展到一定阶段的产物。教师专业发展共同体以传统的线下群组为主体,以愿景驱动为核心,围绕共同的目标进行合作,共同探究、合作学习。利用信息技术的先发优势,可以很容易形成"网络学习共同体",教师可以通过网络彼此沟通、交流、研讨、合作。数字技术拓展了传统线下群组的时空观,在这个数字化学习共同体中,来自不同区域的教师都可以借助数字技术所提供的环境,相互交流专业知识和教学经验,全力实现共同的目标。在这个学习共同体中,每个教师的地位都是平等的,成员都能够围绕个人感兴趣的话题参与讨论、分享观点,共同促进教师专业发展。

6. 数字技术对于传统的教学模式转变具有积极作用

教师在传统教学模式中一直扮演着权威性的"教师中心"角色,而在数字化背景下,教师在教学模式中角色发生了变化,而角色变化又是教师核心职业素养转变和提升的重要原因。现阶段数字教师角色的转变包括学生综合能力的培养者;学生学习活动的设计者、指导者、促进者;教学活动的合作者、组织者、研究者。因此,教师专业发展要适应数字化环境,由传统的"单面手"转变为"多面手"。

7. 数字技术为教师精准化个性化专业发展提供可能

数字技术能够辅助教师个性化学习,是促进教师个性化发展的有效工具。教师根据个人需求,通过网络进行个性化交流、学习,它克服了统一集中的大规模学习的弊端,满足教师的个性学习需求。教师运用智能平台进行专业测评,可以挖掘出个性化的发展需求,例如,通过收集分析教师的年龄、教龄、学科、学段、学历、职称等信息,精准推送学习资源,促进其主体发展、专业发展、个性化发展。

(二)教师专业发展面临的挑战

1. 教师教育教学理念的更新是一个全新的挑战

观念层面的现代化是实现我国教育现代化的关键和内核,如果不更新观念,就只能是"穿新鞋走老路",数字技术的应用不仅不会提高教育教学效率,而且会造成巨大的资源浪费。人机协同是人工智能时代的标配,打破了传统固有的师生观念,重构了传统师生的关系。有些教师没有在数字化背景下转变教育教学理念,在教学中忽视对学生能力的培养,抑制了学生个性的发展;对于培养学生具有现代社会所需要具备的实践、创新、自主、合作等能力的意识不强;在教育教学过程中,平等师生合作关系,让学生通过自主、实践、探究、合作等学习方式的能力不够。教师如果不树立正确的教育观念,就难以在教学中使用数字技术来提高教学效果,就可能成为应用数字技术的主要障碍,因此,转变教育观念是教师提升信息技术应用能力的前提条件。

2. 数字技术与教育教学深度融合是一个全新的挑战

数字技术与学科教学整合,即以学科知识为载体,以现代信息技术作为工具和手段,把数字技术与学科教学有机地结合起来,以达到让学生更好地掌握数字技术知识、培养其数字素养和综合能力的目的。随着人工智能时代的到来,原有的知识体系被打破,颠覆了传统的教育教学流程,需要重新审视课堂教学。现阶段部分教师基础知识和专业知识不扎实,对新教材中的内容不熟悉,没有充分理解教学目标和教学要求,课堂教学方法不恰当,教学方法单调,没有充分利用数字技术整合学科教学,没有充分发挥学生在学习过程中的主动性、积极性与创造性。因此,数字技术与教育教学深度融合,应使学生在学习过程中真正成为信息加工的主体和知识意义的主动建构者,而不是外部刺激的被动接受者和知识灌输的对象;使教师成为课堂教学的组织者、指导者,学生学习的帮助者、促进者,而不是知识的灌输者和课堂的主宰者。

3. 教师精准性与个性化专业发展是一个全新的挑战

在教师专业发展的过程中,在以往的教师专业发展过程中,以规模化、统一性为标志的专业成长已经不能适应现阶段专业发展的需求。数字技术为教师专业发展的个性化和精准性提供了良好的契机,已经形成一种共识。但是,如何利用大数据、云计算、人工智能等新兴技术提升教师专业发展的精准性和个性化,仍是一个全新的挑战。兼顾教师专业发展的个性化是一个全新的课题,因此,在设计教师专业发展相关活动时,要以个性化需求满足为目标,以实际问题解决为出发点,以提供精准化资源推动为手段,不断完善机制,同时,采用知识讲授、操作演示、活动参与、任务驱动、自主学习、网络协作等策略,促进教师的反思、总结与提升。

4. 教师数字技术的学习和运用能力不断增强是一个全新的挑战

数字技术时代,教师如何在教学实践过程中熟练利用数字技术应用于课堂教学,不断提升数字技术的学习和运用能力,是一个全新的挑战。提升教师数字素养,是现阶段教师专业发展的关键所在。因此,教师要具有良好的数字素养,在现实的教育教学环境中熟练利用各种数字化教学工具,为个人的课堂教学提供准备;要在教育教学环境中用好这种技能,在日常教学、教研活动中会用这些装备。2013年,教育部印发的《教育部关于实施全国中小学教师信息技术应用能力提升工程的意见》提出,提升教师信息技术应用能力、学科教学能力和专业自主发展能力的目标[①]。2019年教育部印发的《关于实施全国中小学教师信息技术应用能力提升工程2.0的意见》提出,到2022年教师信息化教学能力显著提升,全面促进信息技术与教育教学融合创新发展的目标[②]。

第二节 信息化下智慧教师的素养结构

作为一名中小学教师,应将智慧型教师作为职业生涯的重要目标。智慧教师是对教师专业知识、专业能力、专业情意等达到一个较高境界的褒称。信息化时代,智慧型教师的含

---

① 教育部关于实施全国中小学教师信息技术应用能力提升工程的意见-中华人民共和国教育部政府门户网站[EB/OL].(2013-10-28)[2024-06-14].http://www.moe.gov.cn/srcsite/A10/s7034/201310/t20131028_159042.html.

② 教育部关于实施全国中小学教师信息技术应用能力提升工程2.0的意见-中华人民共和国教育部政府门户网站[EB/OL].(219-04-02)[2024-06-14].http://www.moe.gov.cn/srcsite/A10/s7034/201904/t20190402_376493.html.

义为：在信息化教学实践中表现出较高教育智慧水平的教师。具体表现为：具有契合教育信息化与新课改理念的教学观；能冲破传统标准式课堂教学的束缚，运用信息技术拓展和延伸教学的时间和空间；能根据学科内容、学生特点创造性地选用各种教学方法及支持性技术；能在反思批判中将信息化教学活动引向一个新的高度①。智慧教师是智慧教育背景下的产物。因此，智慧教师是教师发展到一定阶段的结果，是教师高级创造思维能力的外在体现。尤其是在教育信息化背景下，智慧教师的素养结构会区别于传统的教师专业素养，智慧教师特征有先进性、智慧性、技术性和学习性②。

2019 年 3 月，联合国教科文组织发布了《教育中的人工智能：可持续发展的挑战和机遇》(*Artificial Intelligence in Education: Challenges and Opportunities for Sustainable Development*)提出，将"提升教师的人工智能素养"作为构建人工智能时代教育生态系统的重要内容③。在教育信息化背景下，智慧教师不仅要熟练运用多种教学工具，还能将教育智慧与教学过程紧密结合，做一个有教育情怀、有教育信仰的新时代智慧教师。现阶段对教师素养结构研究颇多，教师素养结构研究要结合不同的历史时期的特点才能有助于实现教师的专业化。因此，信息化下智慧教师的素养结构包括信息化专业意识、信息化专业知识、信息化专业能力、信息化专业情意和信息化专业智慧五个方面。

一、信息化专业意识

意识源于人脑对客观世界的认识与反映，教师专业意识即教师对教书与育人的认识与反映④。信息意识就是作为信息社会人所必须具备的观念和意识，教师要强化信息化意识，不管做任何工作都要下意识具备互联网、大数据和信息化思维，将信息化建设作为提升治理能力的重要抓手。而要想提高信息化专业意识，就需要转变"信息化思维"。信息化思维是对信息化意识的综合反映，即从信息化角度来认识、分析和处理工作中的各种问题和困难，从而实现工作与信息化的有效结合。信息化意识包括理解信息社会的趋势，正确面对信息化的特征，以及有意识地在日常生活、学习和工作中应用信息技术，并了解其局限性及负面影响。教师要具有终身学习的意识，这是现代信息社会教育现实的需求，也是实现教师专业自我发展的需要。现代信息社会为教师的终身学习提供了大量的平台和资源，为教师终身学习提供了机会。因此，教师要进一步提高自身学习的意识，不断激发自身的专业自觉，树立终身学习的意识。

二、信息化专业知识

智慧教师信息化知识所需的基础知识要点，是一切与信息有关的各个方面的基本理论、知识和方法，为教师课堂教学、培训材料的选择提供参考，也是一个合格教师的必备条件。信息化专业知识包括学科知识，是教师所需具备的最为基础的知识，是教师开展教学工作的前提。教师一般都承担某一学科或某一专业知识领域的教学工作。掌握这一学科或专业领

---

① 刘帅.信息化时代智慧型教师的成长之路[J].文学教育(下),2020(3):88-89.
② 王昊.智慧教育背景下的智慧教师及其发展环境构建[J].中国成人教育,2020(18):69-73.
③ 任友群,万昆,冯仰存.促进人工智能教育的可持续发展:联合国《教育中的人工智能:可持续发展的挑战和机遇》解读与启示[J].现代远程教育研究,2019,31(5):3-10.
④ 王毅,杨珊珊,安红.人工智能时代教师专业发展的内涵、挑战与路径[J].教学与管理,2022(25):6-10.

域较全面和坚实的知识,是对一个教师的基本要求,尤其是在教育信息化背景下,教师需要通过各种方式的反思和交流进行知识更新。教师专业发展是教师人生价值实现的过程,是教师在充分认识教育意义的基础上,不断提升专业精神、增强专业修养、掌握教育规律、拓展学科知识、强化专业技能和提高教育教学水平的过程。信息化专业知识不仅包括教育心理学知识、专业学科知识、宽阔的知识视野,还要有信息化专业知识。教师要对人工智能、大数据、云计算、物联网等新一代信息技术有所涉猎,了然于胸。

三、信息化专业能力

信息化专业能力是智慧教师专业发展素养结构中重要的组成部分,与传统的教师专业能力相比,更加注重信息技术在教育教学中的应用能力。因此,在信息化社会,一个合格的教师应具备以下几种基本能力:第一,教师应具备良好的教学能力和讲课能力,掌握教学的基本功,如分析、处理教材的能力,选择和运用教育教学原则和方法的能力;第二,教师应具有良好的组织管理的能力,包括课堂教学的组织能力,管理学生、班集体的能力,从集体中选拔学生干部的能力等;第三,作为教师,良好的书面语言表达能力和非语言表达能力是必不可少的,这在教育教学中起着不可忽略的作用;第四,教师的教育科研能力已成为现代教师能力的一项基本内容,教师要善于对自己的教育实践和周围发生的教育现象进行反思,从中发现问题来进行研究。

信息化专业能力层指向教师职能,为教师业务(实践)能力的培养提供借鉴。信息技术作为一种科学技术引入教育领域,不仅引起了教育理念和方式的变革,而且给传统的教师专业发展赋予了新的使命——教师信息专业能力提升。然而在这样的信息技术环境中教师教育观念落后,教师信息素养的参差不齐,制约着信息技术环境中的教师专业发展。教师只有不断地提升自己的专业能力,才能使教学工作始终保持旺盛的生命力。因此,教师要在教学实践中观察他人教学的同时,反思自己的教学,并在理论指导下不断提高自己的教学水平;要树立终身学习和与学生共同发展的观念,只有这样才会从自己的生命体验中懂得终身学习的价值,努力在自己的教育实践中培养学生学习的兴趣、习惯和能力,真正实现科学精神与人文精神、理论实践与文化的统一。

四、信息化专业情意

信息化专业情意是在教育信息化背景下结合教师特殊的角色定位所表现出来的专业理想、专业情操、专业性向和专业自我,是教师专业发展的社会性情感要素。专业情意是在知识、能力、智慧发展过程中,逐渐沉淀的情感与意志,因此其支撑、影响、激励着整个教师素养结构系统的发展。信息化能促进教师专业情意的养成与升华。

专业情意是与知识、能力、智慧相并列的"非智力系统"发展主线,为教师智力系统的发展提供情感动力及必要的规范,满足教师发展的情感性及社会性需要。专业情意应包含信念、情感、态度、道德责任等。信息技术可以减轻教师日常工作负担,提高教师工作、学习和研究的效率,营造一种轻松、快乐、有成就感的氛围,帮助教师克服职业倦怠,让教师教得轻松,教学有乐趣、有成就感、有创造性;只有这样教师才会更加热爱自己的职业,将其进一步升华为终身追求的事业,努力达到至高的专业境界。

教师专业情意中最重要的就是要遵守信息伦理道德。信息伦理道德是指人们在信息行为实施过程中必须要遵循的社会法律、法规、伦理道德体系,信息意识对信息道德行为有规范的作用,特别是信息政策意识能使用户利用信息的行为在法律、政策的规范下进行。信息道德包括:信息行为人必须了解信息与信息技术使用的相关法律、法规、伦理道德体系;在存取、使用信息资源时能够遵守法律、法规、信息资源提供的规定,以及约定俗成的一些规则;对引用的成果用恰当的方式表示感谢等。

五、信息化专业智慧

教师应具备的认知、意识、观念、思维及视野等宏观智能特质。教师专业智慧则是在实践的过程中,基于知识、能力的获得,升华而成的高阶思维,是实践方式、方法在思维层面的映射。亚里士多德认为,实践智慧就是理智德行中关注人类实践事务的能力,反映了美德拥有者处理情感的某种方式或态度[①]。决定教师专业价值的并不是其掌握知识、能力的体量,而是发现问题、归纳问题、有效解决问题所需要的高阶思维,即教师专业智慧。在教育教学过程中,教师要让技术赋能学生核心素养培养。智慧教育、智慧课堂逐渐成为现阶段最为重要的研究热点,将云计算和网络技术、电子书包、物联网技术、人工智能支持的课堂分析技术等应用到教育教学过程中,使技术自身的显性化特征从应用场景中逐渐消融,对智慧课堂的关注与价值张扬回归教育本身。

第三节　信息化下智慧教师的成长路径

一、信息化下影响教师专业发展的因素

在教育信息化,尤其是现阶段教育数字化转型背景下,影响智慧教师的专业成长影响因素很多,既有个人内部因素,又有外部环境因素。因此,教师专业发展是内外部因素相互影响、相互交织,共同作用的结果,这些因素对教师专业发展起着重要的作用。内因主要是教师个体因素,是最为直接、最为主要的影响教师专业发展的根本因素。教师的人生观、世界观和价值观,以及对教师职业的认识程度和追求动力,都是影响教师专业发展的重要因素。在信息化背景下,主要包括教师信念、认知水平、成长动机和反思能力等。教师对于职业价值的认识和追求,教师自主发展的需求和动力,教师应对教育改革挑战的态度和能力,是从根本上影响教师专业发展的关键因素。外因主要包括社会环境和学校环境两个方面:社会环境包括教育政策、社会期望、教育培训等;学校环境包括技术支持、学校管理、制度机制、文化建设、校本培训等。

(一)个体因素

1. 教育信念

教师教育信念是积淀于教师个人内心深处对教师行为的无意识支配,教师教育信念的强弱对于教师个体专业发展具有重要的意义。其一般受教师个人学习、生活、工作等影响比较大,每个人的教育信念都是不一样的,教师自身提高专业发展的信念是教育信息化视域下

---

① 亚里士多德.尼各马可伦理学[M].王旭凤,陈晓旭,译.南昌:江西教育出版社,2014.

快速提高自身能力的内驱力。因此,在促进教师专业发展的过程中,积极的人生信念、教育理念是影响教师专业成长和职业发展至关重要的因素。

2. 自我认知

认知是教师在课堂教学过程中对信息感知、加工、获取、分享及应用等方面的能力,教师的自我认知是教师对自我概念、自我效能感、自我评价等的认知,认知水平的高低对于教师专业发展具有重要的意义。认知能力是教师在长期的课堂教学实践过程中形成的一种核心能力,同时,也是教师专业发展最重要的能力之一,与教师教学能力的提高有一定的关联性。如果教师对自我认知有明确的定位,乐于接受外界有效信息,并将其应用于实际场景中,就能更好地提高其专业发展水平。

3. 成长动机

教师专业成长动机的强弱对于其专业发展的快慢具有重要影响。教师成长动机是使自身的内在需求适应于外部环境,是一种心理状态。动机一般分为内部动机和外部动机两类。内部动机反映教师内部的心理活动状态,是一个由内而外的过程,是一种主观需要和价值取向。外部动机是一种由外向内的过程,能够对教师的教育教学起到激励和引导作用。动机因素是一切行为的发动性因素,对教师的教育教学工作来说也不例外。教师要做好教育工作,首先要有强烈而持久的教育动机。就教师自身来看,研究发现有三个因素与其职业责任感有显著的正相关关系,即教师的职业价值观、对教学工作的成功期待和教育效能感。从环境因素来看,社会宏观条件、学校内部的客观状况、学校气氛、人际关系和总体环境影响五个方面,都与教师工作的积极性之间有显著的正相关。

4. 反思能力

反思是教师在成长过程中最为重要的核心能力之一,要提高教师专业水平,就需要教师在工作中不断学习、不断研讨、不断实践,在反思中总结经验。我国著名教育家叶澜教授曾经说过:"一个教师写一辈子教案不可能成为名师,如果一个教师写三年教学反思就有可能成为名师。"[①]揭示了教学反思在教师职业生涯中的重要作用。反思是对过往教育教学素养的评价,是提升教师专业能力的快捷途径之一。美国心理学家波斯纳(Posner)提出了一个教师成长的公式:教师的成长=经验+反思,不断总结经验,复盘自我,最终会有意想不到的收获[②]。

(二)外部环境因素

1. 教育政策

教育政策是政府教育决策的结果,是政府在教育领域的政治措施。与此同时,教育政策又是在教育这个特殊的社会领域实施的公共政策,调整的是教育领域的社会关系,意在解决教育领域的社会问题[③]。从某种意义上说,教育政策,尤其是教师教育政策,体现着国家对教师教育的集体意志,指明了未来教师专业发展的方向,同时也对当下的教育做出要求。2010年,"国培计划"正式启动,标志着从国家层面对教师专业发展提出了更高的要求,由此

---

① 陆山华.浅议高校教师教学反思的作用和方法[J].大学教育,2012,1(7):113-114.
② 俞国良,辛自强.教师信念及其对教师培养的意义[J].教育研究,2000(5):16-20.
③ 金礼久.改革开放以来农村教师培训政策研究[D].南京:南京师范大学,2017.

中小学教师专业发展要求上升到前所未有的高度。从"国培计划"启动开始,每年的"国培计划"政策文件都对教师专业发展产生积极的影响,每个政策的侧重点各不相同,对教师专业发展的影响也不尽相同。

2. 社会期望

随着经济水平的不断提高,社会对教育的高质量发展与教师的专业化水平有了新的认识,政府对教育事业的持续重视,教育行政部门对教师的培养的政策导向,学校对于教师专业发展的直接影响,无形中都会促进教师的成长,特别是促进教师的专业发展。在传统的教育观念中,教师的角色是教书育人,社会各界对教师的专业素质都有很高的期望。现阶段,教师变革在重新诠释"好教师"的标准,然后以此为标准,对教师专业发展提出了更高的要求,从专业理念、专业知识、专业行为、专业情意等方面要有所提高和改善,不断推动着教育实践的进步,教师为适应教育变革的需要而进行专业上的更新是大势所趋。

3. 教育培训

教育培训是教师专业发展的最主要的途径,可以提高教师专业发展的价值,主要体现以下四个方面:教师知识能力的提高;教师行为改变或改善;教师教育教学实践能力的提升;教师基本专业素养的提高。专家的理论指导、有效的教学途径、理论与实践的有效结合等都能有效地提升教师的专业发展。教育培训的途径包括集中培训,跟岗研修,课题研究、读书、校本研修等多种形式,有效地激发了教师的内源性发展动力,促进了教师专业水平的提高。

二、信息化下智慧教师成长路径

(一)教育政策层面

1. 积极开展国家教育政策的研究,为教师专业发展提供宏观指导

教育政策是国家和政府制定的调整教育领域的社会问题和利益关系的公共政策,是为实现一定历史时期的教育任务而制定的行动依据和准则[①]。教育政策,尤其是关于教育信息化的政策,对于信息化背景下智慧教师的专业发展具有三方面的影响:一是为教师专业发展方向起到指引作用,为教师专业成长提供外部的宏观环境因素,提供制度保障和政策支持;二是对教师专业发展予以规范和指导,对于教师专业发展过程中应该做什么、不应该做什么、如何做,以及做到什么程度都具有一定的规范性;三是对教师专业发展起到激励和促进作用,主要通过考核、奖惩、职务评聘等多种激励措施促进教师专业发展。智慧教师专业成长需要意识到教育政策,尤其是政策中提到的有关教育信息化的论述,从而明确教师专业发展努力的方向。

2. 开展"互联网＋"教师专业发展活动,提升教师专业技能

教师要想获得快速成长,参加职前培训和在职培训是必不可少的。通过培训,学习教师专业发展相关理论。在信息技术高速发展的今天,一是开展"互联网＋"教师专业发展活动,利用人工智能、大数据、云计算等技术大规模提升教师专业技能,学习前沿教育教学基本理论,和必备信息技术知识,以适应未来的教育教学活动。在信息技术支持下的资源无处不在、资源丰富性大大增强的信息时代,教师专业发展活动不再局限于课堂教学,教师可随时

---

① 王艳辉.校本教研实践于教师专业发展[M].长春:吉林人民出版社,2020.

随地进行自主学习。二是通过网络集体备课,扩大了校本研修的辐射面,教师获得了更多的资源,调动了其主动性和积极性,得到了高端专家的指导,进一步提升了教师专业技能。三是以国家智慧教育公共服务平台为引领,为教师提供了全方位、多维度的教学资源、教育行政服务和教育信息共享的平台,对促进教师专业发展起到了重要作用。

3. 促进并优化人际关系的和谐,实现教师专业发展

学校是教师进行教育教学的主阵地。学校的工作氛围、师生关系、制度机制等对教师的专业发展起着重大的作用。和谐的人际关系是教师群体专业发展的关键所在。社会人际关系越和谐,教师所处的外部环境对自我发展越有利。教师应以开放的心态对待社会人际关系,设身处地为他人着想。教师要善于了解学生,建立和谐的师生关系,提高教师人际关系质量。

(二)学校环境层面

1. 以校本教研为抓手,实现教师专业持续性发展

校本教研是在学校范围内以教育教学为重点,对教师所面临的实际问题进行科学研究的活动。在教育信息化背景下,教师应充分利用信息技术手段,不断提升自身的科研水平和研究能力,将教育教学过程以研究的心态来实施,有利于激发教师解决问题的主动性,克服教师职业倦怠,容易获得成就感。著名教育家苏霍姆林斯基曾经说过:"如果你想让教师的劳动能够给教师带来一些乐趣,使天天上课不至于变成一种单调乏味的义务。你就应当引导每一位教师走上从事研究这条幸福的道路上来"①。教师应该具有强烈的教学研究意识,要在教学中善于发现问题,并且通过研究解决问题,规范自己的课题意识。尤其是在信息化背景下,与教学研究相结合,在活动过程中,教师可以充分表达自己的理解、分析和设计意见,相互启发与交流,从而促进教师专业的共同发展。教师要积极撰写教育论文、记录教学反思,要参加课题研究,并在研究中解决实际问题,提高自己的理论知识水平,努力使自己成为研究型教师。在教学实践中,新开设的学科教学资源相对来说少一些,为了提高课堂教学实效,各学科教师应经常以备课组为单位进行网络教研活动。

2. 增强教师信息技术与学科融合,提升教师信息化教学应用能力

信息技术与学科融合是现阶段教师专业发展的趋势所在。信息技术为树立"以学生为中心"的理念得到实现,将"学习的主动权归还给学生"成为可能。课程整合的过程绝不仅仅是现代信息技术手段的简单运用过程,它必将引发教育、教学领域的一场深刻变革。将信息技术的学习和应用与教育观念更新有机结合起来,利用信息技术改革传统的教学模式,实现教学内容、方法和过程的整体优化。信息技术在教育领域的推广应用,不仅使信息技术课程成为基础教育的重要组成部分,而且推动着各学科教育理念、教学模式、教学手段的不断更新。培养教师的信息素质的重心放到探索在各个学科的教学中,应用信息技术培养学生创新精神和实践能力的方法和途径上。

3. 重视教师教育信息化教学实践反思,促进知识到实践的转化

美国心理学家波斯纳提出教师成长的公式:成长=经验+反思。这充分说明了教学反

---

① 苏霍姆林斯基.给教师的建议[M].修订版.杜殿坤,译.北京:教育科学出版社,1984.

思在教师专业成长中的重要性①。在信息技术时代,教师可以利用信息技术手段进行实践反思,从而获得持续不断的专业成长,是教师专业发展的有效途径。同时,信息技术为教师的教学实践反思提供了很好的思想交流平台,并与同伴形成信息化学习共同体,充分满足了教师自主发展和群体交流的需要。

(三)自我发展层面

1. 提升教师信息技术素养,树立信息技术进行教学改革的意识

教师要促进自我发展,首先要有专业发展的观念和意识,制定好职业生涯规划,不断寻求自我发展的途径,才能快速提升自我。在当今信息时代,教育领域在不断发生巨大的转变。因此,教师要了解信息技术在现代社会,特别是教育领域中的地位与作用,建立科学的、基于信息技术的现代教育思想和观念。要认真学习新课程的教学理念,改变以往过于注重传授、追求知识技能的一维目标的教学过程,改变过于突出学科本位、过于注重书本的课程内容,改变一味接受、机械训练的学习方式,改变过于突出选拔与甄别功能的评价形式。教师应该利用基于计算机和网络的信息技术,转变自己的学习方式和工作方式,并以此影响学生,为学生学习方式的转变创设良好的教学环境,信息技术在每个教师专业发展阶段发挥不同的作用,教师在信息技术时代是协助者、支持者,利用信息技术,激发学生在学习过程中的主动性、积极性与创造性。

2. 增强自我信息化认知能力,进一步提升教师职业发展

教师专业发展的主阵地是课堂。在教学活动过程中,教学目标的设定、教学对象的分析、教学内容的设计、教学策略的选择、教学评价的调控等都需要以教师自我认知能力为基础。尤其是在信息技术与学科融合的大背景下,信息技术应用能力进一步凸显,教师应不断提升信息化认知能力,进一步完善能力结构,特别是掌握一些运用最新信息技术工具的能力,以适应核心素养理念下的教育教学活动,教师应自觉成为教学的研究者、终身的学习者、教学实践的反思者。同时,教师在专业成长过程中要具有自我发展的意识和动力,通过不断的学习、实践、反思等,增强自我信息化认知能力和水平,不断激发教师职业发展动机,向更高层次的方向发展。

3. 强化教师数字化职业能力,提升教师专业自主发展

教育数字化转型是更新教育理念、重塑学校治理模式、变革教育教学模式的重要推手,全过程采集数据,以大数据为支撑,强化过程数据应用。教师在专业成长的过程中,要强化数字化职业能力,将数字化不断应用到学习、工作、教学中,改变原有的传统的教学模式,向以数据交互、信息评估为主的数字化教育转变,打破现有格局,突破时空局限,进一步提升教师信息素养。利用人工智能等新兴技术实现大规模因材施教,整合伴随性、过程性数据,开展个性化的教师专业发展测评,建立教师专业成长电子档案,为教师培训、教育教学提供数据依据,精准提升教师队伍建设实效。

---

① 俞国良,辛自强.教师信念及其对教师培养的意义[J].教育研究,2000(5):16-20.

思　考　题

1. 试论述教师专业发展的历程。
2. 当前教师专业发展面临的机遇与挑战分别是什么？请列举出来并解释。
3. 你认为信息化下智慧教师的素养结构对当前教师的专业发展有何影响？
4. 信息化下智慧教师应当如何成长？请谈谈你的看法。

┤拓 展 资 源├

1. 祝智庭,闫寒冰.《中小学教师信息技术应用能力标准(试行)》解读[J].电化教育研究,2015,36(9)：5-10.

2. 中共中央、国务院.《关于全面深化新时代教师队伍建设改革的意见》[EB/OL].(2018-01-31)[2023-01-28].http://www.gov.cn/xinwen/2018-01/31/content_5262659.htm.

3. 中华人民共和国教育部(2019).教育部关于实施全国中小学教师信息技术应用能力提升工程2.0的意见[EB/OL].(2019-04-02)[2023-12-20].http://www.moe.gov.cn/srcsite/A10/s7034/201904/t20190402_376493.html.

4. 中华人民共和国教育部(2022).教育部关于发布《教师数字素养》教育行业标准的通知[EB/OL].(2023-02-14)[2023-12-01].http://www.moe.gov.cn/srcsite/A16/s3342/202302/t20230214_1044634.html.

5. 中小学教师信息技术能力提升执行办公室(2022).全国中小学教师信息技术应用能力提升工程2.0典型案例集(第Ⅰ辑)[M].长春：东北师范大学出版社.

拓展资源

第三章　信息化教与学理论

学习目标

（1）了解学习理论、教学理论的发展历程。

（2）掌握学习理论与教学理论对当前信息化教学的价值与意义。

（3）能够在教学实践中合理应用相应理论并进行反思。

第一节　学习理论

历史上学习与教学领域在理论与研究上都是相对独立的领域，研究人群不同、研究对象不同、所持的信念不同，并受不同的原理所支配。大多数学习领域的理论家和研究者是心理学工作者，大多数研究以动物作为研究对象，认为心理学是一门科学；而教学领域以教育工作者作为研究对象，重视课堂教学的实施，认为教学是一门艺术。海伊特（Highet）在《教学的艺术》一书中写道："我相信教学就是一门艺术，不是科学。[①]"不过，他同时提到教与学是不可分的，优秀的教师要不断学习所教学科的知识，掌握鼓励学生学习的各种方法。

学习者是学习过程的主体，技术在教学过程中的应用是为了更好地促进学习者的学习，研究学习理论的发展趋势有助于更好地把握学习者的学习规律，为信息化赋能学生学习提供理论指导。作为信息化教学的重要理论基础，从 20 世纪 50 年代末至今，学习理论经历了行为主义、认知主义、建构主义、联通主义等不同的发展阶段，不同的学习理论对学习本质有着不同的理解，在不同的阶段影响着教育理论和实践的发展。

教育信息化，以现代教学理念为指导，以信息技术为支持，使教育的所有环节数字化，从而提高教学质量和效率。在信息化教学中，要求观念、组织、内容、模式、技术、评价、环境等一系列因素实现信息化[②]。相较于传统课堂以教师为中心的教学模式，信息化教学注重以学生为中心，重视教学资源的建设，重视发挥学生学习主动性和积极性。教师角色和学生角色都发生了一定意义上的转变，教师由知识的传授者、灌输者变为学生主动获取信息的帮助者、促进者；学生由知识的被动接受者变为知识的主动建构者，同时教学过程、教学模式、资源渠道等都发生了相应的变化。

建构主义学习理论、人本主义学习理论、联通主义学习理论等对信息化教学的开展有重要的启示。信息化教学的开展过程中，注重以学生为本的教学理念，引导学生开展主动学

---

① 　Gilbert Highet. The art of teaching[M]. New York：Vintage Books，1989.

② 　张一春. 教师教育技术能力建构：信息化环境下的教师专业发展[M]. 南京：南京师范大学出版社，2007.

习、获取知识；注重教学情境的创设，激发学生的学习兴趣；在教学过程中，注重信息化手段的运用。在建构主义、人本主义、联通主义等学习理论的指导下，将教学资源与信息技术紧密结合，使信息技术全方位服务于学生学习。

一、行为主义学习理论

20世纪初，结构主义和功能主义思想流派的兴起对早期的学习心理学的发展产生重要影响。爱德华·B.铁钦纳（Edward Bradford Titchener）是结构主义心理学的典型代表，其重视联想主义与实验方法的结合。与结构主义心理学思想流派相对应的是功能主义心理学学派，受杜威的有关进化思想的影响，重视研究心理过程在帮助有机体适应环境及生存中的作用，倡导将心理学实验的结果应用于教育与现实生活中。

在这种背景下，行为主义开始兴起，并成为当时最为重要的心理学流派，其典型代表是约翰·B.华生（John B.Watson），他主张心理学的研究对象应为可观察的、科学的题材。行为主义理论最著名的实验当属B.F.斯金纳（Burrhus Frederic Sknner）的操作条件反射理论，此外还有桑代克的联结主义理论、巴甫洛夫的经典条件反射理论、华生的行为主义理论及格思里的邻近条件反射理论[①]。

（一）联结主义理论

爱德华·L.桑代克（Edward Lee Thorndike）是美国杰出的心理学家，他的联结主义理论在美国占有重要地位。其主要著作为《教育心理学》，这本书提出最基本的学习模式是感觉经验（刺激或事件的感知）与神经冲动（本身有行为表现）之间形成联想或联结，强调刺激与反应之间的联结作为学习的基础。

桑代克通过一系列动物实验开展研究，其实验结果表明动物通过反复尝试，就会在经验与神经间形成联结，这一原理可同样解释人的复杂学习，他认为一个受过教育的成年人不过是拥有成千上万个刺激—反应的联结而已。

1. 练习律与效果率

效果率是桑代克理论的核心：当刺激与反应之间建立的可改变的联结发生并伴随或紧跟着一个满意的事情时，联结的强度就会提高；当伴随或紧跟一件厌恶的事情时，联结的强度就会下降。

桑代克有关学习的基本思想隐含在他提出的练习律和效果率之中。练习律由使用率和失用率组成，即对刺激做出反应会增强联结，而不做出反应则会减弱联结。在后来的研究中，桑代克对练习律和效果率进行了修正，指出简单的重复不一定能"打造出"反应，因此慢慢抛弃了练习律；针对效果率，桑代克也提出，单纯的惩罚不一定能减弱联结，需要告知学生什么是正确的行为，而不是仅仅告诉学生什么不能做。

2. 迁移

迁移指的是一个联结的增强或减弱导致另一个联结产生类似变化的程度，当情境有相同要素并要求做出类似的反应时，迁移就产生了。桑代克和伍德沃斯指出，在特定的背景下对某种技能的练习或训练并不能提高这种技能的广泛使用能力，教师应将对应联结的其他

---

① 张公社，周喜华. 教育心理学[M]. 北京：中国人民大学出版社，2012.

知识教给学生,促进学生的知识迁移,以更好地应用知识。

此外,桑代克 1924 年的实验还提出学生的智力发展与其所学习的课程并没有直接的关联,而在于是否与学生的兴趣与目标有关联,这项研究为后来的课程设计起到了一定的指导作用。

(二)经典条件反射理论

1904 年,生理学家伊万·巴甫洛夫凭借在消化作用方面所做的研究获得了诺贝尔奖,他的经典条件反射研究给学习理论留下了重要启示。依据巴甫洛夫的经典条件反射理论,学生在想到测验或听到老师说要考试就会产生焦虑的原因是基于测验的想法或由测验的语言表征或意义而激发的条件反射。

巴甫洛夫在他的生物学实验中通过对无条件刺激和条件刺激进行控制,提出了经典条件反射理论,即把一个条件刺激和另一个带有奖赏或惩罚的无条件刺激多次联结,可使个体学会在单独呈现该条件刺激时也能引发类似无条件反应的条件反应。在后续的研究中,人们也指出条件反射不太受条件刺激和无条件刺激是否同时出现的影响,而更多地取决于条件刺激传达无条件刺激可能出现的信息的程度,一个刺激能否成为条件刺激,关键在于该刺激是否有预见性。

巴甫洛夫的经典条件反射原理可以用来解释某些技能失调的行为,应用在学习过程中:为了缓解个体面对新事物、新环境等的恐惧焦虑心理,可引导个体多去想象放松的场景,多参与有意思的活动,提前介入新环境等,以减少个体的焦虑情绪。

(三)华生的行为主义理论

华生一直被视为当代行为主义的奠基人和捍卫者,主张用自然科学的研究方法来研究心理学。

"给我 12 个健康、外形完好的婴儿,把他们放在我设计的特殊的环境里培养,我敢保证,随便挑出一个人来我就能把他训练成为我所选择的任何一类专家——医生、律师、艺术家、商业首领,甚至是乞丐或小偷,无论他的才能、爱好、倾向、能力,或他的先辈们的职业和种族是什么。"[①]

华生的小阿尔伯特实验说明了条件反射如何引起情绪反应,但是条件反射的影响力并没有那么强,后面的研究也证实经典条件反射是一个复杂的现象。大约 1920 年至 20 世纪60 年代初,华生的行为主义理论学说一直影响着心理学的发展。

(四)临近条件反射理论

另一位行为主义学习理论的著名学者是埃德温·R. 格思里(Edwin Ray Guthrie),他的两条重要的学习原理是:学习通过刺激与反应的成对出现而产生;刺激模式第一次和反应成对出现时所形成的联结强度最大。根据格思里的理论,学生在学习过程中仅仅依靠重复练习顺利解答问题并非意味着其已经掌握了所需的技能,而应该尝试在不同情境下的知识迁移,以实现对技能的充分掌握。

---

① 约翰·B. 华生. 行为主义[M]. 李维,译. 北京:北京大学出版社,2015.

临近学习意味着某个刺激环境下出现的行为在该刺激重现时会再次出现,这一理论可以用在记忆学习分析中,将言语线索与学习时的刺激条件或事件联结起来,当对旧的刺激做出另一种反应,记忆学习就会受到干扰作用,因而引起遗忘。

(五)操作条件反射理论

操作条件反射理论是 B. F. 斯金纳提出的行为主义理论,在研究早期,斯金纳关注程序教学,并在《教学技术》一书中,关注教学、动机、训练和创造力之类的话题。在后续的研究中,斯金纳将操作条件反射理论应用于像学校学习与训练、儿童发展、社会行为、心理疾病、医学问题、物质滥用及职业训练等领域。斯金纳的操作条件反射理论对于后期教学中的行为目标的设定、程序教学的设计等具有重要的启示意义。

在 20 世纪上半叶,行为主义理论在心理学领域一直占据统治地位,主张用环境中的事件来解释学习过程,而不以心理过程来说明行为的获得、保持和推广,将学习过程看成刺激和反应之间的联结过程。行为主义学习理论重视外部刺激对学生学习行为的影响,其核心观点是:学习通过强化和反馈建立刺激与反应的联结,学习的过程是被动接受外部刺激的过程,师生间的教学行为被简化为教师传授知识、学生接受和消化知识的过程。作为一种早期的学习理论,行为主义学习理论更为关注外部行为对学习者的影响,对学习者个体内部知识的建构关注不够。

行为主义学习理论认为学习是通过对外部刺激的反应和反馈来实现的,因此该理论关注学习过程中的外部刺激和反馈对学习效果的重要影响。在信息化教学中,个性化学习环境、激励与奖励系统及反馈机制等的设计与实施都体现了行为主义学习理论在信息化教学中的指导实践作用。

个性化学习环境的设计和实施能够满足学生个体差异的需求,根据行为主义学习理论的观点,个性化学习环境可以提供针对每个学生的特定刺激和反馈。教育信息化平台通过收集和分析学生的学习数据,根据学生的学习风格、能力水平和兴趣偏好,为其提供适当的学习材料、学习路径和学习活动,为不同的学生个体提供针对性的学习环境与资源,满足学生的个性化学习需求。此外,信息化教学过程中激励与奖励系统的设计,通过课程积分、徽章或其他奖励,可以增加学习者,尤其是年龄较小的学生个体的学习积极性,激发学生兴趣和学习投入。在信息化教学中,教育平台通过提供及时、个性化的反馈,例如,针对学生的答题情况、进展和错误的指导性反馈,可以精准识别学生学习中的难点与痛点,激发学生的学习兴趣,促进学生的学习效果。

二、认知主义学习理论

行为主义学习理论在学习领域中一直占主导地位,直到后来被认知理论取代。认知理论认为人的认识不是由外界刺激直接给予的,而是外界刺激和主体内部心理活动相互作用的结果,而行为主义学习理论忽视了学习者个体的自我认知过程。根据认知主义学习理论的观点,学习作为一项复杂的心理构建过程,应当根据自己的态度、需要、兴趣、爱好,并利用过去的知识与经验对当前学习者的外部刺激做出主动的、有选择的细加工过程。因此,基于认知主义学习理论的观点,教师在教学中应重点关注如何激发学生的学习兴趣和学习动机,而不是简单强化刺激,然后将当前的学习内容与学习者已有认知结构有机联系。

（一）格式塔理论

学习的认知理论起源于德国格式塔心理学派的完形理论。格式塔运动起源于 20 世纪初德国的心理学界,起源于马克斯·韦特墨(Max Wertheimer)对似动现象的研究。似动现象的研究表明主观的体验不能由所包含的客体的组成要素来解释,基于这项研究,韦特墨对心理学把知觉解释为个人感觉经验的总和提出了质疑。格式塔理论在传入美国以后,也被应用在对学习的研究上。按照格式塔理论,学习是一种以不同的方式对事物、人及事件进行感知的认知现象,人的很多学习是顿悟的,即由一无所知到知的转变是突然发生的,而不是通过尝试错误来实现的。在格式塔理论看来,人只有通过自觉的意识,才能产生有意义的顿悟;整体是有意义的整体,整体大于部分之和。

（二）加涅的"联结-认知"学习理论

R. M. 加涅(R. M. Gagne)是 20 世纪 60 年代美国著名学习与教学心理学家,他吸收行为主义与认知主义两大学习理论的优点,提出了"联结—认知"学习理论[①]。这种理论主张学习过程中既要重视外部刺激与外在反应,又要重视学习者内在心理过程的作用,即在教学过程中为达到更理想的学习效果,需要安排适当的外部刺激来促进学习者的内部心理过程。这一理论是当前以教为主的教学设计模型中常采用的理论基础。

加涅被公认为将行为主义学习理论与认知主义学习理论相结合的代表。在加涅的信息加工学习论中,学习的发生同样可以表现为刺激与反应,刺激是作用于学习者感官的事件,而反应则是由感觉输入及其后继的各种转换而引发的行动,反应可以通过操作水平变化的方式加以描述。学习者是一个活生生的个体,学习者通过接受各种不同的刺激进而组织进各种不同形式的神经活动中。他提出人的学习是极其复杂的现象,不可能用一种理论解释全部学习现象,所以提出将学习分类的理念,在《学习的条件和教学论》一书中,将人类学习的结果分为言语信息、智慧技能、认知策略、动作技能和态度五种类型。

（三）奥苏贝尔的认知同化论

奥苏贝尔(David Pawl Ausubel)在 20 世纪 60 年代提出了学习分类说,根据学习者是否需要理解学习材料,将学习分为有意义的和机械的;根据学习材料的意义是由学习者发现的还是他人告知的,学习可以划分为发现学习和接受学习。根据奥苏贝尔的两维学习理论,机械学习的过程和条件可以用联想学习理论或条件反应理论解释,有意义学习的过程和条件应该用同化论理解。其既重视原有认知结构的作用,又强调关心学习材料本身的内在逻辑关系。提出学习过程的发生在于新旧知识在学习者头脑中的相互作用,新的有内在逻辑关系的学习材料与学习者原有的认知结构发生关系,进行同化和改组,从而在学习者头脑中产生新的意义。有意义的学习过程就是新的意义被同化的过程,实现有意义的学习必须具有三个条件:学习材料具有内在的逻辑意义;学生认知结构中具有同化新知识的原有知识基础;此外实现有意义学习还需要学生具有有意义学习的心向,能够主动地将新材料与头脑中原有的知识进行相互作用。

---

① R. M. 加涅.学习的条件和教学论[M].皮连生,王映学,郑葳,等译.上海:华东师范大学出版社,1999.

　　认知主义学习理论强调在学习过程中学习者的主动参与、思考和理解,并强调学习过程中的认知和心理活动的重要性,对于信息化教学过程中为学生提供个性化的学习体验、促进学生的深层次理解和主动参与具有重要的启示。基于认知主义学习理论,信息化教学过程中为学生提供多样化的学习资源和工具,如互动式教学软件、VR/AR教学情境、虚拟实验等,以促进学习者对知识的深入理解;通过多维案例分析、情景模拟、互动式教学活动设计等,为学习者提供更多的问题解决与推理机会,激发学生的思考和创造性思维。此外,学习大数据分析、在线协作平台、智能化教学平台等为破解学习者个体差异、评价体系单一、时空限制、资源匮乏等困境提供了机遇,从而提供更为灵活有效和个性化的学习体验,促进学习者的深层次理解和主动参与。

三、建构主义学习理论

　　建构主义是学习理论在认知主义之后的进一步发展。"在教育心理学中正在发生着一场革命,人们对它叫法不一,但更多地把它称为建构主义的学习理论。"建构主义理论从认识论的高度揭示了认识的建构性原则,强调了认识的能动性。其主要观点为学习是学习者在与环境交互的作用过程中主动地建构内部心理表征的过程。知识的学习不是通过教师的直接讲授获得的,而是学习者在一定的社会文化情境下,借助必要的学习材料和学习资源,通过意义的建构方式获得的。它强调以学习者为中心的教学理念,认为情境、协作、会话、资源是建构主义学习环境中的基本要素。

(一)皮亚杰的认知发展理论

　　按照皮亚杰(Jean Piaget)的理论,认知发展依赖于四个因素:生物性成熟、有关物理环境的经验、有关社会环境的经验、平衡。平衡是认知发展中的一个核心因素和动力力量,是使认知结构与环境之间生成均衡状态的生物驱力。学习者达到认知平衡的两个过程是同化或顺应。同化是将外部现实与已经存在的认知结构相适应的过程,通过解释、分析、表达对现实的特征进行改变以适应人们的认知;顺应是改变内部认知结构使之与外部现实相一致的过程,通过调整自身观念来理解现实。

　　此外,皮亚杰提出了儿童认知发展的阶段理论,他提出儿童的认知发展经由一个固定的顺序,将儿童的认知发展阶段分为感知运动阶段、前运算阶段、具体运算阶段、形式运算阶段。在感知运动阶段(出生至2岁),认知处于快速发展阶段,从笼统的简单反射逐步发展到感觉和动作的细化,代表了一种试图理解世界的努力。在前运算阶段(2至7岁),伴随语言的出现和发展,儿童开始尝试运用语言符号代替外界事物,但其语言符号还不能完全代表抽象的概念,思维仍受具体直觉表象的束缚,如两辆同速度前进的汽车,一辆汽车在前,一辆汽车在后,儿童倾向于认为前一辆汽车行进速度更快,这个阶段儿童的思维仍呈现出单维思维、思维的不可逆、自我中心、缺乏一定的逻辑性等特征。在具体运算阶段(7至11岁),伴随学校教育对儿童的影响,儿童的认知得到快速成长,语言和基本技能得到迅猛发展,抽象思维及逻辑推理能力得到提升,思维呈现出多维性、可逆性、去自我中心性等特征。在形式运算阶段(11至15岁),儿童的抽象思维和逻辑思维得到进一步发展,不再仅仅关注具象的事物,开始思考假设的情境。在形式运算阶段儿童的思维具有了假设—演绎、抽象性和系统性等特征①。

皮亚杰所揭示的个体认知发展理论具有一定的普遍性,思维按照由低级到高级的顺序发展,具有一定的科学性。但皮亚杰的认知阶段理论也在很多方面受到批评。例如,思维的发展具有一定的顺序性,但并不意味着具体个体发展过程中不存在阶段过渡的特殊性,部分儿童在某一主题发展过程中呈现出一定的不平衡性,对于同一主题,同一年龄阶段的不同个体可能呈现出不同的认知水平。但是,作为一般性的指导理论,皮亚杰的认知发展指导理论对于教育工作者来说仍具有一定的价值性,例如,教师在制订教学计划时,可依据皮亚杰的认知发展阶段理论评估学习者的学习发展水平,来设计适当水平的知识,使得学生能够更好地同化和顺应。

(二)布鲁纳的认知成长理论

吉罗姆·布鲁纳(Jerome Seymour Bruner)提出了认知成长理论,指出知识表征模式有表演性表征、图像性表征和符号性表征,三种知识表征模式代表了不同的认知加工形式,强调知识能够以不同的形式被表征。布鲁纳的认知成长理论强调在教学中以适当的认知加工形式促进学生认知能力发展,教学方法需要适合学生的认知能力。在学生无法接受抽象的符号性表征时,可以采用表演性和图形性表征的教学活动。

布鲁纳的认知成长理论是建构主义教学理论的重要方面,他假定任何年龄阶段的学习者都可以在其认知能力的基础上,基于自身经验认知来理解知识。布鲁纳的知识表征理论与皮亚杰的儿童认知发展理论有一定的相似之处,从表演性模式到图像性模式,再到符号性模式也遵循了一定的认知成长阶段规律。

布鲁纳广受争议的一个论点是:任何知识都可以以适当的方式教给任何年龄阶段的学习者,其重视让学生以不同的方式表征知识,通过螺旋式课程重温以前的学习主题。布鲁纳提出了著名的发现学习理论,指出学生的心智发展要遵循其自身的认知程序,教师在知识传授过程中需要把知识转换成一种适应学生发展的形式,提倡发现学习的方法。

布鲁纳的发现学习方法重视学习过程,"认识是一个过程,而不是一种产品。"学生是主动的、积极的知识探究者,而不是被动的、消极的知识接受者。教学过程中,要为学生提供能够独立探究的情境,而不是现成的知识,鼓励学生自己去获取知识。发现学习方法强调直觉思维,与逻辑分析思维不同,直觉思维采取跃进、越级和走捷径的方式进行思考,本质是图像性的,重视学生想象力的培养。发现学习方法重视学生内在学习动机的培养,通过发现活动更好地激发学生的好奇心,布鲁纳把好奇心称为"学生内部动机的原型"。

(三)维果斯基的社会文化理论

维果斯基(Lev Vygotsky)1896年出生于俄国,其思想深受建构主义理论的影响,他强调社会性意义的活动对人类意识的影响的重要性,社会因素与个人因素的整合促成了学习,社会行为能够帮助解释意识变化的现象,并逐步实现意识与思想的统一,社会为个体的学习和发展起到重要的促进和支持作用。

维果斯基最为人们所熟知的是提出"最近发展区"理论,即实际的发展水平与潜在的发展水平之间的差距。实际的发展水平是学生能够独立解决问题的能力;潜在的发展水平需

---

① 戴尔·H.申克.学习理论:教育的视角[M].3版.韦小满,译.南京:江苏教育出版社,2003.

要教师的有效引导或同伴的合作学习。"最近发展区"理论为教师制定合适的教学目标提供了理论参考,教学设计需要有助于学生的知识建构,提供的学习材料在刚刚超越了学生已有的理解水平时,也就是"最近发展区",学生通过自身的认知冲突、反思和概念的重组等理解新的学习材料。

与最近发展区理论相对应,维果斯基提出了教学支架的概念,类似于建筑学中的脚手架,教学支架具有五个基本功能:提供支持,作为工具,扩展学习者所能达到的范围,使学生完成本来不可能完成的任务,在需要的时候选择使用。在最初的学习情境中,当新的学习材料超出学生的已有认知时,教师为学生创设一定的学习情境辅助学生认知;当学生能力更强之后,教师逐步撤走支架,使学生可以独立地完成学习任务。教学支架的概念与维果斯基的最近发展区理论十分吻合,教学支架也一直使学生处于其最近发展区之内。

皮亚杰、布鲁纳和维果斯基的很多理论都反映了建构主义的思想,知识不是自动获得的,是由学习者主动建构其自身的理解而形成的。建构主义理论内容丰富,重视以学生为中心,强调学生对于知识的主动探索、主动发现和对所学知识意义的主动建构。学习不是教师把知识简单地传递给学生,而是学生自己建构知识的过程;学习者不是被动地接受信息刺激,而是根据自身已有经验认知主动地建构意义,对信息进行主动地选择、加工和处理,从而获得自己的意义;学习者可通过同化或顺应的过程实现认知结构的改变。

建构主义理论得到了信息技术成果的有力支持,也与教师的教学实践进行了普遍结合。信息化的教学情境下,更为强调学习资源对学生"学"而不是教师"教"的促进,引导学生主动地建构意义,通过信息化资源加强学生在网络中的联通。通过提供互动式学习环境、个性化的学习支持、问题解决和项目驱动学习,以激发学习者的主动参与、自主学习和知识建构;教师从知识的传授者转变为学生学习的引导者和支持者,鼓励学习者之间的交流合作与知识共享,通过情景激发、协作互动、探究发现、启发讨论、自主学习等教学形式提升学习者的主体地位,充分发挥信息技术的特长,提升学生的学习效果。

四、人本主义学习理论

人本主义心理学是20世纪五六十年代在美国兴起的一种心理学思潮,在20世纪七八十年代得到了迅速发展,其主要代表人物是亚伯拉罕·马斯洛(Abraham Maslow)和卡尔·罗杰斯(Carl Ransom Rogers)。与行为主义心理学派和精神分析学派不同,人本主义理论反对行为主义理论一味强调环境刺激的作用,并使用刺激强化理论解释人的行为;也反对弗洛伊德只研究精神病人,不考察正常人,因此被称作心理学的第三种运动。人本主义心理学主张将人作为一个整体进行研究,从人的直接经验和内部感受来了解人的心理,并且主张去研究正常的人,关注人的高级心理活动,如热情、信念、生命、尊严等内容。

人本主义学习理论从全人教育的视角阐释学习者整个人的成长历程,以发展人性;注重启发学习者的经验和创造潜能,引导其结合认知和经验,肯定自我,进而自我实现。人本主义学习理论重点研究如何为学习者创造一个良好的环境,让其从自己的角度感知世界,发展出对世界的理解,达到自我实现的最高境界。

(一)马斯洛的需求层次论

1943年,美国心理学家马斯洛提出了"人类需求理论",将人类的需求归纳为生理需求、安全需求、归属需求、尊重需求和自我实现需求①。这种五阶段模式可分为缺失需求和生长需求，是传播较广的结构理论。马斯洛认为多数人类行为都代表了满足需求的一种努力，人类需求按照从低级到高级的排列分为不同层次，在满足了低层次需求的前提下，人类会倾向于追求更高层次的需求。

在马斯洛的需求层次理论中，最低层次的需求为生理需求，包括对食物、空气、水等生存必需条件的需要，这个层次的需求是最基本也是最强烈的需求；安全需求包括对环境安全感的需求等方面，在面对紧急事件或不稳定的生存环境时，对这方面的需求尤为突出；在生理需求和安全需求得到满足后，人们倾向于对归属感（爱）的追求，包括与他人建立亲密关系、追求集体的归属感等；尊重需求包括自尊以及来自他人的尊重，对个人工作成就感及他人认同感的追求等；自我实现的需求是最高层次的需求，个体行为受个体发展的动机所驱动。在马斯洛的需求层次理论中，生理、安全、归属、尊重的需求为缺失需求，这些方面的需求如果长时间或者严重缺失会影响人的心理健康；当缺失需求得到满足后，人们会努力向自我实现的方向发展，这些需求层次之间呈现逐层递进的关系。伴随时间的发展，需求层次理论进一步扩展为生理需要、安全需要、归属和爱的需要、尊重的需要、认知需要、审美需要、自我实现的需要和超越需要。

作为行为科学中比较成熟的理论，马斯洛的需求层次理论广泛地应用于心理学、教育学、传播学、社会学等领域。在教育领域，马斯洛的需求层次理论为教师给学生创设更好的学习环境提供理论基础。如果学生基本的生理需求和安全需求难以得到满足（如吃不饱饭或存在校园暴力现象等），难以想象学生会对学习感兴趣。因此，作为教师或学校管理者应重视对学生缺失需求层次的关注，借助马斯洛的需求层次理论来更好地理解学生行为的原因，家校社联手为学生创造有利于学习的环境。

（二）罗杰斯的学习心理学理论

罗杰斯是继马斯洛之后人本主义心理学领域重要的代表人物，作为心理治疗学家，他进行咨询的主要方法是患者中心疗法，是建立在其"实现倾向"理论上的。根据罗杰斯的观点，在实现倾向的驱使下，个体会不断成长并趋于完善。罗杰斯的学习心理学以其心理学思想作为基础，注重有意义学习和学生为中心，强烈抨击了传统的教育理论，提出的知情合一的教学观、有意义的自由学习观、学生为中心的教学观等理念，在教育领域产生了重大影响，其出版的《自由学习》一书，专门就学习观的问题进行了探讨。

1. 有意义的自由学习观

按照罗杰斯的观点，学习可以分为两类，一类类似于心理学上的无意义音节的学习，这些学习内容是没有生气、枯燥乏味、容易遗忘的东西。在罗杰斯看来，学生在课堂上学习的内容，很大一部分对学生来讲是无个人意义的。另一类是意义学习，可以使个体的行为、态度、个性等发生重大变化的学习，这类学习与个体的生活经验融合在一起。与奥苏贝尔的意义学习不同，罗杰斯的意义学习关注学习内容与个人之间的关系，而奥苏贝尔的意义学习关注新旧知识之间的联系。

罗杰斯认为，有意义学习包括四个方面：第一，学习具有个人参与的性质，需要整个人

---

① 亚伯拉罕·马斯洛.动机与人格[M].许金声,译.北京：中国人民大学出版社,2007.

投入学习活动中；第二，学习是自我发起的，个体具有较强的内部学习动机；第三，学习具有渗透性，它会使学生的行为、态度，乃至个性都发生变化；第四，学习是由学生自我评价的，因为只有学生自己最清楚这种学习是否满足自己的需要。在罗杰斯的学习观中，人是自己行为的主体，人应当对自己的生活性质和学习做出选择，而不是由环境来决定[①]。

依据罗杰斯的有意义学习观，人生来对世界充满好奇心，但这种好奇心与学习的潜能却在学校教育的经验中变得迟钝了。一个人有意义的学习内容需要与个人目的有密切的关联，如基于解决某个问题学习某个知识要比被强迫学习某个知识具有更强的目的性，只有强烈的学习需求，学习的发生才更有意义，速度才会更快。与杜威的"做中学"理念相似，罗杰斯提倡学生面对实际的问题开展学习，这也为今天所提倡的 PBL（problem-based learning）教学、项目式教学、情景教学理念提供了理论指导。

2. 促进自由学习的方法

罗杰斯有意义的自由学习观充分考虑了学习者个体的学习动机，根据罗杰斯的观点，凡是可以教给别人的东西，相对来说都是无用的。基于此，罗杰斯对传统的教育理论持批判态度，主张废除教师中心，提倡学生中心。要实现学生为中心的教学，促进有意义的自由学习，教师首先应信任自己的学生，相信学生的学习潜能。教师的任务不是教学生知识和教学生怎样学，而是为学生构建真实的问题情境；为学生提供学习资源，并简化学生的搜索资源步骤；此外，罗杰斯还提出了同伴教学、分组学习、探究学习、自我评价等一系列理念来促进学生的自由学习。基于以上观点，罗杰斯对传统的、封闭式的教育方法持有激进的批判态度，提倡自由开放的、以个人为中心的教育方法。罗杰斯的人本主义学习观在教与学的过程中更多地关注到了"人"的元素，"人是其所真""成为一个人""成为真实的自己"是罗杰斯的理想的人生理念，对于互联网时代师生关系的重塑也具有较强的指导意义。

相较于其他学习理论，人本主义学习理论更为强调个体的主体性、自我实现和整体发展，关注学习者的自我认知、情感需求和人际关系，因此人本主义学习理论倡导以学习者为中心，重视学习者的内在动机、个体差异和学习的个性化。信息化教学中个性化学习资源和学习路径的提供、支持性的学习环境、线上的讨论及协作平台等为学习者提供了个性化的、体现情感关怀的，与以学习者为中心的学习体验。结合技术发展与人本主义学习理论，教师借助信息化教学平台，通过学习分析和学习管理系统，了解学生的个性化学习需求，并根据个体差异进行定制化的教学设计，鼓励学习者多元智能和创造性思维的发展，从个性化学习资源路径设计、线上线下情感支持与鼓励、多元化学习情境与体验等维度提升学习者的学习体验和效果，促进学习者的个体自我实现和成长。

五、联通主义学习理论

联通主义最早由乔治·西蒙斯和斯蒂芬·唐斯作为数字时代的一种学习理论所提出。该理论的提出以复杂系统的混沌理论、自组织理论、复杂理论和网络理论为基础。该理论指出知识是一种网络现象，学习是基于知识的流通。联通主义学习理论为网络时代的学习提供了一种新的视角，正如西蒙斯所说，"联通其实无处不在"。它不仅是一种学习理论，也是互联网时代信息互联互通的组织模式。

---

① 施良方.学习论[M].北京：人民教育出版社，2001.

从个体认知学习层面来讲,联通主义学习理论是学习者个体内部认知神经网络的联通,是实现个体潜能的挖掘。从社会网络联通层面来讲,在网络化的空间里实现了人际的网络联通。当前"互联网＋教育"的诸多实践,都是以人的联通为基础,基于平台、社区汇聚志同道合的人开展协同创新。

西蒙斯提出,学习主要是一个网络形成的过程。伴随技术的发展,知识的形态发生了变化,由原来的静态的层级结构知识转化为动态网络生成的知识。联通主义学习理论的提出适应了当前互联网络社会的发展,学习不再仅仅是内化的个人的活动,新的学习工具被使用时,学习方式和学习目的也发生相应的变化。个人的知识组成一个网络,这种网络被编入各种组织与机构,反过来各组织与机构的知识又被回馈给个人网络,为个人学习服务。

知识经济时代,信息快速涌现,微信公众号、短视频平台、互联网信息等都可以成为个体知识学习的渠道。知识概念发生了变化,变得更为开放、多元,"知道在哪里"和"知道谁",比"知道什么"和"知道怎样"更为重要。知识处于持续增长和逐步发展的过程中,网络改变了知识的生产和传播方式,已经难以把所有知识储存在头脑中,知识的快速增长也决定了个体不可能占有所有的知识,这时获取所需知识途径的能力就比当前所掌握的知识更为重要。因此,西蒙斯在《网络时代的知识和学习——走向联通》一书中提到:管道比它本身的内容更重要;当我们对所需的知识不太了解时,联通所需知识的来源的能力变得至关重要;学会我们明天所需的能力比我们今天知道什么更重要[1]。

联通主义学习理论继承了认知科学理论的某些特性——把学习看作是一个网络形成的过程,不同于之前的联结主义学习理论,联通主义学习理论更为关注形成过程和有意义网络的创建,包括技术为中介的学习。联通主义学习理论不仅仅关注知识在头脑中形成的过程,同时关注外部知识源的联结,是一种更为符合网络时代的"学习观"[2]。

联通主义学习理论是在人类社会日益开放的信息时代,在知识大爆炸、信息快速增长的时代背景下,针对人类的学习应该发生怎样的改变以应对这一时代对人类发展的挑战而提出的学习理论。相较于传统的教育,互联网的诞生扩展了个体的联结网络,打破了传统社会关系所造成的局限,为个体实现开放、灵活、个性化、多元化、持续性的学习提供了解决路径。技术的发展为教育教学带来了许多变革和机会,教育信息化对学生的信息化素养提出了更高的要求,包括信息工具的运用能力、信息的获取能力、信息的处理能力、信息伦理道德修养、信息创新能力、协作学习能力等方面。在信息化教学环境下,学生的学习自主性得到了较大提高,学习地点、学习形式、学习资源等不再受到局限,如何查找知识比知道什么知识变得更为重要。

第二节　教　学　理　论

教学理论是教育学的一个重要分支,它既是一门理论科学,也是一门应用科学。教学理论基于教学实践研究教学的现象、问题,揭示教学的一般规律,同时研究利用和遵循规律解

---

① G.西蒙斯.网络时代的知识和学习——走向连通[M].詹青龙,译.上海:华东师范大学出版社,2009.

② 王志军,陈丽.联通主义:"互联网＋教育"的本体论[J].中国远程教育,2019(8):1-9.

决教学实际问题的方法策略和技术。它既是描述性的理论，也是一种处方性和规范性的理论。教学理论来源于教学实践而又指导教学实践，与教学实践是辩证的关系。相较于学习理论重在研究"学习发生的内在机制"，教学理论主要研究"怎样教"的问题，意在促进学习。教学理论的形成也经历了漫长的阶段，从教学经验总结到教学思想成熟，再到教学理论形成推广，人们在教学的实践活动中对教学的认识不断深化。

《学记》是我国最早论述教育和教学问题的文献，它以《大学》为其政治基础，以《中庸》为其哲学基础，比较系统全面地总结了中国先秦时期的教育经验，就教育的目的作用、教育教学的制度、教师的地位作用、教学中的师生关系等方面进行了阐述。时至今日，"玉不琢，不成器；人不学，不知道。是故古之王者建国君民，教学为先。""虽有嘉肴，弗食，不知其旨也；虽有至道，弗学，不知其善也。""学然后知不足，教然后知困。知不足，然后能自反也；知困，然后能自强也。"等语句仍旧为人所传诵。

在西方教育史中，夸美纽斯、赫尔巴特和杜威是教育理论发展史中三位里程碑式的人物。捷克著名教育家扬·阿姆斯·夸美纽斯（Jan Amos Komenský）开创了"教学的艺术"的教学论，在其著作《大教学论》中就教学原则、教学规则、教学方法、课程设置等问题进行了论述[1]。德国哲学家、心理学家约翰·弗里德里希·赫尔巴特（Johann Friedrich Herbart）在1806年出版的《普通教育学》一书中首次提出了"教育性教学"的术语，将"教育"与"教学"统一在"教育性教学"中，把道德教育与学科知识教学统一在同一个教学过程中，并提出了著名的教学形式阶段理论，在西方教育史上被誉为"科学教育学的奠基人"[2]。美国古典实用主义代表人物杜威开创了以"经验的改造"为核心的教学论，其经验主义教学论更多关注教学过程的实在，提出了"教育即生活""学校即社会""教育即经验的不断改造"等观点[3]。

以计算机和互联网技术发展为代表的现代信息技术的发展也引发了教育活动的深刻变革，技术的发展拓展了信息的边界，改变了教与学的关系，极大提高了学生的学习兴趣和学习效率。信息技术对教育教学的影响不是一蹴而就的，而是经历了许多中间过程，从最初将计算机作为一门独立的课程，到信息技术引发整个教育体系的变革，使得教学目标、内容、方法、形式，甚至教学结构发生变化，信息技术与教育的融合越来越深，对教育的影响越来越大。

相较于传统教育模式，信息时代教育的人才培养理念与模式、教育理论、师生角色等方面也发生了相应的变革。信息技术与现代教育的融合为学习者个性化学习、主动学习的开展提供了资源，学习者可以借助信息化工具主动获取相关的学习信息，为学生创新思维、创造能力等的培养提供了更大的空间。

在教学活动开展过程中，教育本身要实现信息化，包括教育的多媒体化、网络化、智能化、虚拟化等方向。从信息论和系统论的观点来看，教育信息化的本质在于运用现代教育思想、理论和现代信息技术把学校建设成为信息资源丰富、方便学习者获取和运用信息的环境，为实现教育现代化做准备。

把握好信息时代的教育规律，需要对信息时代教学过程的性质和规律有清晰的认识。

① 夸美纽斯.大教学论[M].傅任敢,译.北京：教育科学出版社,2014.
② 赫尔巴特.普通教育学·教育学讲授纲要[M].李其龙,译.北京：人民教育出版社,1989.
③ 杜威.民主主义与教育[M].王承绪,译.北京：人民教育出版社,1990.

基于信息技术发展对学习环境和教学过程的优化开发适合信息时代的课程，以提高学生的学习质量和学习效率。20世纪70年代兴起的后现代课程观对于当下的信息化教育理论有着深刻的影响，后现代课程观的提出与建构主义学习理论密切相关，提出课程设计遵从丰富性、回归性、关联性和严密性等特征。建构在这个课程理念上的课程模式是非线性、非序列性的，这与信息时代新的知识观是相匹配的。2016年，联合国教科文组织在《反思教育：向"全球共同利益"的理念转变》报告中对新时代的知识观进行了重新定义：信息、理解、技能、态度、价值观等都是知识；教育的发展趋势是从传统教育机构，转向混合、多样化和复杂的学习格局，实现正规学习、非正规学习和非正式学习，让学校教育和正规教育机构与其他非正规教育机构开展更加密切的互动，而且这种互动要从幼儿阶段开始，延续终生①。

各种教育理论的发展为信息时代的教育发展提供了重要的理论指导，信息时代的教育教学也以一种更为开放、多元的姿态发展，提倡的教育数字化转型发展、创新性人才培养模式探索、互联网时代新课程形态的开发等都是为适应时代发展需求而进行的一系列教育变革。

一、行为主义教学理论

与行为主义学习理论相对应，行为主义教学理论关注学习行为与外部刺激之间的关系。放在教学的环境中，行为主义学习理论所体现出的主要教学特征更倾向于传统的以教师为中心的教学范式，具体体现在：课堂教学严格围绕教学目标设定流程、注重学生应试技能的培养、注重外部奖惩机制对学生动机的激发、设置唯一的"标准答案"等。尽管行为主义学习理论存在自身的局限性，受到后来的认知理论家的质疑和批判，但直到今日仍旧被广泛地用于改善学生的学习。

程序教学思想是由斯金纳基于行为主义心理学提出的教学理论，是行为主义教学理论的典型代表。程序教学理论以刺激—反应作为行为的基本单位，注重学习时刺激—反应之间联结的加强，教学的艺术在于如何安排强化。斯金纳通过操作性条件反射的实验得出：动物的学习行为是随着一种强化作用的刺激产生的，如果行为足够强化，就能够形成操作性条件反射。由此推论出人类的学习与动物的学习行为有着相似之处，并将操作性条件反射的理论应用于人类学习之中，1954年，他在《哈佛教育评论》发表了《学习的科学和教学的艺术》，明确了强化在教学中的重要性，并建议把教学机器作为一种方法，为学生提供必要的强化。

程序教学思想强调强化对于学生学习的积极作用，在斯金纳看来，人类的学习也符合刺激—反应—强化的过程，以"强化"为核心的教学方法改变了传统教学中"模仿—记忆"的学习方式，重视学生发现问题和解决问题能力的培养。程序教学法的核心思想是将教学程序化，面对一个较大的行为目的，需要将其拆分成无数个分项目，再将这些分项目按内在逻辑顺序排列起来，这些知识项目之间前后衔接，逐渐加深，学生按照从浅到深的顺序逐个学习。

程序教学法遵循小步子原则、积极反应原则、即时强化原则、自定步调原则、低错误率原则等5个原则。小步子原则即教学内容设置从浅到深、从简到繁，符合学生认知发展规律；积极反应原则即针对学生产生的每一个反应，教师需要给出巩固反应的实践；即时强化原

---

① 联合国教科文组织.反思教育：向"全球共同利益"的理念转变[M].北京：教育科学出版社，2017.

则针对学生的反应给予即时反馈与强化,明确是否进入下一阶段的学习;自定步调原则即按照程序教学法让学生按照自己的能力和进度进行学习;低错误率原则即题目设置应该符合学生的认知发展过程,进而增强学生取得进步的信心。

斯金纳提出的程序教学模式包括直线式程序教学、分支式程序教学。直线式程序教学模式是将教学内容分成连续的步骤,制定合理的学习序列,每个学生按照学习程序进行学习;分支式程序教学模式是把教材内容分成不同的单元,相较于直线式程序教学而言,步骤更多一些,教师根据学生每个单元的学习情况进行测试并及时反馈,根据出现的问题进行分支或亚分支的重新学习,调动学生的学习兴趣。

斯金纳倡导的程序教学模式主要包括教材编制和教学机器的使用两方面的内容,其思想理论基础是"操作性条件反射"理论,注重"强化"的意义。程序教学法的提出与信息化时代教学模式有着相通之处,通过向学生提供丰富的教学资源,充分发挥学生的学习自主性,改变了传统的课堂教学模式,代替教师的部分教学任务,为个性化教学理念的推广提供了理论指导。

行为主义教学理论基于行为主义心理学原理,注重刺激—反应的联结,其中教学过程中教学目标的设定环节,即刺激的设定环节,因此,行为主义教学理论主张教学目标越精确、越具体越好,美国教育心理学家布卢姆的教育目标分类学也受行为主义教学理论的影响。程序教学法的不足之处在于机械主义,忽视了学习内部过程及条件的探讨,简单地借用动物学习规律,忽视了学生个体的智力差异,导致学习者脑海中的知识缺乏必然的联系,进而导致学生学习的一般化。程序教学法具有一定的局限性,但其所提出的学习中的程序、强化与反馈、教学手段的现代化等理念对于信息化教学的开展仍具有一定的启发性。信息化教学中所提倡的明确的学习目标、即时的奖励和反馈机制、个性化学习路径等都是行为主义教学理论在信息化教学中的典型应用。

二、认知结构教学理论

认知结构教学理论的提出建立在认知心理学理论对行为主义心理学理论的批判基础上,认为在个体与环境的相互作用中,起决定作用的不是环境刺激而是学习者内部的心理结构,教学的过程就是促进学习者内部心理结构的形成或改组。美国教育心理学家罗伯特·加涅(Robert Mills Gagné)基于对学习过程的研究提出了信息加工学习理论,美国教育心理学家大卫·奥苏贝尔是认知结构教学理论的典型代表,他所提出的有意义接受学习和先行组织者理论影响较大。

(一)加涅的信息加工教学理论——九段教学法

20世纪60年代,行为主义学习理论受到质疑,认知学习理论逐步发展,美国教育心理学家罗伯特·加涅(Robert Mills Gagné)基于对学习过程的研究提出了信息加工学习理论,并在其《教学设计原理》一书中详细分析了九段教学法中的九个事件:引起注意—告知学习目标—刺激回忆—呈现刺激材料—根据学习者特征提供学习指导—诱导反应—提供反馈—评定学生成绩—促进知识保持与迁移①。

引起注意、告知学习目标、刺激回忆为整个教学活动做准备。在引起注意阶段,通过运

---

① 加涅.教学设计原理[M].皮连生,译.上海:华东师范大学出版社,2000.

用不同的方法和材料引发学习者对本次教学的关注,激发学习者的学习兴趣;通过告知学习目标使学习者明确掌握学习目标,实现个体自我监控,并为之后的学习阶段做好准备;刺激回忆与奥苏贝尔的先行组织者理论有相通之处,通过建立新旧知识间的联系,促进个体的有意义学习,为新内容学习做好准备。

随后的六个事件为教学过程的实施与评价过程。通过呈现刺激材料,使学习者多感官参与协同,激发学习者的学习兴趣;根据学习者特征提供学习指导阶段,根据学习者的知识掌握程度及认知水平特征,帮助学习者同化新的学习内容,激活学习者的行为控制过程;诱导反应阶段激活学习者的思维,并产生相应的学习行为和活动,由被动学习转为主动学习,同时验证期望的学习过程是否发生;通过提供反馈进一步强化学生的学习行为,帮助学习者进行自我调整;评定学生成绩帮助学习者了解自己的学习表现,重在激励;促进知识的保持与迁移阶段,教师通过有意识地引导学生去概括总结,实现知识的强化与迁移[1]。

九段教学法一定程度上揭示了教学事件的规律,将教学各项工作与学生学习的内部加工阶段一一对应起来,在教学设计领域影响深远。相较于赫尔巴特及其弟子提出的由"预备—提示—联想—总结—应用"构成的五段教学法、杜威提出的由"情境—问题—假设—推论—验证"构成的五步教学法,以及凯洛夫提出的由"感知—理解—巩固—应用"构成的四环节教学法,九段教学法无疑是一种进步[2]。但是,九段教学法也存在一定的局限性:条目过多,过程烦琐,缺乏必要的归纳总结,实践起来比较麻烦,随着信息技术与教学的融合,九段教学法亟须改进。

(二)奥苏贝尔的有意义接受学习理论及先行组织者理论

大卫·奥苏贝尔创立了有意义接受学习的认知理论,根据奥苏贝尔的理论,某一主题知识的获得首先是接受学习的一种表现,学习者在接受新知识的过程中需理解这些材料,并将它纳入自己已有的认知结构中[3]。何为有意义的学习?奥苏贝尔提出,有意义的学习是将新获得的信息或知识与记忆中已有知识进行联系,从而习得新的观点、概念和原理,当新学习的信息与学生的已有知识存在联系时,学习更容易发生。基于此教学理念,奥苏贝尔于20世纪60年代在其著作《教育心理学:一种认知观》中提出了"先行组织者"的概念,他指出先行组织者是促使学生实现有意义学习的重要策略,是"在正式学习之前适当引入的关于新知识的引导性材料"[4]。

奥苏贝尔提出的先行组织者可以帮助学生在新知识与原有知识间建立联系,其先行假设为学习者的认知结构是分层组织的,因此一个范围很广的概念包含下属概念,组织者需要提供较高水平的信息。组织者分为说明性组织者和比较性组织者,说明性组织者通过为学生呈现上位的概念和描述等为学生理解新知识提供参考资料;比较性组织者通过为学生比较分析相似的材料而引出新材料,在新知识与学生已有相似知识间建立联系。奥苏贝尔的研究表明,使用了组织者的学习效果要比没有使用组织者的学习效果更好。但也有学者指出先行组织者的教学方法更适合年龄较大的学生,因为先行组织者的学习方法主要在于学

---

① 王相民.中级汉语口语课《保护地球母亲》教学设计:以九段教学法为理论基础[D].安阳:安阳师范学院,2020.
② 李保强,马海萍.加涅的"九段教学法"及其本土化改造[J].湖北教育(教育教学),2019(5):21-23.
③ Ausubel,D P. Educational psychology:A cognitive view[M]. New York:Harcourt Brace & World,1968.
④ 施晶晖,陈浩彬,胡忠光.教育心理学[M].南昌:江西高校出版社,2018.

生能够在内心建立起概念之间的联系,而这种相对概括、抽象的操作在年龄较小的学生中难以实现[1]。

结合先行组织者的不同类型,奥苏贝尔提出了"渐进分化""逐级归纳""整合协调"三种教学策略[2]。渐进分化即先传授包容性和抽象概括程度更高的教学内容,然后根据包容性和抽象概括程度递减的次序将内容一步步分化,使之越来越具体、深入。例如,教师在讲授"哺乳动物"这个概念时,可以从它的上位概念"动物领域"切入,分析其概念、特征,然后逐步分化到哺乳动物的相关知识学习中。当先行组织者为上位概念时,奥苏贝尔建议采用渐进分化的教学策略。

逐级归纳策略即在课堂教学组织中,先讲授包容性和抽象概括程度更低的知识,然后根据包容性和抽象概括程度递增的次序逐级将教学内容进行归纳。当先行组织者在包容性和抽象概括程度上均低于当前教学内容,即组织者为下位概念时,对于教学内容的组织可以采取逐级归纳策略。同样以讲授"哺乳动物"这个概念为例,采用逐级归纳策略所选取的先行组织者为"哺乳动物"的下位概念,可以从学生生活中所接触到的具体的哺乳动物,如陆生动物狗、牛、羊等切入,将哺乳动物进行分类、概括、总结其特征。

当先行组织者在包容性和抽象概括程度上既不高于、也不低于当前教学内容,但二者之间具有某种或某些相关的,甚至是共同的属性时,对于教学内容的组织可以采取整合协调策略。整合协调指通过分析、比较先行组织者与当前教学内容在哪些方面具有类似的或共同的属性,以及存在哪些不同来帮助和促进学习者认知结构中的要素的重新整合协调,以便把当前所学知识内容纳入认知结构的某一层次[3]。

先行组织者在教学过程中可以"唤醒"学习者已有认知中与新知识内容之间的联系,已有认知内容与新知内容之间存在一定的逻辑关系,便于学生对新知识的接受。同时,先行组织者不仅在学生学习新知识前,在学习过程中、学习过程之后同样能够促进学习者的有意义学习。围绕着先行组织者对于学生有意义学习的促进,奥苏贝尔展开了系列实验研究。国内相关学者针对先行组织者理论在具体学科教学中的应用也进行了相关研究,通过实证研究验证了先行组织者的应用在促进学习者有意义学习开展中发挥的作用。

此外,奥苏贝尔提倡讲授式教学,认为这是一种有组织、有意义的知识传授方式。讲授式教学模式在介绍新的信息、总结材料,以及关注概念、原则和观点等方面具有独特的优势,是当前课堂教学中普遍使用的一种教学模式。作为目前学校授课的一种主要教学形式,讲授式教学理论也受到广泛质疑,批判主要集中于讲授式教学等同于灌输式教学,忽视了教学过程中学生的主体性、个性化教学、能力比知识重要等方面,时至今日,讲授式教学模式的广泛使用也说明了其在教学实践中存在的必要性。

在信息化教学中,利用技术工具和在线资源来支持学习者的认知结构建设和知识获取的过程,是认知结构教学理论在信息化教学中的典型应用。根据认知结构教学理论,借助互动式教学软件、在线测验等工具,激活学习者的先前知识;借助多媒体、视频动画等技术,通过有意义学习资料的提供,帮助学习者将新知识与已有知识连接;借助VR(虚拟现实)、

① 戴尔·H.申克.学习理论:教育的视角[M].韦小满,译.南京:江苏教育出版社,2007.
② 周玉虹.先行组织者策略在高中化学理论性知识教学中的应用研究[D].延安:延安大学,2021.
③ 何翼.先行组织者教学策略促进化学学习的理论与实践研究[D].南昌:江西师范大学,2022.

AR(增强现实)等技术加深学习者对于概念的理解,并通过后期的在线测验、自动评分系统和学习分析工具等提供及时的反馈和评估,进一步发展学生的认知结构。在信息化教学应用中,教育者需要根据具体的教学场景和学习目标,综合考虑认知结构教学理论的优势和局限性,灵活运用适合的教学策略和工具,以满足学习者的需求和促进有效的学习。

三、建构主义教学理论

"建构主义"也称为"结构主义",最早由瑞士哲学家、心理学家皮亚杰提出,与建构主义学习理论相对应。建构主义教学理论反对以教师为中心的传统的教学方式,提倡以学生为中心的教学方式,强调学生学习过程中对知识的主动探索、主动发现和对所学知识意义的主动建构,知识的学习和传授重点在于个体的转换、加工和处理,而非"输入"或"灌输"。

(一)布鲁纳的教学理念

建构主义教学理论代表布鲁纳在其教育学著作《教育过程》一书中强调,教育不仅要培养成绩优异的学生,还要帮助学生获得最好的理智发展[1],并提出了动机原则、结构原则、程序原则、强化原则四条教学原则,指出学科知识是一种结构性存在,知识的学习要遵循学习者的认知程序,强调学习者内在动机和信息加工。布鲁纳的教育理论强调学习者的主动参与、思考和探究,他认为教育者的角色是提供引导、支持和鼓励,为学习者创造积极的学习环境,促进学习者的知识建构和发现。布鲁纳的教学理论对于教育实践和课堂教学方法的改革有着重要的影响,鼓励教育者采用探究性的、问题导向的教学方式,注重培养学习者的自主学习能力和创造性思维,是建构主义教学理念的典型特征。

建构主义教学理论主要强调学生自主学习能力和学生协作能力,教师的角色是引导和支持学习者的学习过程,而不是简单地传授知识。教师通过为学生提供学习资源和工具、创建有挑战性和启发性的学习环境,鼓励学习者进行探究、提问和探索,学习者通过与他人的交互,通过思考、实践和反思来建构新知识和理解。支架式教学是一种与建构主义教学理论密切相关的教学方法,教师在教学过程中为学习者提供适度的支持,以帮助其理解和解决问题。

(二)支架式教学理念

"支架"原为建筑行业的术语,后用在教育领域中用来描述同学、老师等人在学生学习过程中给学生提供的有效支持,借助脚手架的支撑作用把学生的智力提高到一个更高的水平。根据欧洲共同体"远距离教育与训练项目"(DGXⅢ)的有关文件,支架式教学被定义为:"支架式教学应当为学习者建构对知识的理解提供一种概念框架(conceptual framework)。这种框架中的概念是为发展学习者对问题的进一步理解所需要的,为此,事先要把复杂的学习任务加以分解,以便把学习者的理解逐步引向深入。"[2]支架式教学思想源于著名心理学家维果茨基的"最近发展区"理论,建构主义理论学者正是从维果茨基的理论出发,将概念框架喻为学习过程中的脚手架,不断促进学生的智力从一个水平提高到另一个新的、更高的水平。

---

① 杰罗姆·S.布鲁纳.教育过程[M].邵瑞珍,译.上海:上海人民出版社,1973.
② 范琳,张其云.建构主义教学理论与英语教学改革的契合[J].外语与外语教学,2003(4):28-32.

支架式教学通常包括以下环节：搭脚手架、进入情境、独立探索、协作学习、效果评价等方面。在搭脚手架环节，教师围绕学习主题，按"最近发展区"要求建立概念框架；在进入情境环节，引导学生进入一定的问题情境；独立探索阶段由教师启发引导，帮助学生沿概念框架逐步提升；协作学习阶段通过小组协商、讨论，共享集体思维成果实现对所学概念更为全面、正确的理解，完成对所学知识的意义建构；效果评价阶段实现多元评价，包括个人对所学知识的评价和小组学习的评价。在支架式教学过程中，学习支架的使用保留了学习情境的复杂性、真实性和体验性，加深学生对于知识的体悟与理解，有助于学生潜在学习能力的开发，并为其后期的独立学习提供指导。

在信息化教学中，通过创造性地应用技术工具和在线资源，促进学习者的互动和合作，可以充分发挥建构主义教学理论的优势。建构主义教学理论强调学习者的主动参与和知识建构过程，以及社会交互和合作对于学习的重要性。在信息化教学中，学习者通过在线讨论、协作工具和虚拟学习环境等方式进行互动和合作，促进知识的共建和意义的构建；技术工具可以为学习者提供丰富的学习资源和学习环境，以激发其好奇心和探索欲。例如，学习者可以利用互联网搜索引擎和在线图书馆获取多样化的信息资源，与他人分享和讨论自己的观点，通过协作工具共同解决问题，或者使用模拟软件和虚拟实验室进行实践性的学习体验。教育者在信息化教学中扮演着引导者和支持者的角色，通过指导学习过程、提供反馈和指导，引导学习者积极参与知识建构。因此，通过充分发挥信息化教学的优势和特点，综合运用建构主义教学理论的原则和策略，将有助于培养学习者的创新能力、批判思维和合作精神，使其更好地适应未来社会的挑战，并能抓住机遇。

四、人本主义教学理论

人本主义教学理论核心思想是注重对人的理解、关爱和尊重，相较于科学主义教学理论，人本主义教学理论主张研究人的本能、情感，发展人格，实现促进学生个性创造的情感和意志培养和谐的教学，主要代表流派有罗杰斯的"非指导性教学理论"、洛扎诺夫的"暗示教学理论"、阿莫纳什维利的"合作教育学"、愉快教育理论等。人本主义教学理论是由多种具体教学理论流派共同构成的教学理论阵营，主张教学是一种情感和意志活动、个性交往活动及艺术创造活动，重视教学过程的情境性和艺术性；教育旨在促进学习者的人格发展，包括情感发展、道德发展及个性发展，通过开发学习者的潜能促进学习者的自我实现。人本主义教学理论反对采用统一和固定的教学模式进行教学，重视个性化的创造，崇尚直觉、体验和感悟，注重教育的人道主义价值挖掘和教师教学艺术的发挥。

卡尔·罗杰斯是美国著名人本主义心理学家和教育改革家，在"以病人为中心"的心理治疗理论和经验的基础上形成了"非指导性教学"理论，也称"人本主义"教学理论[①]。罗杰斯在其著作《自由学习》一书中指出：教育的目标是培养"充分发挥作用的人"[②]。"非指导性教学"是指在教学过程中较少使用直接告诉、简单命令等形式组织教学，而更多采用间接引导、启发式的教学等形式组织教学。"非指导性教学"理念在教学过程中更好地贯彻了以学生为中心的教学理念，与传统的讲授式课堂不同，教师的角色由传统的课堂主导者转变为课

---

① 李楠楠.罗杰斯"非指导性教学"的理论释义及启示[J].黑龙江教育(理论与实践),2022(8)：41-44.

② 罗杰斯,弗赖伯格.自由学习[M].3版.王烨晖,译.北京：人民邮电出版社,2015.

堂的促进者、引导者,对于改变传统的课堂教学模式、构建良好的师生关系、促进学生的核心素养能力的提升都具有重要的意义。

保加利亚心理治疗医生 G.洛扎诺夫在心理治疗实验的基础上证实了"暗示超常记忆力"的存在,并以此为基础提出了暗示教学理论和暗示教学法。洛扎诺夫认为,暗示教学法是一种以教师为暗示源,通过消除和避免所有可能抑制学习的因素,在有意识或无意识的情况下综合各种促进学习的因素,使学生可以获得高水平学习的方法,这与愉快教育理论等人本主义教育理论有相通之处,后期美国心理学家罗森塔尔和杰克逊等所提出的"皮格马利翁效应与自我实现语言"的成果也支持了洛扎诺夫的研究假设。暗示教学法的实施对教师有较高的要求,教师必须具备可以营造良好的学习氛围、消除学习障碍和激活学生的学习潜能等能力来影响学生,其能否在我国中小学课堂教学过程中进行普遍推广,是否具备与之配套教材和课程、教学评价标准等一系列问题尚需要进一步研究。

格鲁吉亚儿童心理学家、教育家阿莫纳什维利等于 1986 年 10 月在苏联《教育报》发表了《合作的教育学——关于实验教育教师会晤的报告》,在对前期教育理论和实践进行批判的基础上,提出了合作的教育学理论。基于马克思主义关于人的全面发展学说和苏维埃进步教育思想阐述的人道主义精神,合作的教育学理论主张教学要以促进儿童的发展为目标,通过教学设计激发学生的求知欲望,使学生产生积极的、自觉的学习动机,改变传统的教学评价方式,建立合作的师生关系。合作教学理论的提出为我国素质教育理念的推广提供了一定的理论参考,其理论中对传统教学分数的批判与对应试教育的批判不谋而合,尽管其理论发展中也有一些批评的声音,但合作教育理论针对课堂教学、评价、师生关系的实践探索对我国课堂教学改革的实施提供了理论和实践指导[①]。

此外,愉快教育理论也是人本主义教育理论的代表流派。英国教育家斯宾塞早在 1854 年就提出了"快乐教育"的思想,基于他的理论创设出的课堂快乐教学法在英国教育界也得到了师生的欢迎。"愉快教育"理论以马克思主义关于人的全面发展学说为指导,以学生为中心,关注教学过程中师生情感的沟通和交流,倡导在教学过程中要根据儿童的年龄特点创设适合的教育方法和教学手段,充分调动师生的积极性,创设乐学的教育情境,通过调动师生的求知欲望和兴趣使其快乐地学习并获得身心的和谐发展。基于愉快教育理论理念指导,教育游戏的设计与开发也成为当前信息化教学中重要的组成部分。

人本主义教学理论强调以学习者为中心,关注学习者的个体需求、情感和自我实现的全面发展。在信息化教学中,技术工具和在线平台为学习者提供了灵活性和个性化学习的机会,学习者可以按照自己的兴趣、节奏和学习风格进行学习,自主选择学习资源、自我规划学习进程,从而更好地发挥自己的学习潜能。此外,信息化教学所提供的丰富的学习资源和互动平台可以促进学习者之间的合作、共享和交流,从而建立积极的学习社区,激发学习者的社交技能和自信心,并培养其批判性思维和问题解决能力。教育者在信息化教学中扮演着导师和支持者的角色,注重学习者的情感需求、自我反思和价值观的培养,鼓励学习者的个人发展和自我实现。

在信息化教学中,多种教学理论相互作用,教育者可以根据教学目标、学科特性和学习者需求等的不同,综合多种教学理论的原则和策略,为学习者创设丰富、个性化和有意义的

学习体验,以满足学习者的不同需求,促进有效的信息化教学。

思 考 题

1. 了解学习理论和教学理论的历史发展过程。

2. 分析信息化时代传统学习理论和教学理论发生了怎样的转型和改变。

3. 说明教师的教学设计、教学行为与学习理论和教学理论发展之间的关系。

4. 运用本章所学内容并结合信息化时代知识发展特点对以下观点做出评论:教师要给学生一碗水,自己先要有一桶水。

——┤ 拓 展 资 源 ├——

1. 陈琦,刘儒德.当代教育心理学[M].3 版.北京:北京师范大学出版社,2019.

2. 戴尔·H.申克.学习理论[M].6 版.何一希,钱冬梅,古海波,译.南京:江苏教育出版社,2012.

3. R. M. 加涅,W. W. 韦杰,等.教学设计原理[M].王小明,等译.上海:华东师范大学出版社,2018.

4. 罗伯特·索尔所,奥托·麦克林,等.认知心理学[M].8 版.邵志芳,译.上海:上海人民出版社,2019.

5. 约翰·B.华生.行为主义[M].李维,译.北京:商务印书馆,2022.

6. 吴红耘,皮连生,等.学与教的心理学[M].六版.上海:华东师范大学出版社,2020.

7. 芭芭拉·普拉西尼格.基于学习风格的差异化教学[M].郑晓梅,译.北京:中国青年出版社,2020.

8. 孙菊如,陈春荣.课堂教学艺术[M].北京:北京大学出版社,2018.

9. 车文博.人本主义心理学[M].杭州:浙江教育出版社,2004.

10. 魏忠.智能时代的教育智慧[M].上海:华东师范大学出版社,2019.

11. G. 西蒙斯.网络时代的知识和学习:走向连通[M].詹青龙,译.上海:华东师范大学出版社,2009.

12. 杰伊·麦克泰等.新教学理论速览[M].盛群力,滕梅芳,等译.北京:教育科学出版社,2023.

拓展资源

设 计 篇

第四章　信息化教学环境

学习目标

（1）理解信息化教学环境的内涵、基本构成等。
（2）了解信息化教学环境的历史发展。
（3）掌握各种信息化教学设备的使用。
（4）掌握教学模式和教学策略的选择方法。
（5）阐述现代教育技术赋能教育的理念。

第一节　信息化教学环境概述

一、教学环境

（一）教学环境的内涵

信息化教学
环境概述

环境主要是指研究主体周围的一切情况和条件。人类的生存和发展离不开环境，环境与人相互影响、相互作用。教育广义上是指影响人身心发展的社会实践活动，它存在于环境之中，同样离不开环境的影响。例如，《分化与整合——走向和谐的课堂教学管理》一书中说："任何一种教学活动都必须在一定的环境中进行。因此，教学环境应该被认为是教学活动必须凭借而不能摆脱的一个重要因素。"所以，在进行教育研究与活动设计时，对教学环境的内涵界定就显得十分重要。比较遗憾的是，目前的学术界对于教学环境定义仍然没有一个比较统一的意见，希望通过简单阐述不同专家学者的理解来让读者对教学环境这一名词有更为全面的理解与把握。

美国教育技术学家 F. G. 诺克（F. G. Knirk）[1]曾明确提出，教学环境是由学校建筑、课堂、图书馆、实验室、操场，以及家庭中的学习区域所组成的学习场所，他认为教学环境主要指由学校和家庭的各种物质因素构成的学习场所；著名的教学环境问题专家澳大利亚学者巴里·卜弗雷泽（Barry J. Fraser）[2]认为，教学环境是由课堂空间、课堂师生人际关系、课堂生活质量和课堂社会气氛等因素构成的课堂生活情境；有的研究者[3]认为，教学环境"是一

---

[1]　Knirk F G. Designing productive learning environments[J]. Educational Technology, 1979.

[2]　Fraser. Learning environment in curriculum evaluation：A review[J]. Evaluation in Education 1985(1)：1-93.

[3]　Sheralyn S·Gdldbecker. Values teaching[R]. National Education Association of the United States, 1976.

种能够激发学生的创造性思维的温暖而安全的班级气氛";国际教育评价学会(IEA)[1]也曾试图对其进行定义,认为教学环境是由学校环境、家庭环境和社区环境共同构成的学习场所。

从国外各学者的定义不难看出,在把握教学环境这一概念时要综合考虑物质因素及心理环境因素,同时不能将教学环境与课堂环境混为一谈。

国内许多学者也对这一概念进行了界定。田慧生在《教学环境论》中指出,教学环境是学校教学活动所必需的诸多客观条件和力量的综合[2];顾明远在《教育大辞典》中指出,教学环境是指影响教学活动的各种外部条件[3];李秉德等主编的《教学论》中提出了教学环境的概念,认为教学环境是按照人身心发展的特殊需要而组织起来的育人环境[4]。除上述学者之外,何克抗、黄甫全、谢利民、祝智庭、杨心德和徐钟庚等学者也都对教学环境进行过界定。可见,国内的学者们也充分认识到教学环境的重要性,不仅同意教学环境对教学活动的影响,而且认为教学环境是一系列因素的组合。

基于以上观点,本文认为教学环境是一种场所,是教学活动展开的前提和基础,是各种教学资源的组合,是教学资源和人际关系的组合。概括地说,教学环境是学校教学活动中所必需的各种客观条件和主观存在的综合,是按照人的身心发展需要而组织起来的。一般研究中所采用的教学环境定义主要指狭义的教学环境。狭义的教学环境特指与学校教学工作关系密切的环境,包括学校教学活动的场所、教学设施、校风班风和师生人际关系等。

(二)教学环境的组成

教学环境是由多种因素组合而成的,目前仍没有一个研究能得到学术界广泛的认可。国内外学者对教学环境组成的阐述如表 4-1 所示。

表 4-1　国内外学者对教学环境组成的阐述

作者或著作或工具书	具 体 阐 述
巴里·J.弗雷泽(Barry J. Foser)	学校环境和班级环境
R. L. 辛克莱尔(R. L. Sinclair)	社会的、物理的和智力的环境
《国际教学与师范教育百科全书》	物理环境和心理环境
田慧生《教学环境论》	物质环境和社会环境
马和民《学业成绩差异研究》	① 学校的物质——空间环境 ② 学校的组织——文化环境 ③ 学校的人际——心理环境
张楚延	① 教学自然环境;② 教学物质环境 ③ 教师人际环境;④ 教学观念环境 ⑤ 班级教学环境;⑥ 教学社会环境
黄甫全	实体性教学环境、功能性教学环境
刘范美	课堂硬环境和课堂软环境

注:资料来源于崔艳艳.我国普通高校体育教学环境研究[D].河北师范大学,2012.

---

[1]　Louise Aderson, D. W. Ryan. B. J. Shapiro. The IEA classroom environment study[M]. Oxford: Pergamon Press,1989.

[2]　田慧生.教学环境论[M].南昌:江西教育出版社,1996.

[3]　顾明远.教育大辞典[M].上海:上海教育出版社,1992.

[4]　李秉德,李定仁.教学论[M].北京:人民体育出版社,2001.

在 CNKI、超星、万方数据库、维普数字图书馆及百度文库等电子资源库内以"教学环境"为关键词进行查询时发现,可以查询到最早的教学环境研究成果是田慧生 1996 年 12 月出版的《教学环境论》一书(自此以后的研究,大多以此书为基点开展研究)。因此,对于教学环境组成这一部分内容,主要以介绍我国学者田慧生对教学环境组成要素的认识为主。

教学环境是一个复杂的系统,不同的研究角度可以将教学环境划分为不同的构成要素,无论从主体构成上研究,还是从内容构成上研究,这些构成要素都不是孤立的,它们在教学活动中相互作用、相互影响,共同融会在师生认知、情感和行为产生的过程中。教学环境主要包括物理环境和心理环境两大组成部分。

1. 教学的物理环境

教学的物理环境主要指教学环境中有形的、静态的硬环境部分,也是狭义的教学环境。包括教学设施、自然环境和时空环境。

1)教学设施

教学设施具体由教学场所和教学用具等物质因素组成。教学设施是学校物理环境最核心的组成部分,教学设施是否完善、良好,直接关系到物理环境建设的质量,关系到学校教学活动能否顺利进行。

狭义的教学场所主要指教室,广义的教学场所则应当包括校园、教室、图书馆、运动场、大礼堂、实验室、教师办公室、宿舍、食堂、浴室,以及各种绿化设施,如草坪等。随着时代的发展,除普通的教室外,学校慢慢出现了像微格教室、计算机教室、音乐教室、化学实验室等具有特殊功能的专用教室。教学用具主要指教学活动所必需的一些基本用具,如课桌椅、实验仪器、体育器材和各种现代化的信息技术设备等。

2)自然环境

学校自然环境指学校所处的自然地理位置和气候条件。如学校的选址、自然景观等。学校的环境面貌很大程度上由其自然地理位置决定,南方学校与北方学校的环境相差甚远,山村学校与海滨学校的风格也迥乎不同,这一切都是由学校所处的自然地理位置和气候条件的差异造成的。这些自然环境因素构成了学校物理环境很重要的一个方面,可以充分利用这些自然环境因素,扬长避短,把校园建设得更加美丽。

3)时空环境

时空环境由校内的时间和空间两大要素构成。时间是学校内部一种无形而强有力的环境因素,不同的时间分配和安排将学校内的一切活动有序地组织起来。在教学活动中,能否科学合理地安排分配时间,对师生生理和心理都有很大的影响。空间是制约教学活动的又一个重要的环境因素,任何教学活动都必须在一定的教学空间中进行。不同的教学空间组织形式(如座位布置方式)和空间密度(如班级规模)都会对师生身心健康和教学活动的效果产生不同的影响。

2. 教学的心理环境

心理环境是教学环境中无形的、动态的软环境,是由学校内部许多无形的社会、心理因素构成的一个复杂的环境系统。它与物理环境共同构成了教学环境的主体。主要包括:人际环境、信息环境、组织环境、情感环境和舆论环境。

1)人际环境

人际环境是由学校内部的各种人际关系构成的一种特殊的社会环境。学校作为一种社会组织,其内部必然存在着各种人员交往活动和建立在这些活动基础上的各种人际关系。一般来说,学校内部最主要的人际关系有以下几种:领导与教师之间的关系、教师与教师之间的关系、教师与学生之间的关系、学生与学生之间的关系。

2) 信息环境

学校是一个信息高度密集的场所,来自不同渠道、不同方面的各种信息构成了学校特有的信息环境。一般来说,教学过程就是一个信息传递的过程,课堂教学所传递的信息是学校信息的主要部分。除此以外,学校还通过各种渠道接收来自各种社会关系、社会群体、社会制度、社会结构等方面的广泛而庞杂的社会信息。

3) 组织环境

组织是人们为了共同的目标和需要而形成的社会群体。学校本身就是一个有组织的社会群体,学校内部又存在着各种正式或非正式的次级社会群体,如班集体、少先队、共青团和学生自己的友伴群体等。群体规范、群体作用方式和群体心理气氛等因素都作为学校内部重要的环境因素发挥作用,并进而构成了学校内部特有的组织环境。

4) 情感环境

情感环境是指在班级课堂教学过程中形成的一种情绪情感状态。在教学活动中,建立良好的情感环境对于顺利完成教学任务,达成教学目标具有十分重要的意义。一般来看,教师的教育期望、教学态度、奖惩手段的运用、合作与竞争机制的应用等,都是一些直接影响课堂情感状态的无形的环境因素。

5) 舆论环境

舆论环境主要由学校内部占主导地位的集体舆论和一些与舆论不尽一致的个别意见,甚至流言共同构成。在学校日常生活中,社会舆论一旦形成,就对师生的言行产生评论、监督、鼓动和指导等不同的作用,成为一股具有极大影响力的环境力量,调节着学校内部的社会生活。

由于构成教学环境的因素是错综复杂的,以上所举仅仅是其中的一些主要部分。除此之外,国内还有许多学者认为课堂环境、课堂氛围、课堂心理环境及学习环境等诸多概念及其构成都与教学环境密切相关。有的学者还会使用这些术语来代替"教学环境"进行深入研究。需要注意的是,本文认为它们之间所包含的领域虽有一定的共通之处但又各有侧重。范春林[①]曾对这几个相关概念进行了辨析,认为课堂环境是由课堂中的物理因素、社会因素和心理因素中的两个或三个因素构成。学习环境不仅包括课堂环境,还包括学校中其他环境要素;教学环境则主要以课堂环境为主;课堂气氛等同于课堂氛围,是课堂心理环境的组成部分;课堂心理环境是课堂环境或教学环境的下位概念。上述概念之间的关系可简要表述为:课堂气氛(或课堂氛围)是课堂心理环境的一部分,而课堂心理环境又是课堂环境的组成要素,进一步属于教学环境的范畴,而学习环境则包括整个教学环境。因此,希望读者在阅读这一部分时带有一定的思考,能够根据自己的教学需要来认识把握教学环境的内涵和构成,对自己的教学活动有较为清晰的认识。

---

① 范春林.课堂环境与自主学习[M].北京:国家行政学院出版社,2012.

（三）教学环境的特征

教学环境是一种特殊的社会环境，具有自己特殊的要素构成和环境特征。教学环境有客观性、系统性、群体性和能动性几个特征。

1. 教学环境的客观性

教学环境是动态教学活动的存在形态，它同教学活动是不可分离的。一方面，离开教学活动的教学环境是不存在的。另一方面，教学活动也离不开教学环境，离开教学环境的教学活动也是不存在的，任何形式的教学活动总要处于一定的环境之中，离开具体环境，教学就不能进行。

2. 教学环境的系统性

教学环境首先是一个由多要素、多部分或多个子系统构成的有机体系。构成教学环境有机整体的要素有自然地理条件、客观物质、人际关系、语言、文化及心理气氛等，是一个复合系统。

3. 教学环境的群体性

现代教学环境的人群组成决定教学环境具有群体性。人是教学活动的发动者、参与者和推动者，不仅指教师、学生及学校内的其他人员，而且包括广义教学环境里的人员，如机关公务员、家长等。组成教学环境的人群，不是机械地集合在一起，而是彼此结成一定的人际关系，如个人关系、人群关系、群际关系等。教学环境中的群体生活是在行为规范的约束下进行的。例如，职业道德规范、教育法律法规等约束着人们的行为，组织和协调群体生活，维护教学环境正常秩序。

4. 教学环境的能动性

教学环境的基本要素之一是人，而人具有能动地认识和改造世界的能力。人的能动性决定了教学环境具有适应性、主动性和创造性。这种能动性表现在：首先，教学环境能够主动地调整自身的各种不平衡状态；其次，教学环境能够主动地发现并试图解决与周围世界的不平衡问题；最后，教学环境不断地创造着维持自身生存和发展的物质条件。

需要注意的是，传统的教学环境在经历了工业技术时代、视听技术时代和信息技术时代后，在与新的技术不断融合过程中已经有了新的发展态势。如何适应新时代的发展趋势，如何回应新的社会需求，如何满足新的教育要求等挑战仍然需要进行更深层次的挖掘与突破。下面将对信息技术时代的教学环境进行一定的概述，希望能为读者的研究提供新的思路和新的灵感。

二、信息化教学环境

在历史的长河中，人们顺应时代的发展并结合新的技术，不断探索出新的符合社会发展的教学环境，并在其中不断完善和发展。《山东省教育信息化 2.0 行动计划（2019—2022）》中提出，"完善网络基础设施，实施教育城域网升级改造，优化网络运行环境，提高人均带宽，提升用户体验。""为教育信息化应用提供有效支撑"。党的二十大报告也对加快建设高质量教育体系、发展素质教育、促进教育公平主线牵引下的政策举措进行了整体谋划。基于此，将从工业技术时代、视听技术时代及信息技术时代三个阶段讨论信息化与教学环境的逐步结合与发展，阐述信息化教学环境发展历程。

（一）课堂教学环境的历史发展

1. 第一代教学环境：工业技术时代的传统教室

早期的教学活动开展并没有依托于独立的且固定的教学场所，大多在开放式环境中进行，如孔子讲学的杏坛、柏拉图授课的阿卡德米学院。教学活动展开的独立场所——"学校"概念首次出现是在 1632 年，捷克教育家夸美纽斯[①]对分班教学的理论总结和论述中明确提出，将学生按照年龄和知识水平编成固定班级，每个班级拥有一间专用教室，教师对班级学生讲授相同的内容。1903 年，清政府颁布的《奏定学堂章程》中规定了如何建立新式学校课堂，并对结构和设施进行规划，由此开始，班级授课制的新式学校开始在我国广泛推广。而在 1986 年，我国相关规定明确要求普通教室应设置教学活动开展需要的黑板、讲台、课桌椅等设施。第一代课堂教学环境通常被称为传统教室或者黑板教室，这种教室形成讲授式的教学模式，并且以教师为中心。这种传统教室优缺点共存，优势表现在教学资源及教学设施的可重复使用、成本低廉，系统知识学习的便利等方面。与此同时，传统教室也存在众多不足，例如，知识呈现方式固化呆板，板书时费力效果不明显，教学缺乏灵活性与互动性，难以培养学生高阶思维和能力等问题，并且知识呈现出教师到学生单向传递的特点，不利于激发教师教学的创新性和学生学习的主动性。

2. 第二代课堂教学环境：视听技术时代的多媒体教室

随着信息社会到来，多媒体和网络技术持续发展，进一步形成了以视听技术为典型特征的第二代课堂教学环境——多媒体教室，先后发展出简易多媒体和交互式多媒体两种形态。陈学林提出简易多媒体以视听技术为主，依托于多媒体计算机、投影仪、电视机、幻灯机、实物展台等设备和网络技术[②]。在 20 世纪 80 年代，我国开始开展将幻灯、投影、录音、录像等媒体技术综合运用于课堂教学的实验，并初见成效。1996 年，何克抗提出基于多媒体和网络技术的建构主义学习环境理论，为基于多媒体教室的教学活动及教学资源设计提供理论指导[③]。交互式多媒体教学环境是借助电子白板实现计算机和投影仪之间的连接，利用投影仪在电子白板上显示计算机的画面，构成了以电子白板为交互终端/界面的教学环境。用户可以使用感应笔或手指在电子白板上书写或操作计算机，还可以保存书写的内容到计算机中，以供反复使用。1991 年，加拿大 Smart Board 公司生产出第一块真正意义上的交互式电子白板。2000 年 10 月，深圳巨龙科教公司推出国内第一块交互式电子白板。2004 年，交互式电子白板开始进入国内中小学课堂，并得到广泛使用。多媒体教室提升了传统教室的技术含量，丰富了教学资源，将原本晦涩难懂的抽象知识进行可视化表达，促进学生对系统知识的学习。通过多媒体教室幕布展示教师板书内容，节省板书时间，促进课上时间的合理分配；但是多媒体教室的空间格局和交互方式固化、单一，难以充分调动教师教学的热情和学生学习的积极性。综合来看，多媒体教室与传统教室并没有本质区别，教学知识传授方式仍然以灌输为主，强调知识的记忆、理解和应用，难以培养学生的高阶认知。但是运用技术实现更高阶层的互动和交流是教学环境发展的里程碑式进步。

---

① 夸美纽斯.大教学论[M].傅任敢,译.北京：人民教育出版社,1984.
② 陈学林.多媒体教室建设与多媒体设备配置[J].中国电化教育,2000(5)：60-62.
③ 何克抗.多媒体教育应用的重大意义及发展趋势[J].现代远距离教育,1997(1)：7-12.

3. 第三代课堂教学环境：信息技术时代的智慧教室

随着信息技术与教育的融合发展，摆在教育工作者面前的一道难题是如何实现技术与环境的整合，即信息技术与教育教学的深度融合。2010 年后，随着移动互联网、便携终端、物联网等设备和技术逐步进入课堂，推动课堂教学从线下物理空间向线上网络空间拓展延伸，逐渐形成一种泛在连接、终端交互、智能感知、人机协同的新型教学环境，这种演变形成了第三代课堂教学环境——智慧教室。智慧教室有多个中英文术语，常见的是 Smart Classroom（智慧教室）、Intelligent Classroom（智能教室）、Classroom of Future（未来教室）等。雷西尼奥最早提出的 Smart Classroom 一词，是指"一种集成计算机、交互式光盘视频软件、闭路电视、VHS 程序（Video Home System）、卫星和局域通信网络的教室环境，旨在帮助特殊儿童和英语能力薄弱的学生提升学习成绩"。[①] 一段时期以来，国内外知名企业和高校纷纷探索智慧教室的建设和应用，例如，苹果公司的"明日教室"（Apple Classroom of Tomorrow，ACOT）项目，加拿大麦吉尔大学的"智能教室"（the McGill Intelligent Classroom）、清华大学的"智能教室"、华中师范大学的"未来教室"等。受功能和用途的影响，智慧教室的结构没有统一的形态，典型的配置包括：中控式讲台、多显示屏幕、多移动终端、活动/拼接课桌椅、多类型传感器（声、光、电、温）、有线/无线网络等。中控式讲台可以看作总控制台，可以集中控制教室中的设备，实现多屏显示或者多屏联动，移动终端提供的交互方式可以优化和支持师生或者生生之间的互动，活动/拼接课桌椅可以灵活布局以构建不同要求的教学环境，便于学生进行互动交流。声、光、电、温度等传感器能够实现教室环境条件的感知和调控，有线/无线网络为智慧教室提供基础的数据传输。已有研究中展示了在远程教育中智慧教室的早期应用，黄荣怀等在总结智慧教室阶段性发展的基础上，从内容呈现、环境管理、资源获取、及时互动和情境感知五方面创造性地构建了"SMART"概念模型[②]。使得课堂教学从菜单式的预设向生成式的建构转变[③]。智慧教室在技术资源方面进一步丰富了教学支撑技术，拓宽了资源供给渠道；在教学空间方面实现了课堂空间从封闭的物理空间向开放的混合空间转变；在学习培养方面让面向个体的个性化学习具有可行性，使得培养高阶认知的教学活动也变得有迹可循。与此同时，智慧教室也存在许多不足，例如，课堂交互方式依然相对简单、学习过程分隔、学习形式固化等，这些问题在大规模在线教学中更加突出。

现代信息技术引领时代，科学技术进行融合创新发展，信息技术从多方面促进教育变革，学校的信息化教学环境建设水平越来越高[④]。由此可见，信息化教学环境的出现和发展既是时代的选择，也是社会的选择。

（二）信息化教学环境的内涵

1. 信息化教学概述

信息化教学主要是以技术为出发点和基点，并将技术运用到教学活动中，它是信息技术渗透教育领域的一个必然产物，也是传统文化与现代科技互通互利的产物。教育领域对"信

① 陈欣然.智慧教室构建综述[J].电子技术与软件工程,2018(4)：148-150.
② 黄荣怀,胡永斌,杨俊锋,等.智慧教室的概念及特征[J].开放教育研究,2012,18(2)：22-27.
③ 吴砥,王俊,王美倩,等.技术发展视角下课堂教学环境的演进脉络与趋势分析[J].开放教育研究,2022,28(5)：49-55.
④ 王松涛,沈宝国.构建泛在信息化教学环境在促进教育教学改革中的应用[J].数字技术与应用,2021,39(12)：5-7,11.

息化教学"概念的界定各有说法。南国农①提出"借助电化技术,开展教学实践,就是电化教学(也就是后来的信息化教学),其实质就是技术式教学"。后来南国农又指出:电化教育,也就是后信息化教育,是一个包含多项元素的有机结合体,包括"教""学",还包括该活动得以实施的载体②。在之后的论述中他又提出:信息式教育,配套的不再是传统形式,而是旨在形成"链"态教育③。综上所述,信息化教学就是建立在传统教学基础上,通过运用多媒体设备,借助信息技术,建设信息化教学环境,运用丰富的教育资源展开的教学活动。

张一春等提出"高效利用信息技术和现代理念、新型手段,有效改进教学活动、实现教学活动由始至终的信息化,以求达到'量''质''效'三合一,从现实意义上对其提出根本性要求"④。后续学者对其定义进行深入研究分析后发现,存在于整合技术的学科教学知识概念中的基本要素与信息化教学的内涵存在一致性。最后,文章将信息化教学界定为:在教学中采用信息技术手段构建信息化的教学环境、创建教学资源体系,以生成个体信息化意识的活动。

2. 信息化教学环境概述

信息化教学环境是在现代教育理论指导下,建立在多媒体计算机设备和互联网基础之上,能促进教学信息的获取途径多元化和呈现方式多样化,有利于自主学习及协作学习的一种现代化教学环境。

根据不同的分类标准,信息化教学环境有不同的类型。从教学环境的适用对象来看,主要分为两种:一是为教师教学活动和学生学习环境提供支持的教学环境,它也可以为课堂教学环境和学生学习环境提供客观条件支持;二是为教师备课、交流、研讨,为师生提供服务和教学资源的教学资源环境⑤,具体如图 4-1 所示。从教学环境借助的信息技术类型划

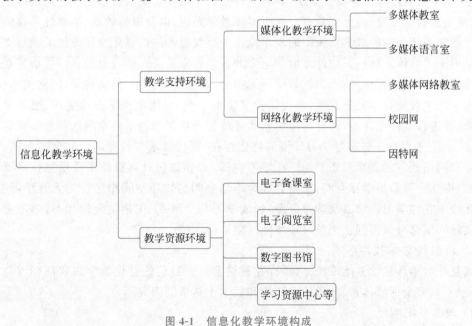

图 4-1 信息化教学环境构成

---

① 南国农.谈谈电化教育的几个理论和实际问题[J].电化教育研究,1981(2):11-15.
② 南国农.中国电化教育的新发展[J].电化教育研究,1993(1):3-9.
③ 南国农.教育信息化建设的几个理论和实际问题(上)[J].电化教育研究,2002(11):3-6.
④ 张一春,贾晓燕,刘平.创新高校教学信息化建设内涵与发展战略[J].现代远程教育研究,2011(4):27-32.
⑤ 马飞飞.信息化教学环境下初中生的学习适应性研究[D].天津:天津大学,2019.

分,信息化课堂教学环境主要可以分为两种,一种是以多媒体计算机与大屏幕投影系统为中心的多媒体课堂教学环境,另一种是以交互式电子白板系统为中心的信息化课堂教学环境。

基于教育数字化转型对课堂教学环境提出的新要求,利用 5G/6G、VR/AR/MR、人工智能、物联网和大数据等技术构建第四代课堂教学环境——新一代数字化课堂教学环境。从时间维度看,新一代数字化课堂教学环境是课堂教学环境进化的必然结果,将实现课堂教学与课堂学习体验感与参与感的升级,升级课堂教学流程,实现教学空间的无缝衔接和教学场景的智能交互;从技术维度看,新一代数字化课堂教学环境是数字技术改造课堂教学环境的阶段性成果,将在教学工具、资源、方式、空间和评价等方面引发一系列创新。

(三)信息化教学环境的基本构成

信息化教学环境是硬件、软件和资源三者有机组合的综合系统,同时教师队伍与人文环境也是教学环境中不可忽视的重要因素。在该系统中,诸要素之间既融会贯通,又相互制约,在教学过程中作为一个有机整体发挥着各自的功能。

1. 信息化教学硬件环境

信息化教学的硬件环境建设重点不断变迁,从一开始出现的智慧教室、电子阅览室、语音室建设到校园网建设,再到移动校园网、智慧校园、泛在学习空间建设,其最终目标一直是实现智慧教育。首先,信息化教学环境中的硬件环境主要是指信息化的基础设施等①。例如,高速校园网、无线网络、多媒体教室、语音教室、数字实验室、电子阅览室、教学监控室、智能教室、学术报告厅等的建设。其次,各种信息化教学设备也是高校基础设施建设的重要内容,包括语言教学系统(语音实验室)、视听媒体教学系统,以及微格教室、集成性多媒体教室等各种教学系统。这些教学系统中的教学设备为高校教学的信息化发展提供了硬件支持。

接下来将具体解释一下硬件环境变化中的智慧教室及泛在学习空间。以往研究对智慧教室的概念有了较为统一的认识。黄荣怀等指出,在信息时代中,传感技术、网络技术、富媒体技术及人工智能技术充分发展,现代化教室应是一种"能优化教学内容呈现、便利学习资源获取、促进课堂交互开展,具有情境感知和环境管理功能的新型教室",这种教室被称为智慧教室②。它不仅是一种智慧学习环境的物化存在、现代技术与教育结合的全新形式,更是多媒体和网络教室的高端形态。而泛在学习空间③是指通过计算机技术及信息技术等现代化手段,构建一种新型学习空间,使得其成为信息空间与物理空间相融合的无缝学习空间,形成无处不在的学习需求以及学习资源,形成学习与生活、工作相融合的状态,学习者遇到任何实际问题都可以得到这个学习环境随时随地的支持。

2. 信息化教学软件环境

信息化教学环境除基础设施外,还存在软件部分。目前信息化教学的软件环境包括教学系统平台、安全保障体系、教学管理环境和教学工具系统四大部分。

1) 教学系统平台

教学系统平台是师生进行教学活动的大舞台,包括管理、开发、应用。学生和教师都可

① 徐砚田.高校教学信息化的环境支持研究[D].南京:南京师范大学,2011.
② 黄荣怀,胡永斌,杨俊锋,等.智慧教室的概念及特征[J].开放教育研究,2012,18(2):22-27.
③ 余胜泉,杨现民,程罡.泛在学习环境中的学习资源设计与共享:"学习元"的理念与结构[J].开放教育研究,2009,15(1):47-53.

以在平台上获得所需要的资源。一方面,学生可以在上面获得丰富的学习资料,如各种学科的专业资料和背景资料等;另一方面,教师可以在平台上设计课程、制作课件,指导学生学习,批改学生的作业,回复学生反馈等。这个平台比较符合学生的使用习惯,可以支持学生的个性化学习。

2) 安全保障体系

信息化教学环境建成以后,因为其开放性的特点,任何人都可通过计算机终端随意访问学校公开的各个官方网站,没有安全的保护屏障,容易出现遭受网络攻击,以及信息丢失等问题,同时也难以控制不良信息的传播,所以安全保障体系的建立尤为重要①。安全保障系统就是依托网络技术与信息技术,建立一系列系统,其中包括各种防火墙系统、入侵检测系统、安全数据库系统等,切除一切影响安全的因素。目前社会对于网络安全保障系统的重视程度逐渐提升,信息化教学环境安全保障的重要性得到了充分认识。

3) 教学管理环境

为保证教学系统正常运行,管理是必不可少的,建立健全各类信息的管理规范是信息化建设中至关重要的工作,在各项制度建设中,主要有三类规范:管理类规范、信息服务类规范、技术类规范②。目前国内较流行的通用网络教学管理系统有许多,如清华教育在线、电大在线、安博在线等,国外则有 WebCT、Blackooard、Moodle、Sakai、iLeaming 等,已经具有较为完整的功能板块,并且各有特色。

4) 教学工具系统

教学工具系统主要有教学评价工具及教学辅助工具两部分。教学评价工具的应用克服了传统评价的弊端。传统评价模式具有主观性、过分总结性和评价延时性等缺陷,而教学评价工具能够呈现给学生更加公平合理的评价标准,更加可量化的评价数据及更加客观的总结分析,这样的工具有利于学生后续学习与进步。同时教学评价工具存在评价内容多元化、评价方式多元化、评价对象多元化等优点③。一个成熟的辅助教学平台是一个基于网络,同时依托于课程,集网络多媒体课件制作、发布与维护于一体的网络教学支撑平台。平台应该能充分体现现代教育思想和教学理念,形成现代教学模式,为学习者提供具有良好交互性的网络学习环境,为教师提供多种有效的教学手段和课件资源,并具有完善的课程管理、教学资源管理、答疑、跟踪学习和质量测评功能。平台具有功能齐全、兼容性强、开放性好、使用方便、操作简单、界面简洁友好、用途广泛等特性,是能同时运用于远程网络教学和校园网络辅助教学的专业级网络教学支撑平台④。

3. 信息化教学资源环境

信息化教育资源是指在教育信息化进程中,在实际教育活动中使用、产生、传播、共享、可加工和可存储的信息集合。通常这些信息以文字、图像、音频、视频等形式存在。信息与信息之间能够实现共享,并可以通过再次加工,以不同的渠道加以传播。教学资源是教学活动赖以进行的根本和关键,而信息化教学资源是信息化教学过程中必不可少的存在,同样也是教育信息化过程中的核心成分。通常所说的教学媒体都包含于教育信息化资源当中。如

① 熊卓.高校信息化教学软件及硬件环境建设[J].佳木斯教育学院学报,2013(10):199.
② 张子叶.基于虚拟化的网络安全实验教学平台的设计与实现[D].北京:北京邮电大学,2018.
③ 余长江.基于 Sakai 平台的网络学习评价工具设计与开发[D].重庆:西南大学,2014.
④ 王宇,张五红.高校网络辅助教学平台选择、实施及分析[J].电化教育研究,2006(2):43-46,51.

数字图书馆、学习资源中心、网络移动教学平台等。建设丰富的教育教学信息资源是校园信息化教学环境建设的核心内容。

目前学界对于信息化教学资源的界定存在不同的见解。李克东等[①]认为，数字化资源是经过数字化处理，运行在多媒体计算机上，或者运行在网络环境下的各种多媒体材料。何克抗[②]认为，信息化教学资源有广义和狭义之分，狭义的信息化教学资源主要是指信息技术环境下的各种数字化资料、素材、课件、教学材料、网络课程和各种认知、情感的交流工具。余胜泉[③]认为，信息化教学资源的存在形式是数字化的，蕴含了大量教育信息的，能根据这些教育信息创造出一定教育价值的各类信息资源的集合。杨改学[④]认为，信息化教育资源是依托于计算机技术，并具有设计、形成、存储功能的支持教育教学活动的数字化资源。网络教学资源、网络学习资源、多媒体教学资源、信息化课程资源、现代远程教育资源，以及各种光盘资源等都可以理解为信息化教育资源。

教育资源随处可见，信息化教育资源的开发和使用问题目前被社会广泛关注。具体包括网上免费教学资源的使用、购买优质网络教学资源库和应用软件、自主开发网络教学资源、合作开发信息化教学资源这几个方面。

1) 网上免费教学资源的使用

首先是在 Internet 和 Cernet 网上，下载收集丰富的教育教学资源，如多媒体素材、课件、教案、论文、试题等资料，然后根据特定的分类标准进行筛选、整理、汇总，最后在校园网平台上发布。收集下载时要保证针对性、时效性和可用性，这样不仅可以快速有效地丰富校园网的教学资源库，解决传统教学环境下教学资源缺乏的问题，还可以避免对教育的重复投入，节省办学经费，提高办学效益。

2) 购买优质网络教学资源库和应用软件

由于目前很多学校受到经费、人员、设备等的限制，购买已成熟并投入使用的教学资源库的方法十分可取。可以根据自身的需要，选择适合本校教学实际情况的优质教学资源进行采购。为了避免低水平重复建设，对于受益面广、学习者更多的公共课部分（如计算机文化基础和大学英语等课程），可首先考虑引进购买。

3) 自主开发网络教学资源

教学资源库的建设是一个不断迭代、不断进步的过程，课程的内容在不断更新，资源库中技术和内容同时进行完善和发展。因此，教学资源库建设是一项长期的且艰巨的任务，必须充分调动广大师生的积极性，共同参与。根据本身学校培养目标、办学特色、受教人群等，建设校园网络教学资源，做到自主开发与外部引进相结合。自主开发教学资源的途径有两个：一是对学校已有传统教学素材和教学内容进行数字化处理，将传统内容转变成数字化教学资源，使其应用于多媒体教学和计算机教学；二是建设自己的开发团队，根据学校开设课程的需要，具体学科的实施要求，进行自主开发建设，后者是信息化教学资源建设的主要途径。

① 李克东.数字化学习(上)——信息技术与课程整合的核心[J].教育研究,2001(8)：44.
② 何克抗.中央电教馆组编.教育技术培训课程(教学人员初级)[M].北京：高等教育出版社,2005.
③ 余胜泉.信息技术与课程整合——网络时代的教学模式与方法[M].上海：上海教育出版社,2005.
④ 杨改学.解读信息化教育资源[J].电化教育研究,2009(3)：18-22.

4）合作开发信息化教学资源

为了充分有效地利用现有的信息资源,降低开发难度,避免重复建设,造成资源浪费,要广泛开展校际合作,走教学资源共建、共享、互利的道路。向具有丰富的教学资源建设经验和开发能力的院校学习,并同其交流,通过分工合作、信息交流、开展各种研讨会及比赛竞赛等方式加强校际之间的交流与合作。同时引进其他院校中优秀的教学资源,以服务于本校的信息化教学实践,进一步推动学校信息化教学资源库的建设,形成共建共享的良性循环机制。

4. 信息化教学教师队伍

教师队伍是教学的第一重要资源,同时建设信息化教学环境更离不开优秀专业的教师团队,所以师资队伍培训是实施教育信息化工程的重中之重,教师是否能够熟练掌握并应用现代信息技术是推动教育信息化进程的关键。在信息化建设中,教师团队的作用主要有两个方面:一是教师在实际教学活动中使用现代信息技术,重复利用现代信息技术资源,参与数字化资源建设;二是教会学生使用先进的信息化手段进行学习,培养学生信息素养。综上所述,考虑校园信息化教学环境建设的同时,需要同步制定信息型人才引进政策,对学校教师、技术与管理人员及行政人员进行分层次的全员培训。使一线的教师都能掌握一定的计算机和网络知识,掌握信息的选择、收集、加工、传播等技能,能运用计算机组织备课、组织学生活动、制作多媒体课件、网络课件,拥有寻找信息、选择信息的信息素养,培养出一批精通信息技术和业务的复合型人才。

5. 信息化教学人文环境

信息化教学环境中的人文环境主要分为两方面,一是现代化的教育思想、理念和意识;二是教育技术政策与法规,教学氛围与学习风气等。在信息化人文环境的建设过程中,要大力开展现代教育技术与信息技术的宣传与普及,不断转变大众观念,提高大众认知,树立起正确的现代教育技术观;要突破传统教育观念,摒弃传统教育中以教师、书本和课堂为中心的"三中心论",树立信息意识,真正树立以学生为主体、教师为主导的现代教育思想,进一步构建现代化新型教学模式;要从教学实际出发,在充分调动教师积极性的前提下,确保教师对于现代信息技术能够达到会用、想用的地步;要进行个性化设计,根据不同学习对象的特点创设不同的学习氛围与环境,创建良好的校园文化环境、教室文化环境,树立良好的校风、学风、班风,构建和谐生动的师生关系等,为学生建立健康的网络生活及和谐的学习环境。

第二节　常见的信息化教学环境

一、多媒体教学环境

（一）多媒体教室的内涵

多媒体教室是在教育教学的要求下,根据教学理论,将投影功能、放音放像功能和多媒体计算机辅助教学功能等集中在一起,各自发挥其作用而建立起来的教学系统。具体而言,在多媒体教室建设过程中,综合应用了各种技术,如计算机技术、多媒体技术及控制技术等,并借助以上技术协同控制计算机、影碟机、录像机、视频展台、投影机等现代视听设备,同时

常见的信息
化教学环境

对教学中的环境设备进行集中控制（电动窗帘、灯光、幕布等），最后通过大屏幕投影，营造出一个高精度大屏幕显示、高保真音质、受控声光背景的现代化多媒体视听教学环境。这里只介绍与传统课堂教学最为贴近的集中讲授式多媒体教室①。依靠信息科技发展，这种多媒体教室还可以与多种信息网络进行连接，如卫星电视网、校园网等。教师可随时调用网上信息制定教学活动，丰富教学过程。

文中提到的多媒体教学概念具体解释为：多媒体教学是借助多媒体技术，集教学内容与思想理念于一体的图文声像并存的教学方式②，是在教学目标、教学内容等教学理念的指导下，以多媒体技术为支撑进行教学活动的一种现代化的教学方式。

（二）多媒体教室的类型

1. 多媒体演示教室（多功能电教室）

多媒体演示教室可以在传统教学方式中使用，也可以在现代教育中使用，教师利用多媒体计算机及其他视听设备，进行讲解、示范、引导学生进行学习。多媒体教学系统作为先进的现代教学手段，具有丰富的专业课件、生动的案例、多样的信息资源，大大地提高了教学效果。这类教室一般配置有多媒体计算机和各种音视频设备（如投影仪、视频展示台、影碟机、录像机、功率放大器、无线话筒等），讲台装有集中控制系统，便于教师进行集中操作。

2. 多媒体语言教室

多媒体语言教室配置了音视频设备等现代教学媒体（如投影仪、视频展示台、多路卡座、录像机、影碟机、无线话筒等）。教师可以根据需要，机动灵活地采用不同的语言教学形式，例如，与学生进行交互式通话、语音指导，教师可旁听学生之间的分组讨论，实施个别辅导等，同时学生还能在屏幕上看到配合教学内容的文字、图片或图像，通过音视频接收器（耳机或音箱）接收声音和视频，得到丰富的网络信息资源、形象的画面，构建生动的教学情境。

3. 多媒体网络教室

多媒体网络教室③含有多媒体演示教室的全部配置，另外还配有多媒体网络教室服务器、电子白板等设施，每个学生配置一套多媒体计算机。教师在多媒体网络教室实施教学，可根据教学需要，通过鼠标、键盘、投影、屏幕来演示知识内容，学生可以通过面前的学生机使用电子举手的功能请求帮助、提出问题。教师可以通过网络教室中的教师机监控和了解学生机屏幕的信息，实时掌握学生的学习情况，并实时反馈教学信息。这既有利于调动学生学习的主动性和积极性，还可以充分发挥教师的引导督促作用，真正践行以学生为主体，教师为主导的现代教育思想。

二、智慧化教学环境

（一）智慧教室的背景

从工业时代的传统教室到视听技术时代的多媒体教室，再到信息技术时代的智慧教室，

① 张玉红,李春艳,郝晓芳,等.多媒体教室环境下课堂教学分析[J].中国成人教育,2008(4)：113-114.
② 胡海荣.多媒体与中学语文课堂教学[D].武汉：华中师范大学,2006.
③ 符南华,杨进东,陈亮.高校多媒体教室的分类及教学模式浅析[J].教育信息化,2003(1)：52-53.

随着历史的发展,教学环境不断向前演变。多媒体教室的出现在一定程度上弥补了传统教室存在的知识呈现方式固化呆板、板书费时费力、教学的灵活性与互动性不足等缺陷,但多媒体教室的课堂教学仍然以教师对学生单向的知识灌输为主,更像是多媒体技术的简单堆砌,与传统教室在本质上的区别并不明显,没有为教学带来更深层次的变革。在互联网时代的浪潮下,我国致力于教学改革和教育发展的教育工作者提出了"教育信息化"的概念。2016 年 6 月,教育部印发的《教育信息化"十三五"规划》[①]中强调,要深化信息技术与教育教学的融合发展,全面提升教育信息化水平。党的二十大报告指出:"坚持以人民为中心发展教育,加快建设高质量教育体系,发展素质教育,促进教育公平。[②]"教育部结合《国家中长期教育改革和发展规划纲要(2010—2020 年)》和《教育信息化十年发展规划(2011—2020 年)》等文件要求,于 2018 年 4 月正式提出《教育信息化 2.0 行动计划》,提出要实现从应用融合发展向创新融合发展转变,关注重点从量变转向了质变。而智慧教学环境正是教育信息化发展的内在需求,并呈现出一种全新的教学理念。

当前,我国已经开启教育数字化转型,其实施需求和新时代人才培养目标,对利用人工智能、虚拟现实、混合现实等现代信息技术构建人才培养环境提出了新的要求,在这一背景下构建新一代课堂教学环境势在必行。

(二)智慧教室的内涵

智慧教室的起源最早可以追溯到 21 世纪初。2008 年,IBM 公司的首席执行官在"智慧地球:下一代的领导议程"中提出了"智慧地球"的概念,并且于次年年初,在工商业领袖圆桌会议上详细阐述了其理念。对智慧教室而言,尚没有较为统一的、正式的定义,但我国有许多学者都对此进行了较为深入的探讨。

黄荣怀等认为,在信息技术极度发达的信息时代,智慧教室应是一种在教学内容呈现、学习资源获取、课堂交互开展等方面更优化、更便捷、更灵活的新型教室,且具有情景感知和环境管理功能[③]。陈一明认为,智慧教学环境既是智能化的教学场所,又是信息化的教学系统,其本质就是支持人、技术、工具和资源等不同维度之间交互的学习空间[④]。张亚珍等从技术的角度进行阐述,认为智慧教室是由普适计算技术、物联网技术、云计算技术、实时传感和机器智能等技术构建起来的,能显著增强学生和教师体验的,创造无缝沟通的环境[⑤]。聂风华等认为智慧教室是为教学活动提供智慧应用服务的教室空间及其软硬件装备的总和,认为提供智慧化的应用服务是智慧教室的核心使命,并且其终极目标是形成最优化的教学效果[⑥]。

① 教育部.教育部关于印发《教育信息化"十三五"规划》的通知[EB/OL].(2016-06-24)[2023-12-05].http://www.moe.gov.cn/srcsite/A16/s3342/201606/t20160622_269367.html.

② 中华人民共和国中央人民政府.习近平:高举中国特色社会主义伟大旗帜 为全面建设社会主义现代化国家而团结奋斗——在中国共产党第二十次全国代表大会上的报告[EB/OL].(2022-10-25)[2023-12-05].https://www.gov.cn/xinwen/2022-10/25/content_5721685.html.

③ 黄荣怀,胡永斌,杨俊锋,等.智慧教室的概念及特征[J].开放教育研究,2012(2):22-27.

④ 陈一明.基于云计算的智慧教学环境设计与教学研究[J].内蒙古师范大学学报(教育科学版),2015,28(5):112-113,120.

⑤ 张亚珍,张宝辉,韩云霞.国内外智慧教室研究评论及展望[J].开放教育研究,2014,20(1):81-91.

⑥ 聂风华,钟晓流,宋述强.智慧教室:概念特征、系统模型与建设案例[J].现代教育技术,2013,23(7):5-8.

还有一部分学者虽然不直接以"智慧教室"的称呼来定义研究中的教学环境,但就其相关阐述和表达来看,仍在智慧教室的领域范畴之内。陈卫东等在《远程教育杂志》上发表的文章中认为,智慧教室是能够对教室的声(如功放、话筒等)、光(如投影仪等)、电(如计算机、电子白板等)设备进行控制和便捷操作,能够帮助教师和学生快速链接资源,及时进行教与学活动,并能适应包括混合教学、线上教学在内的多种学习方式,以自然的人机交互为特征的,依靠智能空间技术实现的增强型教室[①]。华中师范大学的杨宗凯认为未来的教室是云端的教室,资源形态方面是由模拟媒体到数字媒体,再到网络媒体,且最终都在教育云上,其所拥有的丰富资源库,能够满足学生个性化的学习需求[②]。崔亚强等将智慧教室延伸为智慧教学环境,赋予了其一定的教学理念,认为智慧化教学环境是在教学改革的思想指导下,"以支持智能教学、激发教与学的双向创新"为目标,运用教育学、心理学、空间设计学等多学科知识打造的开放、友好、互动、多样、智能的新型教学环境[③]。

综合国内已有的关于智慧教室的研究,本节界定智慧教室是教室的一种最新形式,也是一种新型教学手段,能够运用现代化技术切入整个教学过程中,让课堂变得简单、高效、智能,有助于开发学生自主思考与学习能力。

(三)智慧教室的特征

由以上各学者对智慧教室的内涵概念研究可知,智慧教室是一种摒弃以往传统教室、多媒体教室具有的教学预设单一、教学空间封闭,以及面向高阶认知能力的教学活动设计困难等缺点的新型教室。人工智能和大数据等智能技术与教室的整合,使得智慧教室具有面向师生和教学管理者提供智慧化服务,实现智慧化管理的特征。

而对于智慧教室的特性,各学者也都有自己的认知与理解。陈卫东等在结合国内外已有研究的基础上,以未来课堂、未来教室来指代智慧教室,提出智慧教室特性主要体现在:人性化——更加关注师生的主体地位;混合性——虚拟现实混合和交互类型混合等;开放性——教学组织和教学资源的开放;智能性——智能化的课堂、交互性——人与设备的交互;生态性——课堂平等、和谐、开放等方面[④]。李康康等则认为智慧教室具有互动性、方便性、感知性、安全性、清晰性、开放性、生态性及先进性等特征,由于在互动性、开放性、生态性三个特征与陈卫东的阐述上有比较大程度的重合,这里对这三方面不做赘述,而在方便性、感知性、安全性、清晰性及先进性等特征上是对智慧教室特征的进一步细化,认为方便性是指技术使用门槛低,感知性是指对物理和虚拟环境进行感知,安全性是指教室和网络环境的安全措施,清晰性是指内容呈现清楚明了,先进性是指设备、平台、教学理念的先进。据此实施多种教学模式,设计多种教学活动,从而提高教学的灵活性[⑤]。

---

① 陈卫东,叶新东,张际平.智能教室研究现状与未来展望[J].远程教育杂志,2011(4):39-45.
② 杨宗凯.教育信息化十年发展展望:未来教室、未来学校、未来教师、未来教育[J].中国教育信息化,2011(18):14-15.
③ 崔亚强,甘启宏,余淇,等.高校智慧教学环境的认识、内涵和实践途径研究[J].中国教育信息化,2020(23):13-17.
④ 陈卫东,张际平.未来课堂设计与应用研究:教育技术研究的一个新领域[J].远程教育杂志,2010,28(4):27-33.
⑤ 李康康,赵鑫硕,陈琳.我国智慧教室的现状及发展[J].现代教育技术,2016,26(7):25-30.

（四）智慧教室的系统构成

对智慧教室研究角度的不同,导致对其构成的研究重点也各有不同。黄荣怀最先提出智慧教室的"SMART"概念模型,认为智慧教室的"智慧"构成体现在教学内容的优化呈现、课堂教学的深度互动、情景感知与检测、教室布局与电气管理等多方面[①]。聂风华等又在黄荣怀的基础上构建了智慧教室的"iSMART"模型,为建设智慧教室提供了参考[②]。

本书主要以聂风华等提出的"iSMART"模型为主,结合智能设备在智慧教育领域开发和研究的软硬件系统介绍智慧教室的主要构成,以直观地认识智慧教室及其系统功能。

1. 基础设施系统

基础设施系统不仅要求教室的物理空间布局合理和课桌座椅舒适放松,也要求考虑供配电、通风和灯光照明等设施条件是否安全可靠、绿色节能。图4-2是武汉大学打造的智慧教室一角,图4-3是华中科技大学打造的智慧教室环境。

图4-2　武汉大学智慧教室　　　　　　图4-3　华中科技大学智慧教室

2. 网络感知系统

网络感知系统通过射频识别(RFID)、人体识别系统(如人脸识别、智能手环、眼动仪等)等传感装置,利用有线或无线网络,将教室环境、师生与各种设备相连,实现信息感知与交换。图4-4是环境检测仪,可以自动联网且实时监测环境数据,自动更新数据报告;图4-5是无线AP(接入点),适合学校教室高密度的应用,保障网络环境的流畅。

图4-4　环境检测仪　　　　　　　　图4-5　无线AP

① 黄荣怀,胡永斌,杨俊锋,等.智慧教室的概念及特征[J].开放教育研究,2012,18(2):22-27.
② 聂风华,钟晓流,宋述强.智慧教室:概念特征、系统模型与建设案例[J].现代教育技术,2013,23(7):5-8.

3. 可视管理系统

可视管理系统包括中控、能耗、监控等子系统,以及可视化的操作管理界面。教室中的软硬件设备运行能耗、教学现场等都可以通过可视管理系统被实时监控,管理人员或者教师可以通过可视化的界面对这些数据进行了解、操作、管理。图 4-6 是一种校园设备运维管理系统,该系统能够基于物联平台,形成开放互联的管理链,能够对设备进行远程管控及健康度智能分析,从而实现对信息化教育设备集群的统一、高效管理。图 4-7 是一种教育装备数据可视化平台,能够通过对设备数据进行应用趋势分析、数据对比,并将获得的结果进行可视化呈现,让教育管理者清晰了解当地教育装备的实际使用情况。

图 4-6　校园设备运维管理系统　　　　图 4-7　教育装备数据可视化平台

4. 增强现实系统

增强现实系统包括交互演示、视频会议、穿戴设备等,其在智慧教室中的应用主要体现在教学信息的呈现、异地同步互动教学的支持、物理环境与虚拟环境的融合等方面。图 4-8 是一种智能交互平板,可以满足多位师生同时平台互动、书写等,帮助打破传统教学模式,实现互动课堂。图 4-9 是 AR/VR 眼镜,运用 VR 技术可以构建与现实世界高度近似的数字化环境,可以帮助学生获得沉浸式体验,产生身临其境的感觉。

图 4-8　智能交互平板　　　　　　　图 4-9　AR/VR 眼镜

5. 实时记录系统

实时记录系统包括课程录播、电子学档、课堂应答等子系统,可以实现对教学全过程的录播记录,为教师教学和学生个性化学习提供数据支持。如图 4-10 和图 4-11 所示,是两种录播教室,通过录播室,既可以将课程以数字化资源的方式记录保存,便于重复观看学习,也可以通过实时记录开展大规模的直播,在一定程度上实现优质资源的共建共享。

6. 泛在技术系统

泛在技术系统既包括本地的笔记本、平板、智能手机等移动终端,也包括处于云端的海量教育资源和教育应用服务。图 4-12 是三个课堂应用管理平台,其能够支持教师上传优秀教学视频,充分发挥名师示范效应,让更多教师通过视频学习提升教学能力,同时通过精准筛选,汇聚名校优质课堂资源,为学生构建一个真正的优质资源共享平台,满足不同学生的个性化发展需求。图 4-13 是学习平板,学生可以通过该设备便捷访问云端的优质教育资源,实现个性化的学习,大大提高学习的便利性与灵活性。

图 4-10　传统录播教室

图 4-11　精品录播教室

图 4-12　三个课堂应用管理平台

图 4-13　学习平板

(五)智慧教室助力教育

1. 潍坊市第十中学智慧课堂

潍坊市第十中学智慧课堂以触控一体机等为数字技术支持,从"人本、智能、生态"理念出发,聚焦"教、学、评"三个维度,从数字教研的广度、宽度、高度;课堂教学的深度、活度、热度、效度;教学评价的力度、精度、温度入手,重塑教研流程、课堂范式、评价模型,构建了"三维十度"智慧课堂应用教学新生态。图 4-14 为潍坊市第十中学智慧课堂数据大屏。潍坊市第十中学智慧课堂具体内容为:借助线上线下混合式集体备课支持系统,实现多人协同批注、过程自动留痕的集体备课新模式,集备覆盖率 100%;基于 AI 的课堂观察,运用教学互助系统,从师生时间占比,提问与回答等要素出发,对教师课堂数据进行汇聚分析,建设链条化、过程化、终身化的教师数字档案,精准指导教师改进教学;利用覆盖全学科全学段的备授课工具,运用平台趣味分类、判断对错等不同课堂活动类型,通过手机投屏、摄像实现教师移动授课,实现优质高效课堂,激发学生的认知建构与素养表达;借助"掌上看班"功能,实现随时随地远程观摩课堂教学、评估教学质量。

2. 潍坊市"三个课堂"建设

为解决区域教育学科发展不均衡的问题,潍坊市本着"节约为先、以用促建、建用一体"的原则,全市投入 2116 万元,建设"专递课堂"365 个,"名师课堂"692 个,"名校网络课堂"251 个,共计 1308 个。潍坊市"三个课堂"的建设,实行一县(市、区)一方案、一校一策、一学

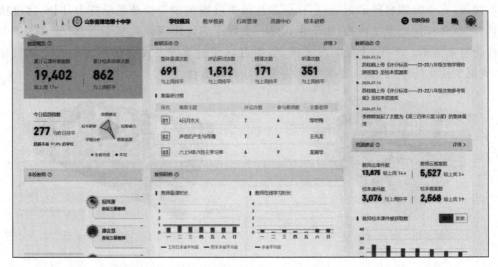

图 4-14 潍坊市第十中学智慧课堂数据大屏

科一台账,按照县域统筹规划、区域整体推进、学校按需建设、教学教研常态应用的路径进行推进。潍坊市"三个课堂"自推进以来,打破了空间和时间上的限制,充分发挥了优秀教师和优质资源的作用,引领了区域内教师和学生的共同发展。如,青州市西苑小学和 40 公里外的偏远农村小学——庙子镇上庄小学结成"专递课堂"联盟,利用高清交互课堂,师生即时交流面对面,有效提升了农村学校的英语水平,形成了"1+2+n"联校网教新型教与学范式。潍坊市课堂教学实景如图 4-15 所示。

图 4-15 潍坊市课堂教学实景

三、虚拟现实教学环境

(一)虚拟现实的内涵

"虚拟现实"名词的提出者是美国 VPL 公司创始人拉尼尔,我国科学家曾把它译为"幻境""灵境""电象"及"虚拟镜像"和"虚拟真实"等。虚拟现实的定义有狭义和广义之分,其中狭义的虚拟现实的定义认为,虚拟现实是利用计算机技术及硬件创建人造世界的计算机系统。而广义的虚拟现实是指通过计算机技术模拟虚拟想象或真实的、多感官的三维虚拟世界。换言之,在这个定义中只有计算机技术所创建的三维环境,这个环境既可以是虚拟想象的三维环境(三维可视化的),也可以是对真实世界的三维模拟。

综合关于虚拟现实狭义和广义的定义可知,虚拟现实技术是对一个三维环境的模拟技术。使用者通过虚拟现实技术来感受虚拟环境,能够体验虚拟环境中对人体的感知刺激,获得一种身临其境的感觉。虚拟现实系统模拟的是一个三维的、动态的虚拟世界,用户可以用多元化交互方式在虚拟世界中感受感官的刺激,如视觉、听觉、触觉等,还能和其中人物进行交流与互动,产生身处真实世界的感觉。虚拟现实技术具有沉浸性、交互性、构想性三大主要特征[①]。

(二)虚拟现实的分类

虚拟现实技术可划分为四种主要类型:桌面式 VR 系统、沉浸式 VR 系统、增强式 VR系统、分布式 VR 系统[②]。

1. 桌面式 VR 系统

桌面式 VR 系统以普通的计算机或简单的图形工作站为主要设备,将计算机的显示器作为用户体验虚拟世界的一个窗口,因此又被称为窗口 VR 系统。桌面式 VR 系统主要利用计算机软件构建三维虚拟空间,利用立体眼镜、数字手套、触觉和力觉反馈系统实现交互。

桌面式 VR 系统具有以下特点:体验者并没有与现实环境完全隔离,即便是戴有立体眼镜和耳机,但还是身处现实世界,仍然会受到周边环境的干扰;对硬件要求较低,有的只需要计算机,或者增加数字手套、空间跟踪设备等即可组成桌面式虚拟现实系统,最简单的桌面式虚拟现实系统甚至只是一台计算机。

2. 沉浸式 VR 系统

沉浸式 VR 系统分为头盔式 VR 系统、投影式 VR 系统、远程存在 VR 系统等,此类 VR系统被认为是所有 VR 系统中最具沉浸感和交互程度最出色的一种形式。沉浸式 VR 系统一般利用一些硬件设备,隔离体验者与现实世界,将体验者的视、听、触、嗅、味等感知封闭起来,使其避免外界的干扰。同时系统会提供多维的感受,构成一个完全虚拟、极易沉浸、逼真生动的虚拟环境,通过多种输入输出设备的综合利用,使体验者产生完全投入、沉浸交互的感觉。

3. 增强式 VR 系统

增强式 VR 系统又称为增强现实系统。增强式 VR 系统能够实现虚拟环境与真实环境的叠加,实现虚拟世界与现实世界的部分结合,达到"虚中有实""实中有虚""真真假假""亦真亦幻"的境界,在现实世界的基础上增加部分虚拟对象或者虚拟元素,增强对现实世界的认知。

① 赖勤,钱莉莉,应天煜,等.虚拟旅游研究综述:基于 Scopus 数据库的文献计量与内容分析[J].旅游科学,2022,36(1):16-35.
② 陆颖隽.虚拟现实技术在数字图书馆的应用研究[D].武汉:武汉大学,2013.

4. 分布式 VR 系统

分布式 VR 系统是 VR 技术与网络技术的结合，或者说更多的是与 Internet 技术结合的产物。它可以实现位于不同场地、位置的多个用户之间的连接沟通，使多个用户在不同地点同时参与一个 VR 环境，通过计算机及其网络与其他用户进行交互，并共享信息。换句话说，分布式 VR 系统是一个支持多人通过 Internet 进行实时交互的 VR 系统。分布式 VR 系统的显著特点就是可以多人共同体验一个虚拟世界，并能实现协同工作。

（三）虚拟现实赋能教育

1. 仿真模拟——提高学习效率

在教育领域，虚拟现实技术可以对现实世界的空间关系、物体结构、技能操作进行模拟与呈现，构建出高度仿真的学习环境，给学生带来仿佛身于现实世界中的感觉。现实生活中无法亲临体验的场景也可以通过虚拟现实技术进行模拟再现，如历史场景和危险场景等。同时，学生也可以在虚拟模拟场景中进行技能的学习。已有研究证明，在虚拟场景中学习技能，能够降低教学成本，打破传统教学在时空上的限制，而且在现实中的迁移效果和传统的现场培训效果是一样的。例如，Darrah 等对学生在基于虚拟现实模拟的物理实验室和真实的物理实验室中进行物理实验的学习效果进行对比研究，发现学生在两种类型实验室中的学习具有同等的效果[①]。此外，虚拟现实学习环境可以给学生带来"一对一"的心理体验，这会在一定程度上调动学生的积极性。

2. 综合集成——培养高阶能力

在综合集成的虚拟学习环境中，学生具有更大的发挥空间，具有自主建构的更大可能性[②]。在 VR 学习环境中，可以通过教育游戏——将教学内容与游戏相结合——促进学习者高阶思维的发展。在 VR 支持的教育游戏中，为了能尽快完成教师布置的非结构性问题或任务，取得最终的胜利，学习者会积极思考、深入分析、主动寻求解决问题的方法，并运用环境中的一切资源来解决问题。此外，虚拟学习环境中拥有的丰富资源可以满足学生自主学习和个性化学习的需要，学生可以按照自己的需求在虚拟环境中创建自己所需的物体和场景。Kim 等指出，当给学生提供个性化和合作化学习条件（允许其自主地计划、组织和监控课程活动的学习条件）时，能够有效提升其自我导向学习的能力[③]。

3. 虚拟遥感——拓展交互时空

通过 VR 技术，可以实现设备交互、环境交互及社会交互。设备交互是指学习者借助传感器等硬件设备亲身参与的，学习者与设备之间的交互；环境交互是指学习者与 VR 学习环境的组成要素之间进行交互；社会交互是指在 VR 环境中，用户之间能自然地进行交流互动，在 VR 技术构建的特定虚拟学习环境中可理解为学生与学生、学生与教师之间的交互。与传统的在线教育不同，VR 学习环境不仅可以给学习者提供及时的反馈，更能够让地

---

① Darrah M, Humbert R, Finstein J, et al. Are virtual labs as effective as hands-on labs for undergraduate physics? A comparative study at two major universities[J]. Journal of Science Education and Technology, 2014(23): 803-814.

② 张枝实. 虚拟现实和增强现实的教育应用及融合现实展望[J]. 现代教育技术, 2017, 27(1): 21-27.

③ Kim R, Olfman L, Ryan T, et al. Leveraging a personalized system to improve self-directed learning in online educational environments[J]. Computers and Education, 2014(70): 150-160.

理位置相距很远的学生在虚拟环境中进行更有效的合作学习。同时随着各种技术与 VR 技术不断结合，极大地便利了 VR 用户的交互。例如，学习者之间和师生之间的交互可以通过遥感系统技术与 VR 相结合，实现虚拟遥感，帮助学生实现虚拟互动。相信随着 VR 技术的不断完善与提高，可以帮助接受特殊教育的学生以更轻松的方式与外界进行沟通。

（四）虚拟现实的教育应用

1. 虚拟实验

虚拟实验方面进行的研究主要有：虚拟实验设计、虚拟实验室建设和虚拟实验教育等。在运用虚拟现实技术进行实验的过程中，学生可以在虚拟的情境中以自然交互的形式对在现实中不易建立实验的物体进行操作，通过虚拟实验也可以大大节省实验成本，避免实验中不可控因素的产生、极大限度地降低部分实验的危险性。黄荣怀等从虚拟实验的可靠性维度出发，建立了相应的虚拟实验[①]。该实验包括三个指标，分别是环境仿真度、用户体验度及操作可靠性，并以此为基础构建了三种类型的具体实验：模拟实验、探究实验和实证试验。最终得出结论，虚拟实验相比普通实验不仅耗费更低的成本，而且可以在实验中进行不断地重复操作和观测，并且支持数据传输与信息共享，能够大大提升教学的成效。

2. 职业技能培训

在实际的教学活动中，一些学科存在教学危险性大、教学场景难寻、场景创建成本过高，以及教学材料紧缺等问题，例如，历史情境的创建、军演场景的构建，以及宇宙和海洋等难以表现的教学场景创建。而采用虚拟现实技术则能够完成场景构造的任务，以较低的成本确保教学的顺利进行。北京大学航空航天学院搭建了虚拟的实验室，用于进行神经外科方面的模拟手术；中国科学院计算机所通过建立虚拟系统[②]，对紧急避险的情形进行仿真和模拟，以便于学生学习及接受培训。另外，研究者目前也根据实际的培训需要构建了完善的模拟系统，并将其应用于教学或研究，取得了显著效果。

3. 虚拟教学

在虚拟教学方面，主要研究内容为虚拟教学相较于传统教学的应用优势及虚拟现实技术与学科课堂教学的结合模式。VR 技术能够更加具体、更加完整地接收到学习资源和信息，通过运用虚拟现实让学生观察到事物的现象和本质所在，同时了解事物运行的规律。这不仅拓宽了学习主体的认识视野，同时随着应用规模不断扩大，创新地使用虚拟教学可以丰富教学资源，节省教学时间，提高教学效率，激发学生主动参与的积极性。

4. 教学游戏

在教育游戏这一方面，国内外相关研究主要包含教育游戏的开发和应用等。游戏教学是指将游戏与教学相结合，通过获得积分、其他奖励或者排名促使学生一步一步达到教学目的，实现教学目标。将虚拟现实与游戏教学相结合，可以使学习主体实现对学习资料的沉浸式掌握。进入虚拟现实中，感官被充分调动，不再是单向地接受学习，而是通过自身努力达到教师所要求的目标，全身的感官都被调动起来去完成目标，习得知识。

---

① 黄荣怀，王运武，焦艳丽．面向智能时代的教育变革：关于科技与教育双向赋能的命题[J]．中国电化教育，2021(7)：22-29．

② 索金涛．基于虚拟现实技术的高校消防安全教育系统设计与实现[D]．武汉：华中师范大学，2017．

（五）虚拟现实的教育应用所面临的挑战

1．技术设备层面

教育技术在教育中的应用和推广必定受到技术成本的影响。由于一套完整的 VR 设备及管理维修费用较高，再加上普通学校的资金有限，难以实现学校为每一位学生提供虚拟现实设备及服务。虽然虚拟现实技术支持下的教育形式可以促进学习者知识技能的习得，提供更加个性化的学习环境，激发学生的学习动机，实现更有效的远程教育和在线合作学习，但是设备成本导致的资金问题是普通学校无法轻松跨过的难关。设备成本依然是制约 VR 技术推广使用的重要因素。

虚拟现实已经能够较好地满足用户视觉、听觉方面的需求，但如何提升触觉、嗅觉、味觉等其他的感知体验还有待进一步突破。高度沉浸性的虚拟现实环境可以加深学生对知识的理解程度，进一步促进价值观和高阶认知能力的培养；相反，片面的视听觉体验会使得学生在较长时间的学习后，出现眩晕的现象。只有呈现来自触觉、力觉、嗅觉等多个通道的反馈信息，学生才能够对学习对象不同方面属性产生临场感受，才能使虚拟环境的综合拟真度得以提高①。

2．教学应用层面

VR 技术在教育领域的学习资源建设与开发仍然存在一定的短板。目前基于 VR 技术的教育资源，缺乏通用性、针对性和灵活性，与教师教学内容和学习者学习内容难以有效结合。由于 VR 资源的开发与设计具有专业性和特殊性（开发人员需要熟练掌握 3D 建模工具，如 Unity、3DMax 等②），需要专门的技术开发人员和教学实践人员组成专业团队，对教育教学内容进行深入研究，设计和开发适合学校课程的虚拟现实学习资源，避免新兴教育技术与教学实践的脱节。

目前，针对如何将学科知识与虚拟环境相结合开展教学活动，有关虚拟现实的教学设计仍然未有一个统一的规范，也缺乏相应成熟的、系统的教学模式。同时，在 VR 技术支持的教学环境中，教师如何选取适当的教学方法和策略对学生的学习进行指导、监控、评价，进而实现教学的最优化，仍然需要进一步探索。

3．学习者体验层面

虚拟身份认同感的缺失会影响学生在虚拟学习环境中完成学习任务，降低与他人进行交互的效率。在虚拟现实环境中，学生所建立的"虚拟身份"可能与其真实身份之间存在一定的差异，进而降低学生身份认同感。因此，应该考虑如何帮助学习者更好地适应身份转换，来进行虚拟环境中学生的人物角色设计，从而通过提升身份认同感进一步激发其参与虚拟学习活动的兴趣。未来可以进一步探究学习者对虚拟化身的使用规律，以及这种虚拟身份究竟会如何影响学习效果③。

在虚拟学习环境中，学习者容易形成不严谨的学习态度。VR 学习环境能够提供高度仿真的实操环境，支持教学中的实践环节，如化学实验、物理实验、通用技术实操、生物解剖

---

① 高媛,刘德建,黄真真,等.虚拟现实技术促进学习的核心要素及其挑战[J].电化教育研究,2016,37(10):77-87,103.

② 祝士明,陈静潇.虚拟现实学习环境的作用、挑战以及应对策略[J].现代教育技术,2019,29(2):39-45.

③ 刘德建,刘晓琳,张琰,等.虚拟现实技术教育应用的潜力、进展与挑战[J].开放教育研究,2016,22(4):25-31.

训练实验等。但是由于其虚拟的特性,学习者在该环境中进行实践时容易产生错误的"安全感觉",尤其在进行一些危险性的操作时更是如此。因此,学习者如果不能认真对待 VR 实验中的每一个操作环节,就容易形成不严谨的学习态度。所以,需要特别强调学生在 VR 学习环境下的严谨学习态度。

思 考 题

1. 信息化教学环境在哪些方面重塑了传统教学环境的构成样态?
2. 三种常见信息化教学环境之间的显著区别有哪些?
3. 三种信息化教学环境不同构成背后隐藏的教育理念是什么?
4. 不同的信息化教学环境相适应的教学模式有哪些?
5. 虚拟现实如何赋能教育教学发展?

第五章　信息化教学设计

学习目标

（1）了解教学设计与信息化教学设计的概念与基本原则，并加以区分。
（2）熟练掌握信息化教学设计的过程特点及基本步骤。
（3）掌握信息化教学常用的各种教学模式，并能应用各种模式于教学设计之中。
（4）熟悉各个信息化教学评价的特点，并熟练运用于教学评价过程中。

第一节　信息化教学设计系统分析

一、信息化教学设计概述

（一）信息化教学设计内涵

教学设计（instructional design，ID）是以传播学、学习理论和教学理论等为基础，运用系统论的观点与方法，分析教学中的问题及需求，将教学的诸要素合理安排的一种理论和方法，一般包括学生分析、学习需求分析、教学目的、教学策略、教学活动和教学评价等多个环节。信息化教学设计指的是在综合把握现代教育教学理念的基础上，运用系统方法，以学为中心，充分利用现代信息技术和信息资源，科学地安排教学过程的各个环节和要素，以实现教学过程的优化。信息化教学设计强调要发挥学习者在学习过程中的主动性和建构性，注重学习者学习能力的培养，提倡利用各种信息资源来支持教与学。其核心是创设问题情境、提出任务项目、提供相关信息资源、设定评价标准，在教师指导下让学生进行探索式学习、资源型学习和协作化学习。

信息化
教学设
计系统

（二）信息化教学设计特征

1. 师生角色"转变升级"

在信息化环境下，教师不再是知识的唯一来源，不再独享知识的垄断权和传授权，不再一味地灌输知识与技能，教师应成为教学中的导航者、设计者、促进者，学生学习的帮助者与陪伴者，从知识的"搬运工"转变为学生全面发展的"领路人"，在教学过程中与学生分享决策权，与学生共同设计与体验自主学习的整个过程。学生也不再被视为知识的被动接受者和知识灌输的容器，其学习过程被赋予更多的自主权。

2. 学习资源"形式多样"

随着互联网与多媒体技术的发展，知识的载体早已不局限于书本，文字、图片、视频、动画、虚拟现实、增强现实、3D 感官体验等资源将以结构化、动态化、形象化的方式呈现给学生，通过互联网有机整合与共享，所有资源构成了信息的海洋。

3. 教学过程"差异个性"

利用信息化辅助学习系统，尊重不同学生个体间的差异，通过各种智能设备识别和记录学习行为，借助大数据分析得出不同学生学习的特征与需求，为学习提供精准的帮助与支持，从而实现因材施教和因需施教，促进个性化教学。

4. 管理评价"自动智能"

利用各种信息化设备与软件，通过实现学习考核评分无纸化、学习任务分配便捷化、学习行为跟踪诊断智能化、学习沟通协作无障碍化，从而达成教学管理与评价自动化、网络化、高效化、智慧化的目标。

5. 教学环境"虚实结合"

信息技术的不断发展改造了传统物理教学环境，让传统教学由教师个人表演的"舞台剧"发展为集声、光、电等多种感官体验为一体的"大片"，进而创造了多种虚拟学习环境，如虚拟课堂、虚拟教室、虚拟实训室、虚拟工厂、虚拟社会等，利用最新的网络技术亦可实现远程操控物理设备，远程测试组装，异地协作实验。

6. 学习过程"双线自主"

学习过程从传统单线传授教学升级为信息技术支持下的双线自主的异步学习。线上教师提出引导性问题和布置学习任务，帮助学生主动学习建构知识，学生通过线上搜集分析资料，观看微课、动画、视频进行自主学习。线下教师通过创设情境，鼓励学生互相协作，自主进行知识探究，引导学生利用所学知识解决实际问题，最终促进知识的内化和技能的强化。

二、信息化教学设计与传统教学设计特点的比较

信息化教学设计与传统教学设计在某些方面相似。例如，两者的根本目的都是促进学习者的学习，运用系统的方法，将学习理论与教学理论等相关原理转化为对教学目标、教学方法、教学策略、教学评价等环节的具体设计，是创造有效的教与学系统的过程或程序。既具有设计学科的某些性质，又必须遵守教育教学中的基本规律。

两者的理论基础却大相径庭，传统教学设计以行为主义作为理论基础，而信息化教学设计则有三大理论基础：建构主义、多元智能和通信科学理论。因此，两者在教学设计的实践层面具有较大的差异。具体体现在以下环节。

（一）教学设计计划制订

传统教学设计十分重视教学设计专家对设计工作提出的建议，制订的计划是一个自上而下的带有明确目标的行动计划，教学设计的过程要严格按照计划的顺序开展，整个教学设计的过程是线性的、顺序性的、客观的。

在信息化的教学设计中，一般没有教学设计的专家提出建议。相对来说，在信息化教学设计过程中会有教学内容和教学情境的开发者参与到这一过程中。制订计划开始时概念还不清晰，但随着开发工作的进行，设计小组内的成员会共同合作，产生一个共同的愿景。因此，信息化教学设计的过程是循序渐进、非线性，有时甚至是混沌的。

（二）教学目标设计

传统教学目标的制订往往离不开对象、行为、条件和标准四个基本要素。以研究行为目标而著名的马杰（Robert Mager）认为教学目标应以具体而明确的方式说明学习者完成学习任务后能做什么[①]。马杰提出的行为、条件和标准三要素模型至今仍为教育界普遍接受并逐渐丰富为 ABCD 模式（对象、行为、条件和标准）。在信息化教学设计中，教学目标的制订具有多元性的特征，可以根据每个学生的学业基础水平、学习特点、学习习惯等个体特质智能组合，形成符合每个学生实际情况的个性化学习目标。在制订学习目标时，学生也可以一同参与目标的设定与讨论。

（三）教学内容设计

在传统教学设计中，教学设计人员会将教学设计中的复杂任务分解为多个子任务，并按照一定的逻辑顺序呈现在教学设计中。教学内容的中心为专家选定的事实性内容与强化内容，计算机在这一过程中主要扮演信息的传递者、学习效果的评价者与学习记录者的角色。

信息化教学设计强调搭建意义丰富的情境来促进学习者对教学内容的认知，以学习者为中心，学习者可以根据自身特点，选择最合适的学习内容和最佳的学习方式，以达到最好的学习效果。帮助学习者在意义丰富的学习情境中建立新旧知识的联系，提升学生的认知能力；采用多种教学手段向学习者提出问题并为学习者提供解决问题所需的知识和工具，从而实现"有意义的学习"。

（四）教学评价设计

信息化教学设计更注重形成性评价的设计，通过收集教学过程中学习者产生的主观数据：如观察、小组交流、成果展示等，充分利用信息技术的优势将评价融入学习过程，调节、完善教学活动，保证教学目标得以实现并提供有助于改进教学的反馈信息。这些主观性的数据可能更有价值，因为态度、情感等教学目标往往无法借助客观的测量手段做出准确的判断。因此，在信息化教学评价的设计中，对学习者的评价会更加全面、准确。

三、信息化教学设计步骤

信息化教学设计强调以学生为中心，促进学习者创新和综合能力的形成。不同于传统意义上的教案或课件，这种典型模式下产生的结果是一个单元教学计划包。在典型信息化教学设计过程模式中，教学设计过程可以分为以下八个步骤。

（一）单元教学目标分析

单元教学目标分析是信息化教学中的一个非常重要的目标层面的界定，它决定着教学的总方向，有了确定的目标才会有后续一系列相应的设计。

教学目标包括教学对象（audience）、行为（behavior）、条件（condition）和标准（degree）四项要素（简称 ABCD 模式），它有一套规范的陈述方式。首先，以学习者为教学对象描述学

[①] 威尔顿.美国中小学社会课教学策略[M].吴玉军，译.北京：华夏出版社，2004.

生的行为；其次，要选用那些描述学生所形成的可观察、可测量的具体行为词语；再次，应叙述影响学生学习结果的限制条件与范围；最后，说明学生达到目标所需要的最低表现水准。

（二）学习任务与问题设计

教师根据单元教学目标，设计真实的任务和有针对性的问题。信息化教学强调学习者的参与，任务与问题的界定显得尤为重要，因此在学习任务问题设计中要强调以学习者参与的问题、开放或半开放的问题为主。

学习任务是单元教学目标的具体化，确定教学目标后，教学任务也随之确定。一般来说，教师采用综合方法实现信息化教学，将教学分成教师讲解、实地考察、自主探究、小组研讨四个环节，在教学过程中需要完成资料搜集、课外实践和课堂教学三个任务，并且在每一部分都安排了相对应的活动。

（三）学习资源设计

教师根据任务和问题及学生的学习水平，确定提供资源的方式。资源的提供首先要考虑学生的学习水平，根据学生的学习水平提供合适的资源，同时提供给学生的资源方式应该数字化、多样化、立体化，依托教材内容但又不仅仅局限于书本知识，应做到多媒体资源与图书资源相结合。依据教学的实际情况，教学媒体可单一使用，也可以混合使用。

当前的课程学习资源一般包括：课程相关网站资源、教材和印刷材料等。与传统教学设计不同的是，数字化时代下的信息化教学设计强调学习资源的设计，要求学习者在信息化教学设计中注重资源的查找，强调学习者要在资源中进行探究式的学习。

（四）教学过程设计

教师需要对整个教学过程进行梳理，按照教学过程和程序，使之合理有序，撰写出具体的信息化教案。由于信息化教学设计强调学习者的参与，因此在信息化教学的过程中，强调学习者在学习过程中要受到学习的监控。

信息化教学过程设计应完成的功能是：一个中心、两个主体、三个基础。即教学过程以信息交流为中心，教师和学生作为两个主体负责发送信息和接受信息，媒体、教案、环境是教学过程的三个基础。信息化教学设计强调以学生为中心，体现学生的主体地位，重视信息化学习过程中学生探究能力的培养。

（五）学生作品范例设计

信息化教学要求学习者在学习之前和学习之中应该获得一个明确的范例支持，学习者在基于自主学习的过程中能够有效地进行完整的学习过程。学生作品范例为学习者在学习过程中提供参考和依据，甚至指引着学习的进一步进行，但同时要防止范例的产生使学生形成定势，否则会摧残学生的个人特性。

在教学过程中，如果要求学生以完成电子作品的方式进行学习，教师应事先做出电子作品的范例。例如，在信息技术课中，让学生设计开发网页，教师应根据学生的基础与技能，设计制作网页范例，指出让学生完成的具体内容、栏目和技术要求，让学生浏览后就能明确认识到任务要求。

（六）评价量规设计

教学强调评价，信息化教学设计尤其强调评价量规的设计。量规作为一种结构化的评价工具为评价信息化学习提供了较为科学的方法，提高了评价的可操作性和准确性。评价量规的设计应该考虑到整个学习过程，以及最后的学习结果等多方面的因素。

数字化时代下的信息化教学更加强调过程性和学生参与度，这使得学习的评价量规显得尤为重要。学习评价量规突出了学习者参与过程、学习质量过程、学习者协作过程的评估，这种过程性评估有利于学习过程的支撑和变化，并为持续有效的学习提供了一定的保证。

量规具有四个特点：普适性、系统性、动态性和发展性。一般的评价量规有多媒体演示文稿评价量规、口头表达评价量规、教师指导评价量规、小组合作学习评价量规、小组合作记录评价量规。

（七）单元实施方案设计

单元实施方案强调的就是学习者的学习过程。实施方案保证教师在整个教学过程中能够对学习的内容、学习的资源、学习的整体实施进行有效的监控。对教学的具体实施方案进行设计，包括实施时间表、分组方法、时间分配、实施过程中可能用到的软硬件，以及其他必要的文档准备等。

由复习提问自然而然进入新课，在新授课中，合理安排基本概念教学所用的时间、形成理论所用的时间、总结规律所用的时间，以及精心设计课堂练习、小结等内容。在上述过程中，如需采用演示实验进行教学，还应考虑演示实验所用的时间等。所用的时间、方法与步骤，以及具体顺序等项目应进行综合考虑、综合设计。

（八）评价与修改

信息化教学设计过程的评价与修改是随着教学过程的逐步完善而随时进行调整和修订的，只有对教学各环节进行合理调控才能获得最理想化的教学效果。在对信息化教学设计的各个环节进行评价和反思时应依据以下几个原则：是否有利于激发学生的学习动机；是否有利于引导学生的学习行为；技术与教学的整合是否合理；是否有利于提高学生的学习效果。

在信息化教学设计模式中，循环是从对单元教学目标分析开始，到学习任务和问题设计、学习资源设计、教学过程设计、学生作品范例设计、评价量规设计、单元实施方案设计，以及最后评价与修改。评价与修改是随时进行的，伴随设计过程的始终。

第二节　信息化教学模式分析

一、教学模式与信息化教学模式

（一）教学模式

1. 教学模式的定义

在教学模式中，教师或者教育者会以特定的方式给学生组织和传授知识、技能和价值

信息化教学
模式分析

观。教学模式通常涉及教学目标的设定、教学内容的选择和组织、教学方法的运用、学生评估和反馈等方面。

教学模式可以因教学目的、学生年龄、学科特点等而有所不同。一些常见的教学模式包括讲授模式、小组合作模式、问题解决模式、探究模式等。

2. 教学模式的特征

1) 指向性

任何教学模式都指向一定的教学目标,且每种教学模式的有效运用也需要一定的条件,因而不存在对任何教学过程都适用的模式,选择教学模式要根据教学实践情况,根据不同教学模式的特点与性能,以期达到最佳的教学效果。

2) 可操作性

作为一种具体化,可操作的教学思想或理论,教学模式是某种教学理论核心思想的反应,是抽象教学理论的具体化,详细地规定了教师的教学行为,使教师在课堂上有章可循,便于教师对教学理论的理解与运用。

3) 整体性

教学模式是教学现实与教学理论的统一,有一个完整的结构与一系列的运行要素。因此必须整体把握教学模式的内涵,既要了解其理论原理,又要掌握其方式方法。如果放弃了教学模式的整体性,就无法达成教学目标、提高教学水平。

4) 稳定性

教学模式的形成,源于多种教学方法与策略的长期稳定运用,这些教学方法与策略在每次运用的过程中,都能稳定地完成教学目标。伴有大量教学实践活动产生的教学模式,针对特定的教学目标,往往能发挥出稳定的效果。

(二)信息化教学模式

1. 信息化教学模式的定义

信息化教学模式是教学模式在信息化环境下的新发展,是指在现代教学思想和理论的指导下,充分利用各种信息技术手段的支持,调动多种教学媒体和信息资源,构建一个良好的学习环境,在教师的组织和指导下,以学生为中心,充分发挥学生的主动性,使学生能够对知识进行主动的意义建构并用其所学解决实际问题,最终达到良好的教学效果。

2. 信息化教学模式的特征

信息化教学模式的核心在于充分发挥学习者在教学过程中的积极性、主动性和创造性,使学习者真正成为学习的主体、知识意义的主动建构者。数字化时代下的信息化教学模式与传统教学模式相比具有以下几个特点。

1) 资源丰富、知识量大

现代化信息技术手段为课堂教学构建了更好的教学环境,使课堂上信息的来源变得更加丰富,改变了传统教学中信息来源单一的状况。在信息化教学模式中,教师和课本不再是唯一的信息来源,教学媒体的运用扩大了信息量和信息的来源。

2) 以学生为主体

教师的主要作用不是直接提供信息,而是培养学生自身获取知识的能力。教师指导学生进行自主探究活动,引导学生主动思考和积极探索,充分发挥学生的主体作用。教学媒体既是辅助教学工具，也是学生的认知工具。教材既是教师向学生传递的内容，也是学生主动建构的对象。

3）实施个性化教学

计算机的交互性为实施个性化教学提供了可能，学生通过信息技术获取完整的学习内容与过程，基于自身情况自主选择学习内容的难易、进度，并随时与教师、同学进行交互。在信息化教学模式中，学生摆脱传统教学中"教师主宰"的束缚，掌握学习的主动权，促进自身个性化发展，实现了因材施教。

4）协作式学习

在信息化教学模式中，学习者通过协同、竞争或角色扮演等多种不同形式参与学习活动，加深对问题的深化理解并提高知识的运用能力，有利于高级认知能力的发展，同时对于合作精神的培养和良好人际关系的形成有明显的促进作用。

5）提升信息处理能力，培养创新精神

多媒体的超文本特性和网络特性相结合，为学生信息获取、信息分析和信息加工能力的提升营造了理想的环境，有利于学生发散性思维、创造性思维的发展和创新能力的提高。

二、信息化教学模式分类

随着信息技术在教学实践领域的探索不断深入，迄今产生了众多信息化教学模式。关于信息化教学模式的分类，国内外不同研究者从多种角度对信息化教学模式进行分类，在此介绍几种比较有影响的分类方法。

（一）基于建构主义的分类

Jonassen 等从建构主义学习观和技术支持学习的角度出发，将信息化教学模式分为六大类，如表 5-1 所示。

表 5-1 信息化教学模式分类

类　　别	内　　容
技术支持探究性学习 （learning by exploring with technology)	基于互联网学习环境，开展网上科学实验、制作主页等活动，能够通过协作交流实现知识的社会建构等
技术支持视觉性学习 （learning by visualizing with technology)	基于电视录像/视频技术，开展抛锚式教学、电视记者招待会、电视节目剪辑与制作、电视脱口秀/模仿秀、创建地方人种学研究视频档案、视频剧场（独幕剧）、视频模拟与反馈、创建学习情境、电视会议等活动
超媒体支持建构现实的学习 （learning by constructing realizing with hypermedia)	借助超媒体来构建学习环境开展学习，主要活动方式包括超媒体学习环境中的抛锚式教学（如天文村）、在制作超媒体中学习等
以技术支持的学习共同体 （creating technology-supported learning communities)	基于 ICT 技术，开展协同实验室、CSILES、学习圈、MUD/MOO 等活动
技术支持反思性学习 （learning by reflecting with technology)	将信息技术作为学生学习的认知工具，以促进学习者批判性思维发展，开展建构数据库、创建语义网络、使用视觉化工具、探索微世界、建构专家系统和运用动态建模工具表征心理模型等活动

续表

类 别	内 容
技术支持"做中学"的建构主义学习环境 (learning by doing：immersion in constructivist)	构建技术丰富的建构主义学习环境,该环境包括问题情境、相关案例、信息资源、认知(知识建构)工具、交流(知识协商)工具和社会/情境支持等六个构成部分;创建有意义的学习环境,主要活动方式有各种技术支持的科学思维、视觉化思维等

（二）基于教育哲学的信息化教学模式分类

我国教育技术学者祝智庭从文化和心理两个角度对信息化教学模式展开分类。如图 5-1 所示,该分类将信息化教学模式共划分为四大区域:Ⅰ区侧重于以教为中心的个别化教学,一些传统的 CAI 模式主要集中在这里;20 世纪 80 年代以后,由于建构主义学习理论在教育技术中的应用和多媒体技术的发展,国际上信息化教学模式的研究兴趣转移到Ⅱ区,强调以学生为中心的个别化学习;20 世纪 90 年代后,由于网上教育的兴起,出现了以合作学习为中心的多种虚拟学习环境(Ⅳ区);位于Ⅲ区的教学模式则是从传统的电化教室发展而来,只不过增加了多媒体教学应用,虚拟教室的出现则大大扩展了其概念;中心区域表征的是综合了多种信息化教学模式的集成化教育系统[①]。

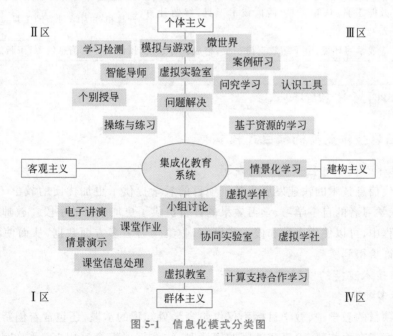

图 5-1　信息化模式分类图

这种基于价值观—认识论的分类方式,可以根据具体偏向,将其归入不同的"区域"之中,从而构成信息化教学模式分类或谱系。

---

① 祝智庭.关于教育信息化的技术哲学观透视[J].华东师范大学学报(教育科学版),1999(2)：11-20.

（三）基于教学组织形式的分类

祝智庭根据教学模式的组织形式，将信息化教学模式划分为个别教授类合作学习类、情景模拟类、调查研究类、课堂教授类、远程教授类、学习工具类、集成系统类等类型[①]。表 5-2 列举出了各种类型下相对比较典型的教学模式及其关键特征。

表 5-2　典型的教学模式及其关键特征

类　型	典　型　模　式	关　键　特　征
个别教授类	个别指导，操练与练习、教学测试、智能导师	计算机作为教师，内容特定，高度结构化
合作学习类	计算机支持合作学习、协同实验室、虚拟学伴、虚拟学社	计算机与网络作为虚拟社会，一定程度的情境、信息、学习工具的集成
情景模拟类	教学模拟、游戏、微世界、虚拟实验室	计算机产生模拟的情境，可操纵，可建构
调查研究类	案例研习、探究性学习、基于资源的学习	计算机提供信息资源与检索工具，低度结构性资源的利用
课堂教授类	电子讲稿、情景演示、课堂作业、小组讨论、课堂信息处理	计算机作为教具及助教，信息播送、收集与处理
远程教授类	虚拟教室，包括实时课堂、异步学习、作业传送、小组讨论	网络作为传播工具，一定程度的信息与学习工具集成
学习工具类	效能工具、认知工具、通信技术工具、解题计算工具	计算机作为学习辅助工具，多种用法
集成系统类	集成学习环境，电子绩效支持系统，集成教育系统	授课、情境、信息资源、工具之综合

三、典型的信息化教学模式

（一）信息技术支持的项目式教学

1. 信息化时代下项目式教学的内涵

数字时代信息技术的快速发展为基于项目的教学提供了更加优质的教学工具，为项目情境的创设、学习者的自主学习、学习效果的评价提供了更加丰富的手段。教师在实施项目式教学的过程中，可以使用多种非侵入式设施，收集学习者多方面数据，从而使项目式学习中的过程性评价得到实施。

2. 信息技术支持的项目式教学特征

1）目标多维性

在基于项目的教学中，教学目标不仅仅包含学科知识的掌握，还包含着创新实践等能力的提升。学习者在面临复杂、真实的问题情境时，往往需要综合运用多学科知识，通过信息化手段学习新知识并发展能力，在与其他学习者交流的过程中，逐步完成项目。在这个过程中，学习者的能力在不同维度都会得到提升。

---

① 祝智庭.现代教育技术——走进信息化教育［M］.北京：高等教育出版社，2002.

2）任务真实性

在选择作为学习活动的项目时,必须考虑任务的真实性。学习者在解决复杂真实的现实问题后,能够获得学习的成就感,从而提高其学习积极性。例如,制作城市宣传片、编写算法程序等都是真实的项目任务。

3）过程探究性

与其他的综合实践活动相比,基于项目的教学更注重学习者学习过程的探究性——在学习过程中,学习者需要根据产生的问题进行深入的思考,并实现知识的深层次加工和知识意义的建构。

4）环境开放性

信息化环境下的基于项目学习离不开网络设备的支持,但并不局限于网络环境。在学习过程中,应尽量为学习者提供多样化的学习环境。如图书馆、社区、实验室等,让学习者可以从不同的环境中获得信息,让学习变得无处不在。

5）学习方式多样化

在基于项目的教学过程中,学习者获取知识的方式是多样的,学习者除了运用数字化工具独立地获取知识外,还可以通过在线交流的方式从校外专家处得到帮助。

3. 信息技术支持的项目式教学步骤

1）制定学习目标

项目学习的目标规定了学习的内容范围和项目选题的范围,更明确了要训练学生运用哪些方法。由于真实项目在完成过程中有许多不确定性,所以在目标中也无法罗列所有要用到的知识和方法。

2）确定项目主题

项目的主题是项目学习的主要内容范围,依据具体情况,可以让学生在主题范围内自主选题,例如,项目主题设定为"宣传保护环境"或"灭火机器人搭建",也可以由教师指定特定选题,例如,项目主题设定为"测量河水的成分"。主题如果具有一定的选择空间,可以插入学生选题和开题的环节。

3）制订项目实施计划

学生在确定项目选题后,通过网络获取资料,并在相关专家的远程指导下制定比较详细的、有操作性的项目实施方案。方案中至少应包含项目简介、项目目标、项目所需材料工具和设备、项目实施步骤、项目周期、项目成果和项目验收等条款。

对学生制定的项目实施方案可组织一次方案论证会,请其他小组一起来提意见。使学生在完善项目方案的过程中,熟悉项目步骤,养成严谨、认真的科学探究习惯和意识。

4）项目实施

学生按照项目方案开展项目活动。在学生学习的过程中,教师不应过多干涉学生对于项目的实施,而是应密切关注其项目完成的进程,及时通过各小组上传至学习云平台的成果观察其项目开展进度,及时为有困难的小组提供帮助和指导,根据教学开展的实际情况及时调整教学策略,保证课堂活动持续推进。

5）项目验收与展示

项目完成后,学习者可以将项目成果上传至学习平台,对完成的项目成果进行测试和验收,在与其他小组和教师的交流中发现其项目的缺陷。在完成项目验收后,教师还要组织各组进行项目成果展示。激发不同小组间的竞争意识。

6）项目反思

在课堂教学活动结束后,借助多种数字工具,组织学生对已经完成的项目进行总结和反思。可以采用自我反思量表、课堂行为评价、小组相互评价等方式,实现量化评价与质性评价的统一,提升学生对项目式教学的积极性,帮助学生形成反思性学习的习惯。

（二）信息化环境下基于问题解决的教学模式

1. 基于问题解决的教学模式的内涵

数字化时代,基于问题的教学模式得到了更多的支持与应用,例如,学习者可以通过互联网、在线资源和电子工具获取更广泛的信息与资源,与他人合作的方式不再局限于面对面的交流,而是可以通过搭建在线学习平台,为学习者提供更加便捷的交流方式,面对现实生活中难以复刻的问题场景,数字技术提供了虚拟实验室和模拟实验,这为学习者提供了更多的实践机会,降低了实验成本,并允许学习者随时重复实验或调整参数,加深学习者对科学原理的理解。

2. 信息技术支持的基于问题解决的教学模式的特征

1）真实的问题情境

基于问题解决的教学模式强调选择问题的真实性,但在选择问题时,往往局限于课堂教学的客观条件无法很好地重现真实问题情境,借助虚拟现实与增强现实等技术,教师可以为学生提供一个更加仿真的学习环境,确保学习活动的沉浸感与真实性。

2）评价的多元性

传统课堂中的评价以总结性评价为主,无法全面反映出学习者个体的成长,数字技术与教育教学的融合,使得教学活动中的形成性评价成为可能。通过对问题解决过程中学习者学习状态等数据的收集,可以实现对学习者的个性化评价,充分考虑到每个学生的个体差异,激发学习者的学习动力与积极性,提升其在问题解决活动中的参与度。

3）活动流程明确

问题教学模式的内容囊括了与主题相关的很多问题,这些问题不是太复杂,但是依然是结构不良的问题。教师要引导学生在短时间内分析解决问题,就需要良好的流程和结构,以提高解决问题的效率。这就要求课程的推进结构是良好的,有着某种标准,这样便于学习者在某种既定的路径上前进,否则会天马行空、不着边际,最终无法解决问题。

4）小组在线合作

在小组合作的过程中,学习者可以利用在线学习平台,共同编辑和讨论问题解决方案,实现远程合作与实时协作,学生可以共享文档、呈现演示稿和创建多媒体作品,提升团队协作和信息共享效率。

3. 基于问题解决的教学模式的实施步骤

1）问题定义

根据课程内容选择一个学习者感兴趣、现实性强的问题作为学习的起点。问题应该与学习目标和课程内容相关,并能够激发学生的兴趣和思考。

2）小组组建

将学生分成小组,每个小组由 3～5 名成员组成。小组成员可以具有不同的背景和技能,以便促进合作和多样化的思维。

3）学习研讨

学习者通过多种方式获取相关资料,在小组内进行讨论,分享各自的发现与见解,学习者可借用在线学习平台,展示获取的学习资料,并与小组内其他成员交换意见。

4）指导与支持

教师担任指导者和支持者的角色,在学生的学习过程中提供必要的指导和支持。教师可以组织讨论会、提供反馈和建议,帮助学生解决遇到的问题和困难。

5）提出解决方案

学生根据研究和学习情况,提出解决问题的方案和策略。其可以通过虚拟实验室等数字技术对问题解决方案进行实践、实验、模拟或其他形式的实际操作,评估和验证其解决方案的有效性。

6）分享与展示

学生将解决方案和发现上传到在线学习平台,分享给其他小组或整个班级,可以用口头报告、海报展示、演示文稿、视频等方式展示其成果。

7）反思与评估

通过活动过程中收集的数据,实现对每个学习者的精准评价,学习者之间也可以讨论解决问题的过程和结果,探讨可能的改进和提高。

（三）WebQuest 教学模式

WebQuest 教学模式由美国圣地亚哥州立大学伯尼·道奇（Bernie Dodge）和汤姆·马奇（Tom March）于 1995 年提出[①]。Web 是指网络,Quest 是指寻求和探究,因此,可以将 WebQuest 理解为基于网络的探究性活动或网络探究模式。WebQuest 是一种以网络为基础的教学模式,它将数字化技术与智能化思维相结合,为学生提供了在探索和发现中学习的机会。

1. WebQuest 教学模式的内涵

WebQuest 教学模式是一种基于互联网资源的教学方法,旨在促进学生的探究和合作学习能力。在 WebQuest 中,教师提供一个探索任务,学生通过互联网资源自主获取信息、分析和解决问题,并最终呈现他们的学习成果。

2. WebQuest 教学模式的特点

由以上定义可以看到 WebQuest 的内涵具有以下三个方面的特征。

（1）WebQuest 有一个明确的导向性任务。WebQuest 要求学习者理解一个真实世界中会面对的问题,在网络上搜索和收集相关信息来解决任务。

（2）WebQuest 能够充分地利用真实的资源。WebQuest 能够有效激发学生上网查找相关资料的积极性,学生通过使用网络资源来完成任务,包括文档、视频、音频、图片等。

（3）WebQuest 为教师和学生搭建"脚手架"。WebQuest 为教师提供有固定结构的教学设计流程模板和一系列的指导信息,从而使广大教师易于上手、便于实施。同时这一方法要求学习者在合作学习小组中必须承担一定的角色,以帮助学生更好地进行高阶认知活动。

---

① 蓝红宇. 关于 WebQuest 的几点思考（节选）[J]. 网络科技时代信息技术教育,2002(6)：22-23.

在数字化时代背景下,WebQuest 教学模式具有以下几个特点。

(1) 数字化资源丰富:WebQuest 教学模式在网络环境下进行,学生可以通过互联网获得海量、丰富的数字化资源,从而拓宽学习的广度和深度。

(2) 学习参与度高:WebQuest 教学模式鼓励学生主动参与和合作学习。通过负责的任务分工和合作,学生在积极参与问题解决的过程中,培养自主学习和团队协作能力。

(3) 跨地域学习:WebQuest 教学模式可以实现跨地域的学习。学生可以与其他学生、教师、专家进行远程交流与合作,借助数字技术打破传统教育的地域限制,拓宽学习的空间和范围。

(4) 个性化学习:WebQuest 教学模式可以根据学生的不同需求和兴趣定制专属的学习路径和资源,实现个性化学习。

(5) 跨学科综合能力:WebQuest 教学模式注重跨学科的综合能力培养。学生在解决问题的过程中需要综合运用各学科的知识和技能,促进学科间的融合与交叉,培养学生的综合素养和问题解决能力。

3. WebQuest 的构成

虽然 WebQuest 的周期长短有所不同,但它们一般都包括引言、任务、过程、资源、评价和结论共六个模板,其中的每一个模块的构建都是独立的,教学设计者可以通过改变各模块来实现不同的学习目标。

(1) 引言:即简明清晰的介绍,提供"引言"性的材料和生动有趣的信息。主要包括两个方面:第一,给学习者指定方向;第二,提高学习者的学习兴趣。为达到这两个目标,教学设计者在设计学习或研究的主题时应做到:与学习者过去的经验相关、与学习者未来的目标相关、生动有趣并具有吸引力。

(2) 任务:练习结束对完成的事项进行描述。为了给学习者描述将完成的所有事项,WebQuest 的任务形式可以是一件作品(如 PowerPoint 演示文稿),也可以是一个能够对一特定的主题进行解释的口头陈述等。任务的描述包括编辑、复述、判断、设计、分析等。

(3) 过程:教师规划学习者完成任务所要经历的若干步骤,并就每个步骤向学习者提出简明清晰的建议,帮助学习者明确完成任务的具体过程。除此之外,教师还应为学习和交互过程提出建议或指导,例如,如何组织头脑风暴活动等。

(4) 资源:资源主要是指有助于学习者完成任务信息资源。资源必须经过预先选择,避免学习者漫无目的地上网,有助于学习者集中注意力。不仅可以给学习者提供网络资源,也可以提供非网络资源。资源的类型多种多样,包括百科全书、录像、录音带、海报、地图、模型等。

(5) 评价:即对学习效果进行评价。评价的目的是要检验学习者进行网络探究学习的效果。评价内容多面化,教师可以根据学生学习水平、学习任务的不同层次制定评价量规来考察学习者作品的不同方面。

(6) 结论:即对学习经验的总结、对学习过程的反思、对所学的知识的拓展和概括,从而形成知识的迁移。结论部分进一步解释、说明文档,提示文章的结束。

4. WebQuest 教学模式的一般步骤

WebQuest 向学生提供明确的方向、指导其完成任务的资源、评价方式,以及概括和进一步拓展课程的方式。数字化时代的 WebQuest 教学模式通过利用数字工具和在线资源,更好地支持学生的协作学习、创造性思维和信息技术能力的培养。以下是 WebQuest 教学设计的一般步骤。

1）设计恰当的学习主题

WebQuest并不适用于所有类型的知识，一些既成的事实性知识是不适合使用WebQuest的方式来组织讲授的。在选题时需要遵循以下原则：主题答案具有不唯一性；学习结果具有开放性；选题必须具备价值；体现学科的综合。

2）设计问题情境

问题情境创设需体现探究学习的背景信息，以供学习者进行初步了解和探索，要注意以下方面：联系任务主题；联系学习者已有的经验；采用多种类型刺激，激发学生的探究动机；刺激方式具有新颖性、趣味性。教师可以利用数字工具和多媒体资源设计问题情境，例如通过视频、互动演示等方式激发学生的兴趣和好奇心。

3）设计任务的描述

"任务"模块是对学习者将要完成的事项进行描述，体现学习结果。在确定任务时需要结合以下原则：科学性与知识性、趣味性、可操作性、开放性、伸缩性。

4）设计探究学习的过程

在此模块中，需要细化探究学习的步骤，逐步进行直至完成任务，从而形成探究学习的过程。循序渐进地分解过程，过程描述要解决的是具体问题，过程描述必须有明确的教师指导；保持一定的开放性。

5）设计资源的搜集与组织

"资源"模块提供的资源包含了WebQuest设计者为学习者搜索、筛选而提取出来的信息。设计者需注意以下几点：对资源进行分类和概括，便于学习者自主选择；资源和过程相结合；扩充资源范围；保证资源的开放性、可扩展性。

6）设计评价量规

评价是对探究学习效果与可行性的评定评价。WebQuest通常采用评价量规来考查学生作品的不同方面。WebQuest的评价量规设计是通过二维的矩阵形式进行的，横维是对评价等级的描述，纵维是对学生表现、学习结果的描述，纵横的交叉点上则是对某一种行为表现的评分等级。

（四）基于网络的协作学习模式

1. 基于网络的协作学习的相关概述

协作学习（collaborative learning，CL）是一种为了达到共同的学习目标，组织学生以小组或团队形式进行合作，共同建构有意义的知识，完成某个既定任务的学习。

基于网络的协作学习（web-based collaborative learning，WBCL）是利用计算机网络以及多媒体等相关技术，由多个学习者针对同一学习内容彼此交互和协作，以达到对教学内容比较深刻理解与掌握的过程。在这个过程中，学习借助一定的网络交互平台，在教师的指导下，分工协作，互助互利，发挥集体协同效应，共同完成学习目标和知识意义的建构。

2. 网络协作学习的特点

数字化时代下的基于网络的协作学习模式是指利用网络技术和工具，通过互联网进行学习和合作的一种方式。它突破了传统教育模式的限制，除了具备一般协作学习的特点外，基于网络的协作学习还具有以下特点。

1）突破时间、空间的限制

互联网使学习活动更加灵活和便捷，学习者可以通过网络随时随地进行协作学习，不受传统教室环境的限制。这种模式跨越了学校围墙，以社会大环境为前提展开学习，推动了社会化学习和学习社会化的发展，为实现终身学习提供可能。

2）全面地展现问题

基于网络的协作学习环境便于向协作小组全面地展现问题，充分激发学生参与思维，积极进行意义建构，获得高级智力技能和认知策略。

3）在线合作与共享

基于网络的协作学习模式鼓励学习者之间的互动和合作。学习者可以通过网络平台与其他学习者共享资源、讨论问题、解决困惑，共同构建知识。这种合作学习的模式不仅增强了学习者之间的交流和合作能力，也促进了更深入的学习理解。

4）学习者分组方式灵活多样

与传统课堂学习相比，学习者的分组机制更加灵活。在网络环境下，学习者除了可以在班级内进行自由组合，还可以与网上其他学习者交流，并且可以根据学习任务及时调整、调换伙伴关系。

5）交互具有可控性

基于网络的协作学习通过由数字技术搭建的协作平台实现人际交互，使得交互具有可控性。一方面，教师监控着学生之间的人际交互，避免讨论偏离主题或限制有损团队协作的发言；另一方面，合理分配教师和学生的控制权，避免教师"一言堂"。

6）多样化的学习资源与工具

在数据库技术、网络技术、人工智能等各种现代化的技术手段的支撑下，网络协作环境提供了多样化的学习资源和工具。通过网络，学习者可以轻松获取丰富多样的在线教材、视频教程、学习应用等，满足学习者的个性化学习需求，提高学习效果和兴趣度。

7）附属角色的隐藏

在计算机支持的协作环境中，电子通信、文件记录保存、信息处理等工作由计算机程序完成。这些程序代替了传统协作中需要人工完成的工作，这些附属角色的任务被隐藏在学生的协作过程中。

8）简化复杂且低层次的工作

计算机技术简化了协作学习过程中遇到的类似言语信息记忆、资料分类、数据计算、作图等复杂的低层次的工作，使学生的精力集中用于分析、决策、评价等高级认知活动。

3. 网络协作学习的基本方式

网络协作学习的基本方式主要有九种，即竞争、角色扮演、辩论、讨论、协同、伙伴、设计、小组评价、问题解决。

1）竞争

竞争指两个或多个学习者针对同一学习内容或学习情境，通过网络进行竞争性学习，看谁能够先达到教学目标的要求。由学习系统提出待解决的问题及信息，学生自主选择竞争对手，双方约定规则后各自展开独立学习。

2）角色扮演

角色扮演通常包括两种形式：师生角色扮演和情境角色扮演。师生角色扮演就是让不同的学生分别扮演学习者和教师的角色。情境角色扮演要求学生在与当前学习主题紧密相关的情境分别扮演其中不同的角色,使学生身临其境。

3) 辩论

学习者根据任务主题展开思考,确定自己的观点,在规定时间内组织资料阐明自己的观点,并针对对方的观点进行辩驳。通过辩论,促进学生批判性思维的培养。

4) 讨论

学习者围绕某个话题展开交流,讨论的方式一般是两种:同步讨论和异步讨论。同步讨论的方式有视频会议、聊天室等;异步讨论的方式有 BBS(网络论坛)、E-mail(电子邮件)等。在讨论过程中,不同观点和立场发生碰撞,经过充分的思考与交流,最终使学习者对一个复杂事物达到相对全面且深刻的理解。

5) 协同

学习者根据各自的认知特点,选择最有效的合作方式,共同完成某项学习任务。基于网络的协作学习系统,可让多个学习者通过网络来解答系统所呈现的问题。

6) 伙伴

协助者之间为了完成某项学习任务而结成伙伴关系。伙伴之间可以对共同关心的问题展开讨论和协商,并从对方那里获得问题解决的思路与灵感。在人工智能技术的支持下,协作学习的伙伴也可以是计算机。

7) 设计

设计是基于学习者综合能力培养和面向过程的协作学习模式。由教师给定设计主题,该主题强调学习者对相关知识的运用能力,如问题解决过程设计、科学实验设计、基于知识的创新设计等。

8) 小组评价

小组评价有两种含义:一方面是小组对小组成员的学习成果教学评价;另一方面是对小组的整体评价。评价的主体是以学习者为中心的小组,由小组完成对学习者的努力程度、成绩和学习策略等方面的评价。

9) 问题解决

问题解决是协作学习的一种综合性学习模式,对于培养学生的各种高级认知活动和问题解决与处理的能力具有明显的作用。

4. 网络协作学习模式的一般步骤

基于网络协作学习模式的教学设计一般按照以下步骤进行,如表 5-3 所示。

表 5-3　基于网络的协作学习教学设计

序号	模　块	要　求
1	确立学习目标	将协作学习总目标分解为多个子目标,同时满足子目标与具体的学习内容相关
2	分析学习者特征	从学习者的年龄、性别、爱好、学习能力、学习风格、学习动机等方面考查学习者的特征
3	选择学习内容	从任务本身出发,根据学习任务的性质选择不同的协作方式:概念学习、问题解决和设计

续表

序号	模 块	要 求
4	设计学习主题	主题的设计需要满足以下几个基本条件：学生必须付出实际的努力才可以完成任务；学习任务需要发挥抽象思维能力；在问题解决过程中需要对信息进行加工处理；问题的答案不固定
5	确定网络小组的基本结构	一方面可以根据学习者学习风格和认知水平进行分组；另一方面可以根据学习者的兴趣爱好进行分组
6	创设网络协作环境	根据学习的主题、协作学习的目标、参与协作学习的人数等因素确定网络协作学习的类型、性能、规模，以及技术支持方式等
7	准备网络协作资源	在准备资源时需要遵循以下原则：资源的信息量要足够大并能够与学习内容相关；资源的结构要合理，兼顾一定的广度和深度，同时具有层次性；资源的表现形式多样化，方便检索与查找
8	策划学习活动	基于网络的协作学习活动主要围绕学习内容展开，在分析学习内容的基础上采用不同的活动方式
9	拟定学习效果的评价内容及方法	要求根据协作学习的特点、评价目的、问题情境来实施评价；评价主体多元化，评价内容多面化，评价方式多样化，重视过程评价

（五）基于翻转课堂的教学模式

1. 翻转课堂教学模式概述

翻转课堂（flipped classroom）是把传统课堂中教师在课堂上讲授知识，学生课后进行问题解决的教学模式颠倒过来，变成学生课前学习教学视频，课堂上则在教师的指导下进行问题解决、合作探究等深层的学习活动。相较于传统课堂，翻转课堂是在课后借助教师制作的教学视频和开放网络资源自主完成知识的建构，在课堂上经老师指导和同学协作完成知识的内化。翻转课堂教学模式在信息技术，尤其是智能技术的支持下，逆序传统教学流程，突出了学生在课堂上的主体地位，将学生的被动学习转变为主动学习[①]。

2. 翻转课堂教学模式的特征

1）翻转课堂与传统课堂各要素的对比

翻转课堂与传统课堂各要素的对比情况如表 5-4 所示。

表 5-4　翻转课堂与传统课堂各要素的对比

对比维度		传统课堂	翻转课堂
师生角色	教师	知识传授者	学习指导者和促进者
	学生	知识接受者	知识的主动探究者
教学流程		课堂讲解＋课后作业	课前自主学习＋课堂协作探究
教学资源		课本、演示文稿等	教学视频、微课、课件等
课堂内容		知识讲解传授	合作、交流（展示）、探究、解决问题
技术应用		内容展示	自主学习、交流反思、协作讨论
评价方式		终结性评价	多角度、多方式、线上（主要）

---

① 马驹，张梦丽，宋崇涛，等.智能时代翻转课堂教学改革：以浙江师范大学附属泽国高级中学实践为例[J].中小学校长，2022(11)：27-30.

由表 5-4 可以看出,翻转课堂颠覆了传统课堂的教学观念及教学形式,课堂成为学习者完成作业、协作探讨和得到个性化指导的地方。因此,在翻转课堂中,学习者能够摆脱以往被动接受知识的桎梏,成为学习过程的主动探究者,更好地实现课堂时间的高效利用,帮助学习者自主掌控学习步调和学习内容。

2)翻转课堂的主要特征

(1)教学主体的颠覆性。在传统的课堂教学中教师是教学的中心。翻转课堂不同于传统的课堂,无论是在课外学习,还是课内的指导中无不体现出了学生的中心地位。翻转课堂就是一种混合的"主导—主体"模式,教师转换为教学资源开发者、教学辅助者和指导者。

(2)教学时空的动态性。传统课堂的教学时空较为固定,主要以课堂教学为主,教学空间被限定在教室之内,是一种静态的课堂。翻转课堂突破了传统课堂的时空限制,教学时间得到了延长,教学空间得到了扩展。

(3)教学资源的多样性。传统课堂的教学资源相对来说较为单一,多以书面的材料为主,如教材、讲义等。教学资源的传递是一种单向的、"一对多"的传递方式。翻转课堂的一个突出特点就是教学资源的多样化,学生可以通过网络社区实现同学之间交流分享,每个人都可以成为资源的拥有者、分享者,教学资源的是双向的、"多对多"的传递。

(4)教学过程的生成性。传统课堂的教学过程是教师预先制定好教学目标,然后根据教学目标选择教学内容,进而组织教学,最后根据目标的达成度对教学效果进行评价。翻转课堂则是生成的目标,教学成为师生展现与创造生命意义的动态生成过程。

(5)教学评价的过程性。传统课堂的教学评价是一种结果性评价,教师是其评价的主体,考试是其常用的评价手段,学生成绩是其评价的标准。翻转课堂实现了评价主体的翻转,它的教学评价更重视过程性和针对性。一方面,教师可以利用学生在线测试的数据,及时了解学生学习的效果;另一方面,学生自己也可以根据在线测试的情况,进行自我评价、自我完善。

3. 翻转课堂教学模式的具体设计

根据翻转课堂的内涵和特征,该教学模式主要由课前学习和课中学习两部分构成,如图 5-2 所示。

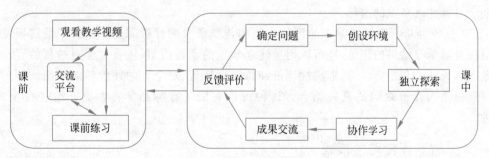

图 5-2 翻转课堂教学模式

1)课前设计模块

课前学生需通过观看教学视频和完成针对性练习来达到对基础知识的理解记忆。

(1)教学视频的制作。在翻转课堂中,知识的传授一般由教师提供的教学视频来完成。教学视频可以由课程主讲教师亲自录制或者使用网络上优秀的开放教育资源。例如,中国国家精品课程、大学公开课等。教师在开发视频课程时必须要充分了解学习者已有的认知水平及学习风格,有针对性地设计学习支持资源,以实现不同程度的学习者能够得到个性化培育。

(2)课前练习。资源准备完成后,教师可以借助信息技术交流平台将课前学习任务明确地告知学习者,并在学生自学完毕后,借助该平台统计学生的问题,及时了解学生的自学情况。根据学习者学习活动过程中的收获和疑问编制课前练习,以便巩固学习者自主学习的内容并帮助教师发现学习者的知识盲点。

2)课中设计模块

翻转课堂的特点之一就是在最大化地开展课前预习的基础上,不断提高课堂学习效率,关键就在于如何通过课堂活动设计完成知识内化的最大化。建构主义者认为,知识的获得是学习者在一定情境下通过人际协作活动实现意义建构的过程。因此,教师在设计课堂活动时,应充分利用情境、协作、会话等要素,充分发挥学生的主体性,完成对当前所学知识的内化。

(1)确定问题与创设情境。教师需要根据课程目标和学生观看教学视频、课前练习中提出的疑问,总结出一些有探究价值的问题,根据这些具有探究意义的问题创设情境。

(2)独立探索。在翻转课堂的活动设计中,教师应该注重和培养学生的独立学习能力。要从开始时教师选择性指导逐渐转至为学生的独立探究学习,把尊重学生的独立性贯穿于整个课堂设计,让学生在独立学习中构建自己的知识体系。

(3)协作学习。在翻转课堂的交互性活动中,教师需要随时捕捉学生的动态并及时加以指导。学生在遇到问题时可以借助学习小组完成互动交流。在翻转的课堂环境中小组合作的优势:每个人都可以参与活动中;可以为参与者提供与同伴交流的机会,并可随时检查自己想法的正确性;提供多种解决问题的策略,集思广益,实现思想的碰撞和升华。

(4)成果交流。学习者经过独立探索和协作学习之后,完成个人或者小组的成果集锦。学生需要在课堂上进行汇报、交流学习体验,分享作品制作的成功和喜悦。成果交流的形式可多种多样,例如,举行展览会、报告会、辩论会、小型比赛等。在成果交流的过程中进一步帮助学习者完成知识的内化。

(5)反馈评价。翻转课堂中的评价体制与传统课堂的评价完全不同。在翻转课堂中,不但注重对学习结果的评价,还可以通过建立学生的学习档案,注重对学习过程的评价,真正做到定量评价和定性评价、形成性评价和总结性评价、对个人的评价和对小组的评价、自我评价和他人评价之间的良好结合。这种评价有助于教师和学习者更好地进行反思和改进。

(六)智慧课堂教学模式

1. 智慧课堂教学模式概述

智慧课堂教学模式是一种基于动态学习数据分析和"云、网、端"运用的新型信息化教学模式,也是在当今社会信息技术飞速发展的大环境下,学习方式的变革同日益落后的传统教育模式激烈碰撞出来的产物。"互联网十"时代智慧课堂的构建应以"建构主义"理论为基本依据,利用"互联网十"的思维方式和物联网、大数据、云计算、人工智能等新一代信息技术来构建一个智能、高效的新型课堂,实现数据化的教学决策、即时化的评价反馈、立体化的交流互动、智能化的资源推送、可视化的教学呈现和数字化的实验展示,创设有利于协作交流和意义建构、富有智慧的学习环境,促进课堂教学结构和教学模式变革,实现全体学生的智慧发展①。

2. 智慧课堂教学模式要素分析

智慧课堂是一个多主体、多要素、多维度的动态开放的生态系统,是一个较为复杂的层级结构。智慧课堂教学模式是由主体(学生、教师、管理者、家长)、系统(提供教学、学习、课外活动、管理服务,资源、数据、评价服务)、环境(物理环境和"云、台、端"架构)和活动(教学活动、学习活动)等共同构成的相互联系的有机整体,强调在智能教学环境的支撑下,基于教学服务系统开展教与学活动,实现技术赋能的智慧生成,促进学生智慧发展②。

1)教学主体

人类主体是智慧课堂的核心要素。即便在信息生态体系中其核心也并非技术,而是技术所服务的人。在智慧课堂教学模式中,教师和学生是关键的教学主体,但随着课堂教学逐步向课外、校外延伸拓展,智慧课堂生态中的主体也可以包括管理者和家长。

2)教与学活动

智能技术支持的教与学活动既包括教学活动、学习活动等核心活动,也包括教学管理活动、教研活动、课外活动等辅助性活动,在教学实践中实现了由线下课堂教学拓展到线下教学与线上学习相结合,由课内教学拓展到课内教学与课外学习相结合,由实景教学拓展到实景教学与虚拟学习相结合,形成了智慧课堂教学生态运行的典型范式。

3)服务系统

服务系统是智慧课堂生态体系的业务支撑平台,是承载生物与环境之间相互关系的中介物,为智慧课堂教与学活动的开展提供便利的教学工具、资源、数据和评价等教学支撑服务,是智慧课堂生态有序运行的重要技术支撑。其中教学工具提供备课服务(包括学情分析、资源加工、教学预设、协同备课),授课服务(包括情境创设、讲授支持、教学互动、精准讲评),学习服务(包括学习规划、在线学习、学习互动、学习支持),作业服务(包括作业布置、作业提交、作业批改、作业反馈)等;资源服务提供电子课本、教学资源、校本资源库、个人资源库等;数据服务提供数据统计、学习分析、教学分析、决策分析等;评价管理服务提供教学评价、课堂监控、质量管理、班级管理等。

4)基础环境

基础环境是智慧课堂教学生态体系的基础设施,是承载各类教学服务系统、开展智慧教学活动的空间环境保障。从技术赋能的智慧课堂教学活动实施场景来看,包括现场和远程两种类型环境保障。远程环境保障主要利用互联网和云计算技术,其核心是基于"云"进行资源部署与管理,提供虚拟空间环境支撑。现场环境保障又分为固定设施和移动设备两种类型,固定设施通常指教学场所内的环境设施,如智能教室、教学一体机、投影仪等,提供物理空间和信息处理与输出服务;移动设备通常指教师和学生所使用的移动终端、可穿戴设

① 李环,吴砥,朱莎,等.深度学习视域下智慧课堂教学模式的构建及应用研究[J].现代教育技术,2023,33(2):61-70.

② 刘邦奇.智慧课堂生态发展:理念、体系构成及实践范式——基于技术赋能的智慧课堂理论与实践十年探索[J].中国电化教育,2022(10):72-78.

备,能够突破时空局限,为师生提供前所未有的新型时空环境和手段,实现便捷和泛在的教与学应用。在智慧课堂发展的不同阶段,其基础环境架构也在不断发展变化。

3. 智慧课堂教学模式具体架构

1) 课前分析学情

在大数据、云计算和移动互联的背景下,教师可以随时分析学情,适时调整教学方法,进行教学指导监督,实现以学定教。而学生则通过这个平台增加交流机会,分享经验、增长见识,可以更好地自我发挥,随时随地安排与调整,增加时间和空间的利用率。

(1)云平台是智慧课堂的在线交流窗口。教师根据教学安排,定期发布包括课件、微课视频、练习题等学习资源,给学生布置学习任务。学生针对教师发布的学习内容进行自主、独立学习,并把结果反馈给平台。在自主学习的同时,进行线上或线下交流互动。

(2)云平台可以用于分析统计学情。教师可以根据学生的学习状态、练习题完成情况、考试结果来分析学生的学习情况,并借助技术手段为学生建立学习模型,进行宏观和微观分析,调整、优化教学进度和教学方案。

2) 课堂互动实践

智慧课堂的特点就是可以通过多种形式,为师生的互动和其他教学活动提供交流平台,提高教学效率。在这个平台上,学生可以根据自己的实际情况,与教师和同学交流互动,进行个性化的学习,积极参加各种线上活动,在交流和碰撞中激发新思想。

(1)教师要创新教学方法,精心创设教学情境和问题,激发学生的学习兴趣。情境创设要灵活多样,根据课堂要求的变化而变化,教师可以融入技术手段以增强真实感,帮助学生更好、更快地进入学习状态。

(2)智慧课堂可以提升学生学习知识与技能的能力。教师要积极发挥自己的主导作用,支持学生的自主探究活动。教师可以检查课前预习情况,分析课堂教学和练习情况,重点攻关重、难点和不容易理解的部分,完成基础知识教学任务。教师要重点关注学困生,帮助其提高学习成绩,增强学习自信心,调动学生学习的积极性,让学生自主、独立、有效地学习,全面提高综合素质。

(3)智慧课堂还可以训练学生的思维与表达能力。通过网络平台,教师发布课件,布置学习任务,提出学习要求和随堂练习与测试。在完成任务的过程中,学生要主动进行思考与探究、展示与表现,提升自己的思维能力和表达能力。

(4)智慧课堂可以使反思与交流活动更高效。通过智慧课堂,教师可以加强师生交流,引导学生及时反思,增强学习上的合作意识,让学生大胆提问、质疑,让课堂气氛变得活跃,让教学过程更加高效。通过师生思维的交流与碰撞,师生关系变得和谐,帮助学生通过自主合作来解决自己学习过程中遇到的困难。

3) 课后有针对性辅导

课堂教学之后,教师还可以利用移动式终端和交互式软件,及时发布更新学习内容和学习资料,开展学习指导和针对性辅导,关注学生个体的学习情况,挖掘个体的潜力和特异性,做到因材施教。

(1)教师可以根据自己布置的课前预习内容和课堂学习情况,以及学生对所学知识的掌握情况,设置有针对性的作业或补充作业,并结合学生自身的特殊性推送学习资料,进行一对一教学。

（2）对于学生上传的测试、练习题等，教师可以利用技术手段，由计算机自动批改客观题并进行分析与反馈，主观题可以由系统上传给教师，由教师做出标准答案后，系统进行智能化处理，再反馈给学生。

（3）学生可以使用平台的在线视频技术，实时观看作业批改，或者与教师和同学交流经验，进行质疑与答疑。

第三节　数字化教学环境下的多元评价

一、信息化教学评价概述

（一）教学评价概述

1. 教学评价的内涵

评价的本质是评价主体依照一定的客观标准，对评价对象做出的价值判断。教学评价是指评价者按照一定的评价标准（如教学目标）对教学过程及教学产生的结果做出评价和价值判断。它通常包括两方面的评价：对教师教的评价和对学生学的评价。

2. 教学评价的功能

1）导向功能

数字化教学
环境下的多
元评价

教学评价作为对教学目标完成度的反映，根据一定的价值标准进行判断。在设计评价教学活动的指标时，评价者可以通过分配不同指标在整个评价体系中的权重来影响被评价群体的努力方向。教学评价对于教学活动具有引导作用，在不同时期、不同时代背景下，教学的内容和重点也必须与时俱进地加以调整，使教学内容更加符合先进的教育观念与思想。

2）激励功能

教学评价能够对被评价群体起到激励作用。通过合理地运用教学评价的手段，反映教师的教学效果与学生的学习成绩。优秀的教学评价能够满足教师与学生的附属内驱力、自我提高内驱力和认知内驱力，发掘其内在潜力，提高其工作的积极性与创造性，形成良性循环。反之，如果评价反馈不佳，也能够从反面激励教师与学生不断提高，最终达到一个较高的水平。

3）诊断功能

教育评价的诊断作用是指教育评价能够对教学结果及其成因进行分析，发现教学过程中存在的问题。当教学没有达到满意的效果时，它能够根据评价标准帮助评价者进行分析，推断出导致教学效果较差的原因，为改进教学环节助力。通过信息化的教学评价工具，能够快速、准确地对成因进行全面分析，对于提高教学效果有着不可替代的作用。

4）调节功能

教学评价的调节功能体现在教学评价进行之后，对教师教学工作及学生学习活动的指导作用。教师可以据此修订教学计划、完善教学思路，学生可以据此调整学习策略，变更学习目标，使教学效果逐渐接近预期目标。

5）教育功能

教学评价本身也是教育的一部分，具有教育的功能。进行教学评价的过程也是教师自我提升、学习者巩固知识的过程。

3. 教学评价的类型

教学评价的类型很多，按照不同的分类标准可以划分为不同的类型。按照评价基准的不同，可以将教学评价分为绝对评价、相对评价；按照评价功能不同，可以将教学评价分为诊断性评价、形成性评价和总结性评价；按照评价的分析方法不同，可以将教学评价分为定性评价和定量评价。

1）绝对评价、相对评价

绝对评价又称目标参照评价，它是指预先设定一个期望达成的教学目标为评价基准，将被评价群体中的每一个成员对这个目标的达成度进行比较，从而判断其优劣。绝对评价能够直观地反映出被评价群体对评价基准的完成程度，并为今后教学工作的开展提供指导。

相对评价又称常模参照标准评价，它是指在被评价群体中（班级、年级、学校）建立评价基准，将群体内的各个对象与评价基准进行比较，从而判断其在被评价群体中所处的相对位置的一种教育评价。

2）诊断性评价、形成性评价和总结性评价

诊断性评价指在某一阶段的教学活动开始前，对被评价对象的学习情况及存在问题、产生原因所进行的评价。在教学活动过程中进行的诊断性评价，其主要目的是掌握学生已有知识、技能、情感等方面的基本状况，从而对症下药地设计出能够满足不同学习水平、学习风格的学习方案，保证学生能够有效的学习。

形成性评价指对正在进行的教育活动做出的价值判断，也称过程性评价，其特点是在教学活动进行过程中，发现存在的问题、及时反馈修正以期达到更好的教学效果的评价。形成性评价一般以反馈调控和改进完善为主要目的。

总结性评价指在某一阶段的教学活动结束后，对被评价群体在这一时期内的表现进行价值判断，也称终结性评价。其特点是在学习或教学活动后，就学习或教学的效率对学生、教师或课程编制者做出价值判断。

3）定性评价和定量评价

定性评价是对评价做"质"的分析，根据评价者对被评价群体的平时表现、现实状态等进行评价，运用逻辑分析方法，对获取的资料进行思维加工，评价更注重对过程及群体间个体关系的动态分析。例如，赋级、评语等。

定量评价是采用统计学的分析方法，收集、处理数据资料，通过统计分析、多元分析等统计学方法，对被评价群体做出价值判断。定量评价具有客观化、标准化、精确化、量化等特征，它能从纷繁复杂的评价数据中总结出规律性的结论。

（二）数字化时代下的信息化教学评价

信息化教学评价是指在信息化教学理念的指导下，依据具体的教学目标，运用各种评价技术对信息化教学的全部过程进行测量和价值判断。

数字化背景下的信息化教学评价是指利用数字技术和信息化手段对教学过程进行评估和分析的一种方法。教师借助电子设备、在线平台和学习管理系统等数字工具收集、分析和解读学习者的相关数据，进一步评估教学效果并提供个性化的指导。

信息化教育的培养目标是培养独立的、具有处理信息能力的终身学习者,因此信息化教学评价与传统的教学评价不同,具有其自身的特点,主要概括以下几个方面。

1) 侧重对学习者应用知识能力的评价

信息化教学评价是基于学习者的表现和过程进行的,突出评价学习者应用知识的能力。关注的重点不是学习到的知识,而是在学习过程获得的技能。评价结果通常是建议性的。

2) 学习者参与评价标准的制定

信息化教学强调学习者的个别化学习,学习者可以决定自己如何学、学什么,教师负责对其督促和引导。在信息化教学中,评价标准通常由教师和学习者根据实际问题和学习者已有知识水平、兴趣和经验共同制定。

3) 注重对学习资源的评价

依托"互联网＋"背景,信息化教学中学习资源的来源广泛,学习资源日益丰富。如何选择适合学习目标的资源不仅是教师的重要任务,也是学习者需要获得的必备能力之一。因此,在信息化教学评价中,人们更加注重对学习资源的评价。

4) 学习者将获得自我评价能力

在信息化社会中,知识更新迭代的速度非常快,学习者不能期望他人可以像传统教学中的教师一样,适时地对自己的学习提供评价。自我评价是一名合格的终身学习者的必备技能。培养学习者学会评价既是教学的目标之一,也是教学评价的内容之一。

5) 评价贯穿于整个教学过程

评价具有激励和导向功能,贯穿于整个教学过程,能够调动学习者的积极性,指导学习者明确学习方向。在评价的参与下,学习者达到预期的学习效果。评价是镶嵌于真实任务中的,是自然而然地进行的,是整个学习过程中不可分割的重要部分。

除了信息化教学评价其自身的特点外,数字化工具也赋予信息化教学评价新的特点。

(1) 实时性。数字化工具可以迅速收集、分析和展示学生的学习数据,使评价过程更加及时。教师可以实时监测学生的学习进度和表现,及时调整教学策略。

(2) 个性化。信息化教学评价可以根据学生的个体差异提供个性化的学习支持。通过分析学生的学习数据,教师可以发现学生的学习困难和兴趣点,有针对性地进行教学指导和资源推荐。

(3) 全面性。数字化工具可以收集和分析多维度的学习数据,包括学习行为、学习成绩、学习进度等。这样教师可以获得更全面的学生信息,更好地了解学生的学习状况。

(4) 数据驱动。信息化教学评价通过数据分析和解读来支持教学决策。教师和教育决策者可以根据数据结果进行反思和改进,优化教学效果。

(5) 提供反馈和奖励。数字化工具可以及时反馈学生的学习成果和进步,增强学生的学习动机。同时,可以根据学生的学习表现给予奖励和认可,激发学习潜力。

二、数字化时代教学评价的发展趋势

(一) 信息化教学评价工具

教学评价作为教学过程的重要环节,是既关注教师的"教",同时也要关注学生的"学",

并客观地做出价值判断的过程。信息技术为教学评价提供了多元化的手段和工具,使得多层次、多维度的教学评价成为可能。随着评价取向、评价功能的不断发展,相继出现了多种信息化教学评价工具。其中,量规、学习契约、电子档案袋、概念图评价等均是应用较为广泛的信息化教学评价方式。

1. 量规

1)评价量规的内涵

量规是用于评价多种学习活动的量化标准,往往从与评价目标相关的多个方面详细规定评级指标,具有操作性好、准确性高等特性,是根据教学评价具体描述的说明性工具。

量规作为一种结构化的定量评价工具,是对学生的作品、成长记录、学习成果或者学习过程中的(行为、认知、态度)表现进行综合评价的一套标准。它常以二维表格的形式呈现。在传统的教学评价中,针对非客观性试题或任务的评价就是采用量规法,但评价颗粒度很粗糙。在现代教学评价中,可以依托教学任务和内容制定更加细致的量规,从学生的实践能力、问题解决能力、协作交流能力,以及情感态度等方面对学生的学习表现或学习成果等进行评价。

2)高效用的量规特点

(1)量规作为一种评价标准的体现,应当包含影响评价绩效的所有元素。一般来说,对教学效果产生重要作用的元素,都要列为量规的评价元素。这样可以有效降低教师在对学生学习效果进行评价时的主观性和随意性。

(2)量规的评价元素应当指向教学目标,并根据学生的认知水平和学习环境特点进行合理调整,教学目标的不同也意味着量规评价元素的差异。因此,量规的评价元素与教学目标、教学活动一起形成一个动态、流动、和谐的整体。

(3)量规评价元素的权重设定应当进行合理设置。元素的权重设计依据教学目标的侧重点或重要性不同而有所区别,合理设定权重,这样不但有助于进行有效的评价,还能更好地引导学生把握学习的重点。

(4)量规中的评价等级应用具体的、可操作性的、描述语言进行表述,等级的确定也应当能明确涵盖或反映预期教学绩效的范围。这样可以帮助学生认清自己的学习目标和需要达到的学业标准。也有助于教师做出客观、公正的评价。

2. 学习契约

学习契约(learning contract)也称学习合同,是一种由学生与指导教师共同设计、实施和评价的关于某一学习活动的书面协议。这种协议(契约)可以在学习过程中不断修正。它赋予了学习者自主学习的决定权,规定了学习者必须履行的学习义务,为学习者开展自主学习提供了一种基本框架。具体来说,学习契约规定了学习者将要学习什么、怎样学习,以及如何检验/评价是否达到学习目标。与传统的"学习计划"不同,学习契约具有结构性、过程性、开放性的特点。根据不同的划分标准,学习契约存在不同的类型。如从时间上可分为短期契约、中期契约和长期契约;从学习模式上可分为以教师为主的指导模式、以家长为主的指导模式和以自学为主的学习模式;从学习主体上可分为小组学习契约、同伴学习契约和自我学习契约[①]。

---

① 钟志贤,林安琪,王觅.学习契约:远程学习效果评价的书面协议[J].中国远程教育,2007(12):36-39.

　　在信息化教学中,其基本原则就包括以"学"为主,以"任务驱动"和"问题解决"作为学习和研究活动的主线。为了能够让学生在完成任务驱动和问题解决时有一个具体的目标和依据,进行客观合理的评价,学习契约这种评价方法是应该得到足够重视的。学习契约能够让学习者在一定的培养目标基础上,依据学习背景、任务、问题的不同,来拟定学习目标、学习内容和学习步调;而教师则可以根据学习契约的不同评价标准进行个性化和差异性评价,评价指标和标准是多元的、开放的和个性化的,有利于评价对象个性化发展。

　　随着信息化教学的不断推进,教学评价的理念发生了深刻的变化,以学习者为中心的教学评价活动更加符合素质教育的要求,它更加注重对学习者表现和过程方面的评价,确定了学习者在各类评价活动中的主体地位,更多关注学习者应用知识的能力。为了达到教学目标,信息化教学评价需要坚持以下原则。

　　(1)在教学开始前提出预期目标。在教学活动开始前,教师应预先通过提供范例、制定量规、签订契约等方式帮助学习者对自身要达到的目标有一个清晰明确的认识,避免学习者在学习中陷入迷茫和不知所措的情绪。

　　(2)基于学习者的实际表现进行评价。教学评价应基于学习者实际任务中的表现上展开,更多关注学习者的提问能力、理解能力、合作能力、创新能力、交流及评价能力。评价的重点不是判断其能力水平高低,而是思考如何使学习者的这些能力得到发展和提高。

　　(3)评价随时并且频繁进行。信息化教学评价是一个进行中的嵌入过程,同时也是随时并且频繁进行的。评价的目的是明确学习者的表现与教学目标之间差距,进一步帮助教师及时改变教学方法,或者要求学习者调整自身的学习方法与努力方向。

　　(4)学习者主动参与并为评价进度和质量负责。为了培养学习者的自我评价能力,要使学习者主动参与制定评价的标准。学习者要明确如何回答和解决诸如"需要解决的问题是什么""我们如何才能得到提高""我们怎样才能知道自己已经取得了进步"之类的问题,激励学生进行自评或互评,并为评价的进程和质量负责。

　　(5)以学习者为主体。信息化教学中,学习者不仅作为学习的主体,也是评价的主体。评价过程中要突出学习者的发展过程,培养合格的终身学习者。要充分发挥学生的主观能动性,鼓励学生积极地评价自身学习情况,学生利用评价的反馈调节功能反思、审视和修改学习过程与结果,提高自主学习能力。

　　(6)内容全面化。信息化教学评价克服了传统教学中人才标准单一、选拔机制僵化的弊病,对学习者评价的内容更加全面。信息化教学评价符合素质教育的要求,关注学业成绩、创新能力、实践能力、情感体验、合作意识等全面内容。

　　(7)坚持多元化评价。在信息化教学中,强调学习者主动参与评价,体现了评价主体多元化。评价内容的全面化决定了评价方法的多样化。评价方式多样化体现在多种评价方法的运用,包括书面测验、口头测验、开放式问题、活动报告、课堂观察、课后访谈、课内外作业、成长记录等。

　　3. 电子档案袋

　　随着信息技术的发展,通过电子档案记录学生的学习作品及各种学习信息,评价者通过信息技术查阅收集到的学习信息,并对学生的学习过程进行评价,能全面地对学生的学习做出判断。电子档案袋通过对学生学习活动的跟踪、评价、反馈和指导,既能精准把握学生的学习状态,又能通过客观反馈信息,对学生的学习进行引导和促进。当前,电子档案袋还没有统一的内容和格式。可将电子学档包含的内容大致分为学习者基本档案信息、学习相关信息(主要是学习计划、学习任务、学习进度等)、学习活动信息、评价反思信息、学习成果信息等五大类。电子档案袋作为一种学习与评价工具,其价值越来越受到学习者、指导教师和学术研究团体的关注,存在着其独有的一些特点。

(1) 评价者多元化。在传统的教学评价中,教师是唯一的评价主体,考试是唯一的评价方式。而电子档案袋评价打破了教师片面评价的局面,评价的主体可以是教师、学习者自己、学习者伙伴和家长,评价从不同的角度,不同的视角对学习者进行评价,使得对学习者的作用也不同。

(2) 评价的个性化、公平化。传统的教学评价只是单纯通过考试的方式进行,不同的学习者面对的是同样的考试,在相同的时间段、相同的环境、相同的试题和相同的方式,表面上是公平的,但忽视了学习者不同的认知水平、不同的文化背景、不同的学习风格、不同的家庭背景等,事实上是大大的不公平。电子档案袋改变了传统教学评价的诸多不足,学习者可以选择自己擅长的方式、熟悉的工具去发挥自己的能力,展现个人对主题的独到见解。这充分体现了电子档案袋评价的公平性和学习者学习的个性化,也更有利于学习者多元智能的全面发展。

(3) 评价情境的全面化。教学评价应该在学习者参加的学习活动中进行评价,而不是应该发生在与课程分离的测试情境中,单一地用考试结果来评价学习者显得有些片面。电子档案袋是一种面向过程的评价方式,它贯穿于整个学习过程,记录了学习者的整个成长历程,实现的是学习、课程和成果一体化的评价,不再脱离课程和学习过程对学习者展开评价。

(4) 评价的灵活性。电子档案袋支持知识的共享,为学习者获取专业知识打开了方便之门。在网络环境下,电子档案袋按照时间的先后顺序记录着学习者的学习历程,学习者也可以进行自我知识管理,提高自身的学习能力。这样根据学习者学习情况,评价者可以在不同的时空、不同的地域对学习者的学习成长经历进行灵活的评价[①]。

4. 概念图评价

概念图通常将某一主题的有关概念放在圆圈或矩形框中,然后将相关的两个概念用线段连接,并在线段上标明两个概念之间的意义关系。概念图评价就是以概念图为工具对学生掌握知识的情况进行评价的一种方法。玛丽亚·鲁伊斯-普里莫(Maria Ruiz-Primo)和理查德·谢弗尔森(Richard Shavelson)对于概念图在科学教育评价中的运用进行了深入研究[②],并提出了一个三维概念图成分评估的理论构架(表5-5),这也是迄今为止最权威、引用最广泛的概念图评估理论构架。他们认为,概念图的评价是"评价任务""反应方式"和"评分体系"的综合体。

---

① 刘洋,兰聪花,马炅.电子档案袋评价与传统教学评价的比较研究[J].电化教育研究,2012,33(2):75-77.

② McClure J R,Sonak Brian,Suen H K. Concept map assessment of classroom learning:Reliability,validity & logistical practicality[J]. Journal of Research in Science Teaching:1999,36(4):475-492.

表 5-5　三维概念图成分评估

评估成分	评估变量	实　　例
评价任务	任务要求	要求学生做填充概念图,从头构建概念图,排列卡片;评价概念对应关系;撰写文章;访谈等
	任务限制	学生是否被要求:建构等级图;提供任务中所使用的概念;提供任务中所使用的概念间的连接语;允许在两个节点间使用一个或以上的连接;允许移动概念直至满意为止;按要求定义图中所使用的术语等
	内容结构	任务要求,任务限定,某知识领域结构的交互作用等
反应方式	作答方式	采用纸、笔记、口头、计算机等
	形式特征	作答的形式特征主要与任务相匹配
	制图者	学生、教师或研究者
评分体系	按概念图成分评分	分为三个成分或者变式:命题层、层次水平、例子等
	使用标准图	比较学生图和标准图
	成分和标准图结合	整合前两种策略和概念图评分

如上所述,概念图作为评价工具有两大优势:一是可以反映学生掌握已有概念、把握知识特点、联系和产出新知识的能力;二是从学生所举的概念节点上可获知学生对概念意义理解的清晰性和广阔性。概念图评价工具的这两大优点,可以让教师对学生在某一知识领域的认知水平做出有效评价。

(二)数字化时代教学评价发展方向——学习分析

1. 学习分析的概念

对于"学习分析"的定义目前学术界尚未达成统一,不同的学者或研究机构对其内涵和外延有着不同的理解。从方法视角来看学习分析是通过信息可视化、学习科学、软件工程、统计,以及数据挖掘方法提供反馈和解密学习过程。从应用视角来看,学习分析是指对学习者、学习环境的数据收集、分析和呈现,进而探究学习者的学习情境、学习过程、学习规律和学习绩效,提供相应的反馈支持。学习分析的主要目的是通过处理学生学习数据,利用预测、反馈、干预等措施优化学生学习,促进学生的个性发展和素养提升。

随着在线学习的兴起,大数据学习分析技术在教育领域得到广泛应用。斯坦福大学Lytics实验室运用学习分析工具,对一个 63 000 人参与的 MOOC 课程进行监控和评估,通过为学习者提供个性化的反馈信息,以此来提升在线学习效果。澳大利亚昆士兰大学利用SNAPP 构建学习者在线互动行为社会网络,以此识别在线学习网络结构,为干预学习活动提供参考。从信息化教学层面来看,学习分析具有学习数据丰富、分析维度多样、实时动态干预的特点,可以有力助推大数据支持的精准学习。

2. 学习分析的特点

信息化的教学过程中将产生大量的学习数据,对学习数据进行挖掘、分析,将有利于更加精准、智能地评价教与学。

1)理解学习发生的过程

跟踪和数据分析可以帮助研究人员和教师更接近学习的本质,并提高教师教学过程的质量。通过收集学习者在使用学习管理系统时观看视频的频率、参加学习活动的种类、花费在测试上的时间等数据,教师可以发现学习者正在做什么,其是如何发展的,以及下一阶段的学习活动可能是什么。因此,学习分析从根本上是收集和测量学习者学习过程中产生的数据,然后通过数据分析将结果反馈给学习者、教师、研究机构等。学习分析的目的是更好地理解学习者学习发生的过程,进而考虑如何改进学习或优化学习发生的环境。简单地说,就是分析、揭示学习者在学习过程中产生的数据所包含的信息[①]。

2)支持个性化学习

当前,我国的教育信息化已经进入以有效支持教与学、促进学习者个性化发展为核心诉求的新阶段。《教育信息化十年发展规划(2011—2020 年)》提出学校教育教学方式的变革可以从学生多样性、个性化学习方面的改变上取得突破。随着社会网络、平板电脑、电子书包等技术与教育的逐步融合,教育领域已存储并记录了学习者学习过程的大数据。分析教育大数据可以了解课堂情况与个体的学习情况,关注每一个学习者的微观表现,用于调整教育行为与实现个性化教育。大数据给教育带来的一个重要变化就是使个性化教育具有了可能性,真正实现教育从群体发展聚焦到个人提升。

3)提供智能教育决策

在制定干预措施时,学习分析的框架有助于做出明智的决策,并赋予教师和学习者自我调节的学习过程,通过更多(高质量)信息助力学生的自我反思学习,使教师更容易监控学习活动,并做出明智而及时的决策。随着技术的不断发展,学习分析应用中出现了新的数据捕获设备。这些技术的结合使得研究人员能够超越可观察或自我报告类的行为数据,提供多模态数据集,同时追踪一系列认知和非认知过程,包括几乎看不见的微观环境的相互作用,以及身体和大脑的无形反应。如果可以记录不同的模态,并且可以从中自动提取学习痕迹,则可以使用学习分析工具提供连续的实时反馈循环,以改善学习过程中的学习[②]。

3. 学习分析的流程

1)数据获取与预处理

数据获取是利用大数据进行教学评价的基石,决定着教学评价的综合性和有效性。学习者的学习过程数据包含了线下传统课堂学习数据及在线学习平台学习数据两个部分。智能化基础设施的发展实现了传统课堂数据记录。例如,现有的智慧教室等可以通过视频录制等方式对学习者在传统课堂的学习行为进行记录。智能化感知设备可以对学习者的学习环境进行情景感知记录。在线学习平台数据包含了学习者对资源的利用情况、与教师或其他学习者的交互程度等数据。记录学习者不同终端下的学习行为数据有利于分析学习者的学习过程与学习结果。

所获取的学习者线上线下的学习行为数据,将传统课堂学习与在线平台学习连接起来,可以全面分析学习者线上线下学习行为之间的联系。但获取的学习者行为数据大多是非结构化数据,需要经过数据清洗处理后存储使用。用于学习者综合评价的数据可以概括为三种:行为数据、属性数据、内容数据。行为数据包含学习者和教师的互动、学习者和学习者的互动,以及学习者和资源的互动数据。学习者和教师的互动指的是在课堂内及论坛上,学

① 魏雪峰,宋灵青.学习分析:更好地理解学生个性化学习过程:访谈学习分析研究专家 George Siemens 教授[J].中国电化教育,2013(9):1-4.

② 蔡旻君,古立春,郭婉瑢,等.学习分析:性质、定位及功能:基于主题、方法和数据研究的考查[J].教育理论与实践,2021,41(28):52-58.

习者对于教师所提问题的回答。学习者和学习者的互动包含了在论坛中,学习者之间的回复关系和引用关系,在小组合作过程中学习者之间的互动等。学习者和资源的互动包含着学习者进行学习的行为表现,如学习者点击终端频率等。

属性数据描述了学习者基本信息,包含了该课程的相关前期课程,以及同时期课程的相关信息和与该课程相关的其他课程的选修情况。属性标签有助于进行学习者的定位性评价,了解学习者对于该门课程必需知识的了解程度。同时,属性标签有助于通过课程关系,以及学习者属性之间的语义关系提取学习者行为特征。

内容数据包含了学习者在线上线下回答问题及发言内容。学习者在回答问题或者完成任务的表现可以展示学习者思维层次。对内容数据进行挖掘,不仅可以判断学习者对问题的理解程度,而且可以评价学习者的创新性和探索性,有助于了解学习者的学习风格及认知阶段,从而更好地提出反馈意见。除此之外,利用主题抽取等技术可以探究学习者群体的问题主题,进行教学反馈。集成后获得的特征数据类型不同,将从教育数据挖掘和学习分析两个方面展开,对数据进行处理以获得学习者的特征向量。通过数据挖掘和学习分析技术,对表层信息数据下的学习者真正行为数据进行探究,并将其存储为用户向量表征用户特征。

2) 数据挖掘与分析

教育大数据的核心是综合运用机器学习、数据挖掘和模式识别等技术,在对教育数据进行预处理、探索性分析的基础上,通过分析模型、预测模型的构建,从数据中提取有价值的信息,以此促进教学过程的优化与教育变革。数据挖掘与分析是根据教学过程中产生的海量数据,深入挖掘分析、探索发现教学过程中产生大量独立数据背后所隐含的实用价值和潜在关联关系,并对教学进行科学全面的评价,这是大数据技术应用于教学评价整个过程中最关键的部分。数据挖掘主要分为分类算法、聚类算法和关联规则三大类,这三类算法基本上涵盖了目前研究对数据挖掘与分析的所有需求,而这三类算法里又包含许多经典算法。例如,关联分析算法中的 Apriori 和 FP-growth;分类算法中的 C4.5,朴素贝叶斯,SVM 以及 KNN 等;聚类算法中的 K-means 和 EM 等。

(1) K-means 算法是一种迭代求解的聚类分析算法,目的是使域中所有的对象到聚类中心距离的平方和最小。K-means 算法的流程由以下四个步骤组成:选定初始聚类中心、分配最相似聚类中心、计算聚类中心的距离平方和,以及判断聚类中心和距离平方和是否发生改变。如果聚类中心和距离平方和发生改变,则重新分配最相似聚类中心并不断反复迭代;如果不发生改变,则聚类结束。利用 K-means 算法将大量数据进行聚类分析,分成具有意义表征的教学数据,找到教学环境下活动主体的关键行为特征。

(2) 贝叶斯神经网络是一种经典的数据统计分析算法。贝叶斯神经网络的主要特点是其能够根据较少量的训练数据进行建模分析,从而得到准确性较高的网络关系模型,并且能够计算每一层参数的分布,最终实现整体和各个参数相互之间的关联关系。除此之外,贝叶斯神经网络能够高效处理数据模型的过拟合问题,不但能够预测建模结果,还能够高效、准确预测建构的模型与实际情况的误差。通过贝叶斯模型来计算与教学质量相关的各个因素的影响大小,从而确定影响教学质量的重要因素。

(3) Apriori 算法是目前所有挖掘关联规则算法中最有影响力的算法之一。Apriori 算法的原理是根据每一个频繁项集性质的先验知识,通过自底向上的实现方式,$k-1$ 项集用于探索 k 项集。首先,找出频繁 1 项集的集合,用于找频繁 2 项集的集合,再用频繁 2 项的集合找频繁

3项的集合……一直迭代,直到不能找到满足条件的频繁 k 项集。利用 Apriori 算法,分别对教学产生的各种数据进行挖掘分析,找出数据之间的关联关系,得到数据背后隐含的深层次信息。

(4) 决策树是常见的、应用较为广泛的、以实例为基础的基本分类与回归算法,该算法所构建的模型结构是树形的,呈现了基于特征对实例进行分类的过程。决策树学习时根据损失函数最小化的原则利用训练数据建立模型;决策树预测时利用决策树模型对新的数据进行分类。利用决策树所构建的模型最大的优点就是分类速度快,并且具有较为良好的可读性。利用决策树算法归纳推理教学质量的发展趋势,从宏观、微观层面实现对教学质量的跟踪和预测。

3) 数据分析结果可视化与预测

大数据可视分析是指在利用大数据自动分析挖掘方法的同时,利用支持信息可视化的用户界面,以及支持分析过程的人机交互方式与技术,有效融合计算机的计算能力和人的认知能力,以获得对于大规模复杂数据集的洞察力[①]。

在数据分析结果可视化部分采用可视化技术将分析结果直观呈现,利用多维数据可视化技术建立平行坐标系、散点图,利用层次数据的可视化建立节点连接图、树图和 Andrews 曲线法,利用网络数据可视化构建力导向布局、分层布局和网格布局。通过对数据获取、分析、过滤、挖掘、表示和修饰,实现大数据分析结果可视化,找出影响智慧教学质量的因素,例如,在硬件条件方面,基础硬件设施的建设水平较低、信息化设备覆盖率不高、教学资源不够丰富,以及缺乏个性化学习环境等;在软件条件方面缺乏个性化教学方法和条件、教师教学能力不强与学生信息素养不高等。最后,结合基于指标体系的基本评价结果,形成科学全面的教学评价报告。

思 考 题

1. 简述信息化教学设计的基本步骤。
2. 简要阐述信息化教学模式的分类。
3. 按照不同的分类标准,教学评价可以分为哪几类?各有何特点?
4. 学习分析技术在教学评价中可以实现哪些功能?

┃拓 展 资 源┃

1. 胡小勇,朱龙,冯智慧,等.信息化教学模式与方法创新:趋势与方向[J].电化教育研究,2016,37(6).
2. 李环,吴砥,朱莎,等.深度学习视域下智慧课堂教学模式的构建及应用研究[J].现代教育技术,2023,33(2):61-70.
3. 何克抗,林君芬,张文兰.教学系统设计[M].北京:高等教育出版社,2003.
4. 李海峰,王炜.学习分析研究:基本框架和核心问题:2022版《学习分析手册》的要点与思考[J].开放教育研究,2022,28(6):60-71.

① 方振平,陈万春,张曙光.航空飞行器飞行动力学[M].北京:北京航空航天大学出版社,2005.

技　术　篇

第六章　多媒体课件的设计与开发

学习目标

（1）了解多媒体课件的特点以及常用类型。

（2）了解多媒体课件的设计要素与原则。

（3）熟练掌握多媒体课件的制作步骤并运用多媒体制作工具进行制作。

第一节　多媒体课件概述

多媒体课
件概述

多媒体课件是根据教学大纲的要求，经过教学目标的确定、教学内容和任务分析、教学活动结构及界面设计等环节，而精心制作的课程软件。它是可以在计算机上展现的文字、声音、图像、视频等素材的集合，与课程内容有直接联系。因此，多媒体课件可以定义为根据教学大纲的要求和教学的需要，经过严格的教学设计，并以多种媒体的表现方式和超文本结构制作而成的课程软件。

一、多媒体课件的定义和特点

（一）多媒体的定义

多媒体一词译自英文 multimedia，它由 multiple（多样的）和 media（媒体）复合而成，核心词是媒体。计算机技术和信息技术的飞速发展使得多媒体具有更多的含义。IBM（国际商业机器）公司曾将多媒体定义为："视频、图像、声音、图形和正文在多层次上的融合，通过计算机的制作使之相互感应。

目前，国内对"multimedia"一词主要有以下两种译法。

（1）译为多媒介：指传递信息的载体，信息的存在形式或表现形式。多媒介具有通过一种以上介质传递信息的能力，或是由多种信息表现的形式，如文字、声音、图形、图像、动画、视频等。

（2）译为多媒体：指储存信息的实体，如磁带、磁盘、光盘等，也称为媒质。当前人们普遍认可"多媒体"译法，即指信息的存在形式或表现形式。本书更倾向将多媒体定义为多种媒体资料的组合，这些媒体资料一般包括文字、图像、声音和动画等，它们借助计算机设备为其信息表达方式，使得信息的表达更为丰富多样、直观形象，也就是更为突出计算机在信息传递中的作用。

（二）多媒体课件的定义

多媒体课件主要是指教师利用计算机辅助教学软件,制作出适合教师的"教"和学生的"学"课程内容,其中通过文字、图片、视频、动画及图形等素材来表达教学内容的重点和难点,提高教学的质量和效率。多媒体课件能够将传统教学中难以表达明确的内容,通过实验演示、情境创设、交互练习等形式,以更加形象的状态被学生所接受,并在这一过程中提高了学生的参与度。学生通过这种方式能够更好地理解和掌握所学的内容,教师通过多媒体课件能够更加直观地教授教学内容。通过声像等生动的表现手法,调动学生的兴趣,活跃课堂气氛,同时多媒体课件也能拓宽学生的视野,在教学过程中大量的文字及图片信息都能够增加学生的信息量,使学生更加容易理解课程内容[1]。

（三）多媒体课件的特点

1. 直观性

多媒体课件是可以容纳多种信息载体的,能够最大化冲击学生的各个感官,进而增强对学生的吸引,不失为一种形象直观化的手段和策略,是激发学生产生学习兴趣和研究欲望的最便捷路径,在降低学生理解难度、培养学生学习自信心和增强学生的学习积极性与主动性等方面有着积极作用。

2. 共享性

多媒体课件的教学信息可以与网络中的资源进行连接,可进一步拓宽教学内容的筛选空间,还可以结合教学实际情况进一步丰富课堂教学内容,使得教师教学、备课摆脱对教材的严重依赖,进而产生更有创意的教学思路。除此之外,资源的共享性还可以改变教师的教学思想和模式,为教师综合素养的提升打下基础,一定程度上会促进我国教育资源均衡化发展。

3. 非线性

多媒体课件可由人来操作,对碎片化信息进行组织,便于服务教学课堂和学生产生联想,符合学生身心成长规律,可以促进学生的全面发展,最大化地发挥信息的有效性,避免了信息资源的浪费。

4. 多样性

由于多媒体课件是多种媒体相互结合、相互作用的产物,因此,多媒体技术表现出丰富的多样性,包括如图片、声音、动画、视频、文本等。一个多媒体课件在表现形式上也呈现出多样性的特点,在制作时各种创意不断涌现,不断发展。

5. 集成性

多媒体技术是基于计算机系统运行的,可以将图片、文字、视频等多媒体信息有效整合,具有很高的集成性。

6. 控制性

开发者利用多媒体技术,可以通过计算机系统有效控制和处理多媒体信息,并被使用者

---

[1]　吕克.多媒体课件与网络课程在教学中的应用[J].科教导刊(中旬刊),2016(35):96-97.

感知。简而言之,就是开发者可以通过多媒体技术将其希望使用者感知到的东西送予其感知。

7. 互动性

多媒体技术的实现可以通过特定的方式实现人机交互,以此了解使用者的感受、需求等信息,并以特定的方式对使用者的信息加以反馈。

8. 实时性

由于网络多媒体信息的引入,使得多媒体技术更具实时性。通过前文提及的人机互动,多媒体技术可以实现更多的实时操作,如在线直播等。

二、多媒体课件的类型

多媒体课件包括含有多媒体信息的各种辅助教学系统,如录像课件、投影幻灯课件、计算机多媒体课件等。而人们常说的多媒体课件一般指计算机多媒体课件。多媒体课件根据划分规则的不同,可归纳为以下几种类型。

(一)按课件制作结构分类

根据课件制作结构,可将多媒体课件分为直线型、分支型、模块化课件。

1. 直线型课件

直线型课件的最大特点是结构简单、演示方便,整个课件流程如同一条直线往下运行。目前教师上课多用此种类型的课件。

2. 分支型课件

此类课件与直线型课件的最大区别在于该类型的课件结构为树状结构,能根据教学内容的变化、学生的差异程度对课件的流程进行有选择地控制与执行。

3. 模块化课件

模块化课件是一种较为完美的课件结构,根据教学目的将教学内容中的某一部分或某一个知识点制作成一个个课件模块,教师可根据教学内容选择相应的课件模块进行教学。由于模块化设计,课件在运行过程中可以进行重复演示、后退、跳跃等操作。

(二)按课件运行途径分类

根据课件运行的途径,可将多媒体课件分为单机版、网络版多媒体课件。

1. 单机版多媒体课件

单机版多媒体课件只能在一台计算机上运行,需要根据不同的计算机配置进行相应的设计,以便于在用户计算机上运行。单机版的优势在于运行速度快,要求的技术相对简单。

2. 网络版多媒体课件

网络版多媒体课件是通过网络进行传输,在用户终端上运行的多媒体课件。网络版多媒体课件受网络传输条件的限制,目前一般运行于局域网。互联网上大都以网页形式出现。网络版的优势在于资源共享,即一个课件可以同时供许多个教师上课使用。

（三）按师生参与方式分类

根据教师与学生参与方式,可分为演示型课件和学习型课件。

1. 演示型课件

此类课件一般用于教师课堂教学,以演示为主,附加少量的交互。

2. 学习型课件

这类课件与其说是课件,不如说是学习软件,因此,此类课件通常称为学件。学件很少用于课堂,一般供学生自学时使用,提供详细的说明,丰富的学习内容,以及测试和反馈系统。

（四）其他分类

还可以根据制作软件的不同、在教学中的作用等方面划分更多的课件类型,除了以上分类,还有个别辅导型、模拟实验型、训练型、游戏型、资料工具型、网络开放学习型课件。

1. 个别辅导型课件

这一课件开发和设计的目的在于促进学生自学,开展自主性、探究式学习。在学习过程中,学生通过独自观看课件,查阅相关资料,结合自己的理解来学习和掌握新知识。由于这类课件可以取代教师现场教学的功能,让学生自主性开展学习,所以针对不同的学生可能设计的内容也不尽相同。

2. 模拟实验型课件

一些物理或化学等学科的实验在不同的环境和操作下其实验结果不尽相同,很难验证其准确性和真实性。多媒体技术则有利于解决这一问题,计算机具有准确性和高度仿真的特点,将实验需要的各种环境值和参数利用计算机进行准确设定,并根据实验情况调整参数值,同时也节省了学生做实验的时间。

3. 训练型课件

这种课件的目的是针对某一知识点或能力要求,采用多种形式进行演示训练。其制作具有针对性、科学性和可操作性,在知识点覆盖上相对全面,问题设置具有科学性,能比较客观地反映学生对于知识的接受能力和掌握程度,也能考核学生的相关能力。

4. 游戏型课件

这种课件主要通过一些游戏的设置,在具体的游戏体验中收获知识,实现寓教于乐的目的。这与传统意义上的游戏是不一样的,更不同于网络游戏或电子游戏,要结合学科的知识作为背景来开发和编写游戏,让学生在游戏中发现问题、学习知识和加深记忆。

5. 资料工具型课件

随着电子产品的普及和互联网的应用,一些电子学习工具也逐渐进入人们的视野,如电子词典、计算器、电子存储器等,其可以存储大量的视频图像、影像音频资料等工具,都可以称为电子课件。这类课件内涵丰富、知识量大,但体积小、携带方便,能提供查询和基本的学习功能,其职能更贴近教学的辅助工具。

6. 网络开放学习型课件

这类课件是建立在互联网基础上的多媒体应用课件,打破了时间和空间限制,只要有网络和计算机的地方,人们就可以在线学习。

第二节　多媒体课件的设计

一、多媒体课件的设计理念与要素

（一）多媒体课件的设计理念

多媒体的设计理念主要包括三个方面：提高学生的学习积极性、创建恰当的教学情境和培养良好的网络多媒体学习习惯。

1. 提高学生的学习积极性

学生是学习与教学活动的主体，对于多媒体课件的设计，应将其学习主动性放在首位，所设计的多媒体课件应具有自我反馈的功能，让学生在学习过程中发现能力或知识的欠缺所在，让学生及时完成有针对性的学习。因此在课件设计前需要对学生的学习需求进行分析，有针对性地选择和组织学习内容，在课件的设计和制作中还应考虑学生的心理感受，课后根据实际情况进一步完善课件的设计。

2. 创建恰当的教学情境

多媒体课件中，应该注重合适的教学情境设计，保持学习过程中的趣味性和真实性，以直观的方式呈现清晰且易于理解的知识，使学生积极主动地完成知识的学习，更好地提升教学效果。

3. 培养良好的网络多媒体学习习惯

多媒体教学强调学习的协作性，可通过整合教学资源和信息资源的方式完成多媒体教学任务，将学习环境和理论知识结合起来，通过教师将教学信息传递给学生，学生通过多媒体课件进行学习，在此过程中还可与教师和同学进行多种形式的交流，提高交互性，从而提高学习效率。

（二）多媒体课件的设计要素

多媒体课件是教师进行教学的辅助工具。教师根据教学的需要，把教学内容和活动通过计算机将文字、图像、视频、声音等因素整合起来，演示或播放多种与教学有关的媒体活动，以达到人机互动的效果。如果只是单纯地在课堂上播放视频作品或多媒体课件，也只能称为电化教学而不是多媒体教学。设计好的多媒体课件应该遵守 6W 要素，如表 6-1 所示。

表 6-1　多媒体课件设计 6W 要素

要素	内　容
Why	为什么要用此类的多媒体课件？是用来创设情境、渲染气氛，还是用来总结内容、示范技能？
Who	使用对象是谁？是教师使用，还是学习者使用？
What	基本目标是什么？想解决什么问题？拟用什么内容、何种表现形式（图片、文字、声音、制作工具是什么？）
When	什么时候用？是用于教学过程中，还是用于学习者课后学习？

续表

要素	内　　容
Where	在什么地方使用？还是在使用过程中配合什么内容来达到教学效果的最优化？
Which	哪一种资源最适合教师的"教"及学习者的"学"？素材来自何处？

二、多媒体课件的设计原则

（一）多媒体课件的设计原则

应用多媒体课件之前要设计并制作相应的课件。如何设计制作多媒体课件，应掌握以下四个原则。

1. 科学教育原则

一个课程的内容或主要思想从书本上"搬迁"到幻灯片上，知识以课件作为载体，所以课件的设计和制作首先要具有科学性和教育性。其中，科学性指的是多媒体课件必须遵循科学性的设计原则，应该做到内容正确、容量大、思维清晰、逻辑严谨、层次清楚；教育性指的是多媒体课件的最终目的是用于辅助教学，提高教学效果，因此课件的设计应该紧扣教学大纲，渗透进新课改理念，做到选题得当，突出重点，分散难点，深入浅出，使学生易于接受。

2. 精益求精原则

课件这个载体上载的信息量一般是很大的，教师要传给学生的是知识，但是信息不等于知识，所以课件中信息量虽大，但一定要做到精益求精。如何达到精益求精的目的，是教师在掌握整个课程的前提下，将复杂的问题简单化，简单的问题形象化。

3. 软件工具运用自如原则

教师要将自己的思想表现出来，可以通过口述、板书或肢体动作，在课堂中除了以上几种方式，还可以使用多媒体制作工具来体现。演示型多媒体课件在教学中的使用涉及任课教师与课件设计制作者之间教学思想兼容问题，如果教师使用的课件不是自己开发设计的作品，那么对融合在课件中的思想、行进的思路、表现形式、体系结构和技巧运用可能存在误解，任课教师在使用课件时可能比较僵硬，甚至使整个课堂气氛不佳。所以灵活自如地使用多媒体课件制作工具是体现教师思想，传授知识的重要原则。

4. 动态交互原则

"动态"和"静态"的区别不言而喻，表达的效果大相径庭。动态交互就是为更好地配合教学，更好地调动学生学习的主动性和积极性，在课件中加入的一种引导。教师在教学过程中能根据学生的具体情况灵活使用课件，调动学生积极参与教学的全过程。"学"是为了更好地用，以"学"为中心的建构主义学习环境中常用的教学方法都需要动态交互才有可能实现，根据不同的教学对象和教学内容，选择不同的教学策略和教学方法，动态交互与静态交互有机结合，有效组织教学资源，动态展示教学内容。"授之以鱼不如授之以渔"，在交互式教学中能够大力调动学生的学习积极性和主动性，使学生积极参与教学活动，学会学习，学会创新。

（二）多媒体课件的应用原则

为了使带有作者思想及课程知识的演示型多媒体课件更有效地发挥作用，达到预期效果,运用多媒体课件进行教学时应把握以下三个原则。

1. 非用才用,适量运用原则

非用才用,说的是非要用时才可使用,课件作为辅助教学的工具,适量运用原则就是以优化教学过程为目的,以现代教育理论为指导,根据教学设计,适当运用多媒体课件,创设联想意境,使学生通过眼耳等多个感觉器官获取相关信息,提高教学知识的传授效率,增强教学过程的生动性,培养学生的想象力、联想力和创造性。如果演示型多媒体课件在学科教学中应用适量,学生就能有充足的时间进行理解、思考、提出问题,学生和教师也能有足够的时间一起交流、讨论。

2. 结合实际原则

演示型多媒体教学课件信息量太大的现象普遍存在。信息量大的原因之一是教师想通过多媒体课件把足够多的信息传给需要不同信息的学生。如果教师将大量的信息进行加工,信息中充满"实际",学生就会在"大海"中找到所需要的"针"。

3. 有机结合,以不变应万变原则

针对不同的课程,教学方法也应有所不同,不是所有的课都用多媒体课件表现效果最好。例如,高等数学中数学方程公式推算、函数和公式推导等,用多媒体课件教学就不会比教师与学生一起边推导边用板书的效果好。各种教学媒体和教学方法各有特点,如果有机结合一下教学效果会很好,以不变应万变,课堂教学会更生动活泼,事半功倍。

第三节　多媒体课件的制作

一、多媒体课件的制作步骤与策略

(一)多媒体课件的制作步骤

多媒体课件制作也遵循一般多媒体课件开发的步骤与流程,其设计与制作的具体步骤有以下几个方面。

1. 确定课题

适合使用多媒体进行教学的课程内容有很多,为了突出课题"互动"的特点,要选择教学活动中适合用交互形式表现的课程内容作为课题,对其可行性分析,明确要达到的目标。课题选择注重四个方面。

1)教学要求

多媒体课件
的制作

明确多媒体课件要应用的学科,教师需要根据要讲授的学科的内容和范围,明确制作的多媒体课件应该达到什么样的教学目标。

2)教学对象

明确多媒体课件要面对的学习者的类型,此时教师需要根据学习者已有知识水平、学习能力、年龄特征及计算机操作水平等对多媒体课件进行设计和制作。

3)课件运行环境

明确多媒体课件的应用环境,包括硬件环境、软件环境和课件播放环境。

4）课件的组成部分

明确所要制作的课件属于什么类型的多媒体课件,了解课件的基本结构、主要模块和各模块之间的关系。

2. 教学设计

教学设计是课件开发过程中最能体现教师教学经验和教师个性的重要部分,也是教学思想最直接和具体的表现。教学设计阶段的主要任务包括详细分析教学内容、划分教学单元、选择适当的教学模式、了解学生现有知识水平等。

3. 软件系统设计

系统设计就是确定课件的框架结构和各子模块的功能与内容。具体来说,主要包括封面设计、导航设计、课件各子模块设计、交互方式设计和课件内容设计等方面。

4. 编写脚本

脚本又分为文字脚本和制作脚本。其中,文字脚本是由学科教师按照教学设计要求对教学内容进行描述的一种形式;制作脚本是在文字脚本基础上,由计算机技术人员将课件中每个页面的图片、按钮、文字等媒体的布局,交互方式、功能实现等用适合计算机实现的形式描述出来。

5. 素材选择

多媒体素材一般包括文本、视频、图像、动画、声音等。素材准备工作一般包括文字的录入,图形、图像的制作与处理,动画的制作和视频的截取等。素材要按制作脚本的要求去加工,不要选择不符合教学规律和教学内容的素材。

6. 编辑制作

在脚本设计、多媒体素材制作等前期工作完成之后,接下来就是选择一种合适的课件制作工具、按照制作脚本的要求开发多媒体课件。例如,可以选用 Flash、Authorware 等软件或 Visualbasic 等编程语言来设计和开发课件。

7. 试运行与测评

试运行与测评课件主要是发现课件中存在的缺陷和不足,不断地对课件进行修改、补充、完善,直至达到最好的教学辅助效果。在多媒体课件集成完毕后,课件的设计者与开发者通过运行课件来进行调试,其目的是检验课件的功能、技术细节、教学内容,及时发现缺陷和问题。并根据问题的严重程度确定修改或使用,为了充分检验课件的功能,课件的设计者与开发者在调试中要检查每一个按钮、链接、菜单等,设想使用者使用时可能进行的各种正常和反常的操作,以保证调试的彻底性和完整性。

8. 效果评价

多媒体课件的效果评价就是课件设计者与开发者在课件开发过程中收集方方面面的有效数据,并对数据做出分析和判断,以此为依据改进和完善开发工作,以获得价值较高的课件,这种评价贯穿于整个设计与开发过程中。

9. 利用课件教学

经过对前面各项工作的反复检测,之后的环节就是课件的发布和应用,供学习者学习使用。利用课件教学时,教师应最大限度地发挥学习者的潜能,强化教学效果,提高教学质量。

10. 评价与修改

课件评价与修改是课件开发过程中的一个重要阶段。该项工作实际上存在于教学设计、脚本设计、软件编写的每一个阶段之中。

经过评价与修改以后，所开发的多媒体课件具备了正式投入教学应用的条件，可以交付使用并逐步推广。但是，任何一个软件都不可能十全十美，多媒体课件也不例外。因此，在课件投入使用后，课件开发人员仍需密切跟踪其运行、维护记录，根据需要来充实、完善课件内容，积极提高课件质量，使之具备较高的质量。

（二）多媒体课件的制作策略

1. 选题与设计

课件是为教学服务的，运用多媒体主要是解决一些传统教学中不能解决的问题。因此，在选择课件的内容时，一般选择的应是教学中的重点、难点，比较抽象，难以理解的部分。切忌为多媒体而多媒体。确定内容后要写好脚本、制定好课件的框架，这是制作一个优秀课件必不可少的前提。

2. 素材的搜集与制作

框架确定后，下一步便着手收集相关素材，并将这些素材分别放到各个文件夹中。素材一般包括制作课件所用的图片、声音、动画、视频等。

3. 制作和集成

当所有的素材都制作完成后，还需要用专门的课件工具软件将这些素材集成在一起，做成一个上课时易操作、具有交互性的课件。制作多媒体课件的工具软件很多，常用的有Powerpoint、Flash、课件大师等。在这些软件中，Powerpoint操作简单、易学易用、效率很高，兼容性强的课件集成工具，是制作课件的首选。

一个课件制作是否能真正体现多媒体教学的优势，不仅要看该课件的制作水平、生动程度、交互性，更重要的是看教学内容是否全面，教学重点是否突出，教学难点能否突破，是否能激发学生的学习兴趣，从而达到优化课堂教学的目的。不少专家指出，多媒体课件的质量主要取决于教学设计的水平及开发者的技术水平。由此可见，教学设计是多媒体课件制作的重要一环。

4. 要与素质教育紧密结合

现代教育技术必须有助于充分发挥学生的学习主体作用，激发学生的学习兴趣，使传授知识和发展智能与素质培养统一起来。创新能力的培养是素质教育的核心。制作多媒体课件考虑培养学生创新意识，关键是要尽量提高学生的参与性，因为课堂教学的主体是学生。如果一节课全部由教师操作、讲解，不给学生动手的机会，那么就可能回到"满堂灌"的教学模式。因此，教师可以设计一些学生参与的部分，让学生自己演示、操作，这样既锻炼了学生的计算机操作能力，又能及时反馈学生的状态，教师可以根据学生的特点组织教学。

5. 注意发挥学生的主体作用

在教学活动中，学生是主体。发挥学生的主体作用，要注意不能"以教师的活动代替学生的思考"。多媒体辅助教学的作用在于应用现代化的技术手段，刺激和调动学生思考的积极性，启发学生的思路，培养学生发现问题、思考问题和解决问题的能力。因此，在应用多媒体进行教学的实践中,必须注意不能让电教媒体挤占学生的探索、分析、思考的时间,必须把学生的思维能力的培养作为教学的重要目标。

6. 充分利用多媒体的交互性

在教学活动中,学生是主体,教师起主导作用。多媒体课件的特点之一是实时动态交互,即计算机不仅能呈现多媒体教学信息,而且能接受学习者对指定问题的回答,并对回答做出判断和评价,提供反馈信息。学生与计算机之间可以实时地相互交换信息,从而激发学习兴趣,强化认知,促使学生有效地学习。

课件设计应注意充分利用多媒体的交互性,设计灵活的对话形式。友好的交互环境,可以调动学生积极参与。友好的交互环境,应该做好各个方面的工作,包括菜单的设计、按钮的设计、窗口的设计等。很多失败的多媒体课件主要有以下问题:课本搬家,忽视学生能力的培养;教案搬家,演示型模式,媒体的作用变成教师的演示工具,而不是学生认识的工具。

二、多媒体课件的制作工具

(一)PPT 美化大师

1. 软件简介

PPT 美化大师是一款拥有丰富库存的 PPT 资源软件,可以和微软 Office 软件 PowerPoint 完美整合。其中,提供了丰富的 PPT 模板、精美的图片、图示等资源,教师可根据个人喜好排版,同时支持一键新建 PPT,帮助教师更好地制作精美的 PPT 课件。

软件介绍

2. 功能特色

1)图表图示

拥有各种逻辑的关系图示图表,可以一键插入 PPT 中,自动匹配 PPT 配色方案。

2)图片素材

拥有海量图片素材库,大量无背景、无 Logo、无水印的高质量图片,一键插入 PPT,适用于各种排版与美化。

3)画册相册

拥有极具个性的电子相册模板,只需要点几下,选择几张照片,即可完成精美的画册制作。

4)图形形状

PPT 中形状的强力扩展,各种特殊形状、图标,可以自动适应 PPT 的色彩,为 PPT 画龙点睛。

(二)iSlide

1. 软件简介

iSlide 插件是一款强大易用的 PPT 一键化效率插件,iSlide 拥有大量独特的 PPT 修改和设计功能,内置丰富的设计资源和模板,可以帮助教师一键设计出 PPT。

软件介绍

2. 功能特色

(1)一键优化:可以将 PPT 中不规则的字体、段落、色彩、参考线布局、风格样式等一键化全局统一设置,生成专业和规范的课件。

（2）图标库：拥有海量的扁平化图标素材资源,任意下载,一键插入 PPT,可随时根据需求修改替换。

（3）PPT 拼图：可以将 PPT 页面按需排列组合,一键导出为长图,参数化调节可自由控制输出图片质量和尺寸大小。

（4）设计排版：能够高效智能化实现 PPT 页面设计中的图形布局和复制排列工作,多种参数化设置满足个性化设计需求。

（5）色彩库：大量专业的色彩组合搭配方案,可按色系检索选择,一键化替换,实现全文档色彩的统一应用。

（6）安全导出：可以将重要类型 PPT 文档导出为不可编辑格式,以及各种参数化设置的视频与图片。

（7）智能图表：可以在 PPT 中创建更具视觉吸引力的个性化图表,智能化数据参数调整,图表编辑实时预览。

（8）图示库：大量专业开发的功能图示化模板素材,全矢量设计,自适 PPT 主题配色和版式规则,方便编辑。

第四节　多媒体课件的制作评价标准

一、多媒体课件评价的基本方法

（一）国内基本评价方法

评价是一种判断实际行为或系统在多大程度上达到目标要求的活动和过程,其根本目的在于实现行为或系统的完善。

多媒体课件开发与评价是密不可分的,课件评价的根本目的在于实现课件系统的完善。目前,市场上可供选择的课件越来越多,因此课件的评价日益引起人们的关注。

1. 课件评价活动的现状

许多评价组织都开发了自己的评价指标体系,在评价过程中要求评价者根据体系中所列的指标对软件的各有关特征进行逐个评定。

指标的评定方式一般有两类：一类是只要求评价者对课件的某特征做出“有、无”或“是、否”判断；另一类是四级评定或五级评定,要求评价者评定课件某特征是属于“极好、好、一般、不好”或类似表示中的哪个等级。

指标的评定方式是由指标的具体内容决定的。例如,对于“是否需要彩色监视器”这类问题的回答用“是、否”即可说明白,而对诸如“课件是否容易使用”等问题可能用“很容易、较容易、不很容易、很不容易”的等级来表示就更加清楚。

由于各评价组织对构成优秀课件的一些特征看法不一,使用的术语也不完全一致。但是,绝大多数指标体系中都包含这样几个需要评定的课件特征：教学目标、技术特征、实用性,以及所需硬件支持等。

2. 课件评价活动的趋势

目前课件评价活动主要有以下趋势。

（1）保证课件评价的客观性。课件的开发目的就是应用于教学，改善教学效果，提高教学效率。

如果对其评价含有太多的主观因素，必将对已开发的课件的实际使用以及正在开发的课件的质量产生不良影响。

首先是评价指标的确立尽量做到客观公正，能用等级表示的尽量设立不同等级；其次是对评价者进行培训，提高其对课件评价活动的认识水平，加深其对评价指标的正确理解，从而提高不同评价者对同一课件用同一指标评定的一致性；最后是将实验所得的课件教学效果数据包含进评价结果中，为课件的评价结果信息提供可靠的补充参考。

（2）针对不同情况细化评价指标：不同的认知能力（基础教育与高等教育）；不同的学科类别（文科与理科）；不同的课件类型（助学型与助教型）。

课件目标用户不同，其评价指标应该有所不同，例如，针对基础教育学生设计的课件与针对高等教育设计的课件对使用者回答问题的反馈设计应当各有特色，而不应一概论之；同样，适合于语文教学课件的评价指标用于对数学课件的评价，可能也未必完全合适；至于将那些适于评价助学型课件的指标拿来评价助教型课件，产生的偏差会更大。

3. 多媒体课件的评价体系

多媒体课件评价需要把课件性能的规定变成技术术语，使性能量化，成为可以度量的客观指标，即评价标准。

多媒体课件评价的三种方法：自我评价（由课件开发人员自己进行的评价）；组织评价（组织一批专家进行的评价，又称专家评价）；使用中评价（在使用过程中进行的评价）。

自我评价往往看不出问题，缺少权威性；使用中评价可操作性差；组织评价便于发现问题，操作性好。因此，目前评价多媒体课件一般都采用组织评价。

4. 多媒体课件的基本评价方法

（1）使用中评价：该方法是在使用过程中对教学课件进行分析评价，然后根据信息反馈调整教学，以达到改善提高的目的。

（2）过程评价：过程评价以不断完善教学软件为目的，根据组织评价的过程、多媒体教学软件应用过程及其开发过程对目前评价方法中存在的问题加以分析。

（二）国外基本评价方法

1. 分析式评价

分析式评价要求教学软件专业评估人员根据课件开发的目标对产品进行分析，最终根据评价人员的经验撰写一份总体评价报告。

2. 指标体系评价

评价人员根据指标体系对多媒体课件进行测试分析，然后按照评价指标体系进行评分，最后给出总体评价意见。

3. 实验法评价

实验法是指评价人员根据多媒体课件设计的目标，对使用者进行实验研究，进行前测、后测、记忆保持测试等，然后分析学习者使用多媒体课件辅助教学后掌握教学知识点的情况,并与对照组进行差异显著性检验,从而评价课件的作用和有效性。

二、多媒体课件的评价原则与量表

(一)多媒体课件的评价原则

1. 客观评价与主观评价相结合原则

客观评价主要是对课件内容的科学性和课件制作的技术性进行评价。内容的科学性指紧扣教学大纲、正确、表述规范、整体上具有系统性和逻辑性,教学重难点突出,案例典型等。制作的技术性指开发软件选择恰当,操作简便快捷,人机交互界面友好,安装方便,运行稳定,没有错误链接和无效信息,把图形、图像、音频、视频等教学案例、素材与教学内容有机结合,图像、声音清晰,声画同步等。主观评价主要是对课件制作的教育性和艺术性进行评价。

要做到客观、主观评价的统一,避免课件评价指标过于细化或过于笼统,形成一个较公正的综合性评价结果。做到二者相统一的途径有三个。一是评价课件服务于教学的程度。即课件的内容与形式是否有利于教师教学和学生学习,不能"中看不中用"。二是评价课件的实际使用效果。无论制作多么精美的课件,如果在教学效果上不能实现教学目标,达不到教学目的,那么这个教学课件就是失败的课件。三是评价体系中设定不同的权重。适当提高客观评价权重,降低主观评价权重,使得评价结果尽可能少地受评价者个人偏好影响,从而达到更客观、科学的评价目的。

2. 教师评价与学生评价相结合原则

为了使课件评价更加客观和公正,多媒体课件评价大多采取了一种综合性评价的方法,即注意到了评价主体的多元化,评价主体还应该引入课件制作者、使用者、同专业教师和学生。教师评价主要包括专家评价、课件开发者评价、课件使用教师评价与同行评价四个方面。四个方面的评价侧重点各有不同。

3. 静态评价和动态评价相结合原则

静态评价是指上文提到的各种评价,主要是在某个具体时间点对课件制作和利用水平的评价;动态评价则是对课件二次开发的难度和推广使用的程度进行评价。当教学内容改变或者有更新的案例时,多媒体课件应该满足课件使用者可实时更新课件内容的需求,这样的课件才具有推广的价值。目前对多媒体课件的评价侧重于静态评价,对动态评价关注较少。动态评价和静态评价相结合原则非常重要,它应该成为评价多媒体课件的重要组成部分。

4. 统一性评价与多样性评价相结合原则

统一性评价是指设定课件的基本标准,即根据多媒体教学特点设定的课件的科学性、教育性、应用性、艺术性等方面的评价标准,并依据此标准进行评价。多样性评价是指考虑到地区差异、学科特点、课程性质等方面的评价。在制定课件评价标准时,要兼顾二者。一般而言,国家级课件评价标准要比地方或者普通院校的课件评价标准高。

（二）多媒体课件的评价量表

1. 第十届多媒体课件大赛评分标准（普教版）

1981 年，美国数学教师协会（National Council of Teachers Mathematics，NCTM）率先公布了课件评价标准，成为最早评价计算机辅助教学课件的机构。软件评价表着重从学习者和教师的角度来评价课件质量的优劣，涉及学习者的分组、学习动机、教师使用时的方便性和教学风格等（表 6-2）①。除此之外，它对课件本身的特征也做了一定的要求，是课件评价历史上的大胆尝试。

表 6-2　第十届多媒体课件大赛评分标准（普教版，单机版课件）

一级指标 （分值）	二级指标 （分值）	三级指标 （分值）	指标说明	评分范围		入选 系数
教学内容 （30）	科学性规范 （10）	科学性（5）	教学内容正确，无科学错误，无错误导向（0～5）	0～10	0～30	C1
		规范性（5）	文字、符号、单位和公式符合国家标准，符合出版规范（0～5）			
	知识体系 （10）	知识覆盖（5）	知识内容在所界定的范围内完整，知识体系结构在制作量要求范围内完整（0～5）	0～10		
		逻辑结构（5）	逻辑结构清晰，层次性强，具有内聚性（0～5）			
	资源应用 （10）	目标设计（5）	有和教学内容配合的各种资料、学习辅助材料（0～5）	0～10		
		资源引用（5）	采用规范化的引用标注，标明出处，无侵权行为（0～5）			
教学设计 （25）	目标组织 （8）	目标设计（4）	教学目标清晰、定位准确、表述规范，适应于相应认知水平的学生（0～4）	0～8	0～25	C2
		内容设计（4）	重点难点突出，启发引导性强，符合认知规律，利于激发学生主动学习（0～4）			
	学习设计 （17）	教学交互（4）	较好的人机交互（0～4）	0～17		
		习题实践（4）	多种形式的题型，模拟实践环境，注重能力培养（0～4）			
		学习评价（4）	有对习题的评判或学生自学习效果的评价（0～4）			
		活动设计（5）	根据学习内容设计研究性或探究性实践问题，培养学生创新精神与实践能力（0～5）			

① 教育部教育管理信息中心. 第十届全国多媒体课件大赛评审标准［Z］. 关于组织第十届全国多媒体课件大赛的通知（教信息中心〔2010〕11 号），2010.

续表

一级指标 （分值）	二级指标 （分值）	三级指标 （分值）	指标说明	评分范围	入选系数
技术性 （25）	运行状态 （10）	运行环境（5）	没有"死机"现象，没有导航、链接错误，容错性好，尽可能兼容各种运行平台（0～5）	0～10	C3
		操作情况（5）	操作方便、灵活，交互性强，启动时间、链接转换时间短（0～5）		
	设计效果 （15）	软件使用（5）	采用了和教学内容及设计相适应的软件，或设计了适合于课件制作的软件，避免非必要的插件使用（0～5）	0～25	
		设计水平（5）	设计工作量大，软件应用有较高的技术水准，用户环境友好，使用可靠、安全，素材资源符合网络使用的技术规范（0～5）	0～15	
		媒体应用（5）	合理使用多媒体技术，技术表现多媒体的基本原理（0～5）		
艺术性 （20）	界面设计 （10）	界面效果（5）	界面布局合理、新颖、活泼、有创意，整体风格统一，导航清晰简洁（0～5）	0～10	C4
		美工效果（5）	色彩搭配协调，视觉效果好，符合视觉心理（0～5）		
	媒体效果 （10）	媒体选择（5）	文字、图片、音频、视频、动画切合教学主题，和谐协调，配合恰当（0～5）	0～10	0～20
		媒体设计（5）	各种媒体制作精良，吸引力强，激发学习兴趣（0～5）	0～10	
加分 （20）	应用效果（10）		已经得到广泛应用，取得了良好的应用效果，有较大推广价值（0～10）	0～10	0～20
	创新创意（10）		设计独到、创意新颖（0～10）	0～10	

说明评分标准文字后面括号中的数字表示三级指标的评分范围加分不计入总分，仅供单项奖评比用。

2. Micro SIFI 课件评价表

美国比较著名的课件评价体系是由美国教育试验室交流机构 Micro SIFT（microcomputer software）于 2011 年确立的课件评价体系。该体系共分为三大项，21 个小项，主要从教学内容、教学质量和技术质量对课件进行综合评价（表 6-3）[①]。

---

① Clark R C，Mayer R E. E-learning and the science of instruction: Proven guidelines for consumers and designers of multimedia learning（3rd ed.）. San Francisco，CA：Pfeiffer，2011.

表 6-3　Micro SIFI 课件评价表

标题：　　　　　作者：　　　　　评价者：　　　　　日期：

○曾经观察过学生运行该课件

等级　SA：强烈同意　　A：同意　　D：反对　　SD：强烈反对　　NA：不注意

重要性　H：高　　　　L：低

内容	1. 内容精确	H	L	SA	A	D	SD	NA
	2. 内容有教育价值	H	L	SA	A	D	SD	NA
	3. 内容无种族、性别歧视	H	L	SA	A	D	SD	NA
教学质量	4. 目标确定良好	H	L	SA	A	D	SD	NA
	5. 确定之目标已能达到	H	L	SA	A	D	SD	NA
	6. 内容呈现清晰、合乎逻辑	H	L	SA	A	D	SD	NA
	7. 对于预计的学生难度是适当的	H	L	SA	A	D	SD	NA
	8. 图像/色彩/声音运用恰当	H	L	SA	A	D	SD	NA
	9. 课件的应用有激励动机的作用	H	L	SA	A	D	SD	NA
	10. 有效地鼓励了学生的创造能力	H	L	SA	A	D	SD	NA
	11. 对学生回答的反馈有效	H	L	SA	A	D	SD	NA
	12. 学生控制了呈现的速度和顺序	H	L	SA	A	D	SD	NA
	13. 教学符合学生过去的经验	H	L	SA	A	D	SD	NA
	14. 学习在一定范围情况下有普遍性	H	L	SA	A	D	SD	NA
技术质量	15. 补充的用户材料可以理解	H	L	SA	A	D	SD	NA
	16. 补充的用户材料是有效的	H	L	SA	A	D	SD	NA
	17. 信息显示是有效的	H	L	SA	A	D	SD	NA
	18. 所针对的用户能独立方便地使用	H	L	SA	A	D	SD	NA
	19. 教师能方便地使用课件	H	L	SA	A	D	SD	NA
	20. 程序适当发挥了计算机的有关能力	H	L	SA	A	D	SD	NA
	21. 在正常情况下，程序是可靠的	H	L	SA	A	D	SD	NA

描述该课件在课堂中的潜在作用	
估计一个学生为达到目标所需要工作的时间量：（可以为总时间、每天时间、时间周期或其他）	
描述该课件的主要长处	
描述该课件的主要短处	
其他注解	

3. 美国软件行业协会课件评价体系

影响最为广泛深远的莫过于美国软件行业协会制定的课件评价体系。它从使用方便性、出错处理、可靠性、屏幕质量、软件质量、内容生动性、教育价值和环境要求几个方面，对课件进行综合分析、评估。该系统注重技术方面的指标，对课件的技术要求做出比较详尽的描述（表 6-4）[①]。

---

① 蔺国梁，于泳海.基于集对分析理论的 CAI 课件综合评价方法[J].教育教学论坛，2012(14)：148-150.

表 6-4　美国软件行业协会课件评价体系

测试分类	测试项目	评价等级
使用方便性	1. 系统引导方式	
	2. 使用操作简易	
	3. 提示完整明白	
	4. 学习内容可供选择	
出错处理	5. 操作规程错误处理	
	6. 练习答案错误处理	
	7. 出错后提示易于理解	
可靠性	8. 系统存储安全性	
	9. 交互操作可靠性	
	10. 系统运行可靠性	
屏幕质量	11. 图形质量	
	12. 字符操作可靠性	
	13. 动画效果	
	14. 色彩效果	
软件质量	15. 执行速度	
	16. 模块调度灵活	
	17. 内容可扩展性	
	18. 软件技术应用水平	
内容生动性	19. 内容叙述	
	20. 教学实例	
	21. 实践环节	
	22. 模拟逼真性	
教育价值	23. 适用对象广泛性	
	24. 教学内容广度	
	25. 教学内容实用性	
	26. 教学模式丰富性	
	27. 教学环节综合性	
环境要求	28. 系统要求	
	29. 兼容性	
综合评价		
备注		

思 考 题

1. 多媒体课件的特点具体体现在哪几个方面？
2. 按课件制作结构划分，多媒体课件具体包括哪几种类型？

3. 多媒体课件的设计过程中蕴含的设计理念是什么？
4. 不同的多媒体课件类型的制作步骤有什么区别？

────┤拓 展 资 源├────

1. 焦建利等. 信息技术及教育应用——MOOC 国家精品课程
2. 傅钢善等. 现代教育技术——MOOC 国家精品课程
3. 汪基德等. 现代教育技术应用——MOOC 国家精品课程
4. 陈琳. 现代教育技术——MOOC 国家精品课程

第七章　微课的设计与开发

学习目标

(1) 了解微课的基本概念、微课的特点及类型。

(2) 理解微课的技术标准与内容标准,掌握微课的设计理念、设计原则、设计要素。

(3) 掌握使用软件制作微课。

第一节　微课概述

微课是指运用计算机、新媒体、互联网、人工智能等技术工具按照学生认知规律、学习经验,呈现碎片化学习内容、学习过程及扩展素材的一种新型教学资源或结构化数字资源;相比传统教学资源,其内容更加精细、专业,表达形式更加多样、有趣,传播方式更具移动性、简便性,在激发学生学习积极性、培养学生学习自主性、优化教学设计等方面所发挥的作用是传统教学资源不能比拟的。

一、微课设计的概念

拓展资源

2008 年,美国新墨西哥州圣胡安学院的戴维·彭罗斯(David Penrose)首创了微课程(Microlecture)一词[①],并引起国内外业界广泛的关注,但到目前为止学术界尚未对"微课"进行统一的定义。对于微课概念的界定有的侧重于微课表现形式与功能,有的侧重于微课的基本原理,例如,基础教育一线教师胡铁生认为,微课又名"微课程",是"微型视频网络课程"的简称,它是以微型教学视频为主要载体,针对某个学科知识点或教学环节而设计开发的一种情景化、支持多种学习方式的新型网络课程资源[②];高校理论研究人员代表张一春教授认为:微课是指为使学习自主学习获得最佳效果,经过精心的信息化教学设计,以流媒体形式展示的围绕某个知识点或教学环节开展的简短、完整的教学活动[③]。两种观点分属两个研究层面,外在形式与功能研究直接与实践相对接,有利于迅速促进微课的应用实践,基本原理和规律研究重视对微课的理性反思,有利于微课实践应用往持续、健康的方向发展。微课设计是利用现代化技术手段研究教学目标、制订决策计划的教学技术学科的一部分。这一定义下的微课设计具有以下特征。第一,微课设计是利用现代技术手段把教学原理转

---

①　Shieh, David. These lectures are gone in 60 seconds. Chronicle of Higher Education, 2009(26): 1-13.

②　胡铁生."微课":区域教育信息资源发展的新趋势[J].电化教育研究,2011(10): 61-65. DOI:10.13811/j.cnki. eer. 2011. 10. 020.

③　张一春.微课建设研究与思考[J].中国教育网络,2013(10): 28-31.

换成教学材料和教学活动的计划。微课的教学设计要遵循教学过程的基本规律,选择教学目标,以解决教什么的问题。第二,微课设计是实现教学目标的计划性和决策性活动。微课的教学设计以计划和布局安排的形式,对怎样才能达到教学目标进行创造性的决策,以解决怎样教的问题。第三,微课设计以系统方法为指导。微课的教学设计把教学过程各要素看成一个系统,分析教学问题和需求,确立解决的程序纲要,使教学效果最优化。第四,微课设计是提高学习者获得知识、技能的效率和兴趣的技术过程。微课的教学设计是教育技术的组成部分,它的功能在于运用系统方法设计教学过程,使之成为一种具有操作性的程序。

二、微课的特点

随着信息技术的快速发展,信息化工具在教学中的地位越来越重要,微课作为信息化教学工具之一,具有十分广阔的教育应用意义,微课本身也具有独特的特点。

(一)微课内容少、时间短,重点突出

微课的出现是信息技术发展的必然结果,是时代的进步。时间较短是微课最主要的特点。由于这个特点,微课内容要简化,提取重点,比较注重内容的高质量。微课一般是对碎片化的知识进行彻底讲解,使学生能够准确理解教学中的重点和难点。微课的使用可以与其他配套的教学内容结合起来,使学生能够对教学内容全面掌握。微课可以把教学内容由难化易,使难点重点更加通俗易懂,更快实现学习目标。微课的教学方式突破了传统教学方式的限制,能够把碎片化的知识进行再造。

(二)微课容易使学生集中注意力

传统的教学方式时间较长,学生在学习过程中很难做到全程全神贯注、集中注意力。微课与传统教学方式最大的不同在于时间较短,学生能够在短时间内更加高度集中注意力,并且微课作为一种新的教学方式,能够引发学生学习的兴趣,激发学习积极性,可以在很大程度上活跃课堂气氛,为大学计算机实验教学创造积极向上的氛围。微课能够在短时间内使学生加深对知识点的理解,提高教师的教学质量和教学效率。

(三)微课储存空间少

微课具有储存空间小的特点,极大地方便了学生的携带。微课的文件大小一般在50 MB 以内,由于文件小,很容易储存在多媒体设备中,并且能够储存在多种设备中。微课的学习方式被广泛使用,使学生能够随时随地进行学习。微课文件小的特点使学生打破了传统学习中时间及空间的限制,补充了传统学习方式的不足,使学生能够在学习过程中培养主动学习的能力,为学生的学习提供了有利的前提条件。

(四)微课容易制作

微课制作的要求相对较低,并且操作难度不高,因此十分容易操作。微课的制作只需要运用相关设备按照简单的要求就可以完成,不需要专业度较高的设备,因此制作时间短。微课制作简单并且灵活快捷的特点,使其在计算机实验教学中占有很大优势。

三、微课的类型

微课以视频为主要载体,记录了教师在课堂内外教育教学过程中围绕某个知识点或教学环节而开展的精彩教与学活动的全过程,有以下几种类型。

(一)拍摄类微课

拍摄类微课是指根据授课内容,针对学习目标,到真实的工厂、车间、公司、酒店后厨等各技能应用的实际工作场景中,利用摄像设备设计拍摄相关的视频素材,然后经过视频编辑软件的后期编辑处理制作而成的微课。拍摄类微课在创设真实情境,设置真实的工作场景和任务情境方面更逼真,更能让学生身临其境,在搭设实训课教学与工作场景之间的桥梁方面更胜一筹。但制作拍摄类微课,需要根据教学设计到真实的公司、车间等实际场地拍摄视频素材,比较困难。如果是模拟拍摄,则需要模拟搭建工作场景、制作剧本、安排演员等,同样有一定的难度。

(二)动画类微课

动画类微课主要指利用 Flash、AE、Maya、万彩动画大师等动画制作软件设计制作而成的微课。除此之外,还有纸片动画式微课、手绘动画微课、PPT 动画微课等其他类型的动画微课。动画类微课的呈现方式更轻松、幽默,表现方式更灵活、多元,更能激发学生的学习兴趣。但制作动画类微课需要掌握相关的动画制作软件操作技术,对教师的多媒体技术水平有一定的要求,在学校推广存在一定的困难。

(三)录屏类微课

录屏类微课是指借助录屏软件把计算机、手机等电子设备的演示操作过程、PPT 播放过程等画面录制下来,经编辑加工后形成的微课。在教学中进行基于微课的情景式教学时,应用的微课可以采用单一的制作方法,例如,采用拍摄类或者动画类等。也可以采用多种类型混合的制作方法,如根据内容呈现的需要采用"PPT 录屏＋视频拍摄"的模式,或者采用"动画＋视频拍摄"的模式等,通过后期的编辑将两者混合、拼接。多种类型混合的制作方式,能发挥各种类型的优点,制作出更出彩的微课视频。但对比拍摄类和动画类微课,PPT 微课动画效果比较简单,在生动性和形象化方面效果一般,创设教学的工作场景和任务情境等方面较逊色。可以用 PPT 录屏结合拍摄类或动画类的方式制作微课——用 PPT 展示提纲、小结等重要的文字性内容,配合视频或动画等。充分利用各种类型的优点,制作出更精彩的微课,创设出更生动的教学情境。

第二节 微课的设计

一、微课设计理念

教育数字化转型强调充分应用数字化技术,改变传统的工作思路和流程,树立数字化意识,实现数字思维引领的价值转型。微课作为数字化技术应用课堂的重要元素之一,其设计理念的重要性不言而喻,而我国对微课的研究相比国外较晚,并且这些研究大多停留在微课的概念及形式上,忽略了微课学习的实质,对微课的理解和设计的理念越来越陷入误区,造成"重视觉画面轻内容"的局面,要扭转微课错误的设计理念,微课的设计理念应围绕以下几个方面进行。

（一）技术与内容相统一

随着现代教育技术的发展,新媒体、新技术融入教育领域,教与学的形态结构面临着重组,给"互联网＋"教育时代变革提供了技术支撑。微课的出现实现了移动终端的泛在学习、移动学习和选择学习,为学习者提供了极大的方便,也使得教师的课堂教学变得有效,但设计有效的微课是教师面临的一个挑战课题,各种形式的微课比赛使得人们对微课的认识有点"扭曲",忽略了微课的本质内涵,出现"重技术轻内容"的局面。正确认识微课技术和内容的有效统一,是微课价值的具体所在,微课应用于课堂并改变课堂是设计微课的意义所在。

（二）学习内容的合理性

微课改变了教与学的传统形式,是传统课堂的有效补充,将知识点设计成微视频方便学生在课前课后反复学习,便于深刻理解和全面掌握知识点,这就要求教师设计微课时应避免过于重视视频画面而轻视内容学习带来的偏差。微课教学是为了提高学生的学习效率,应按照不同课程的情况制作微课,内容要针对具体的知识点,设计成学生易于学习且生动的视频画面,方便移动终端随时学习。

（三）评价要逐步科学化

通过互联网的平台,随时跟踪学生的学习情况,分析学生的学习状态,实时调整微课学习策略,制定科学合理的学习评价机制,为不同层次的学生提供不同学习建议。

（四）教师要具备适应性

不是所有的教师都适合做微课,有的教师对课程的研究和理解很深,习惯于教室的讲台讲解,面向镜头录制微课时,反而会出现忘词、语言组织能力差、状态不佳等状况,显然这样做出来的微课效果不好,不利于在线学习。

（五）微课中音画的同步性

微课的重点是突出要传递的知识点,通过视频呈现的知识内容,如果讲解的内容和画面特效严重不符,就不利于深刻理解所要表达的知识点,设计微课要注意音画的同步性。

（六）微课内在的统一性

微课是一种新媒体、新技术和新事物,每个人对微课的理解不尽相同,在当下各种类型的微课比赛的驱动下,设计过多的特效画面固然好看,但也容易忽略微课的本质特征,要做到多元素呈现和内容突出相统一。

（七）微课中情感的积极性

微课的视频画面要符合学习者的情感特征,设计有效的情感特征会使学习者很快进入学习状态,学习的过程也是一次情感的历程,积极向上的情感因素容易激发学习热情,便于掌握知识点,提高学习效率。

(八)微课应用的拓展性

微课中应有知识点的应用部分,通过简短的微课学习,能体会到知识点的深层次应用,对于理解和掌握知识点有很大帮助,拓展了学生的思维空间,有利于提高学生的学习兴趣。

二、微课设计原则

进行微课设计时要遵循以下几个原则。

(一)简洁性原则

微课的时长大多在一分钟,教学时间较短,因此在内容编排上就要简洁。开课要尽快切入主题,授课线索逻辑要清晰明确,授课过程要做到详略得当,课程结束要干脆利落。微课在实际的教学应用中的作用主要体现在两个方面:第一,应用翻转课堂的教学模式时,可以作为学生自学新知识的途径;第二,在正常的课堂教学过程中,作为教辅工具来使用。无论是哪个方面的应用,微课的设计与制作都需要遵循简洁性原则,才能达到好的教学效果。

(二)适用性原则

微课设计与制作的适用性原则主要从兼容与实用两方面进行分析。目前视频的播放工具除计算机以外,还有智能手机、智能电视等视频播放终端,因此微课在进行设计与制作时,应充分考虑不同播放环境的兼容情况,使学生随时随地进行学习。微课的设计与制作应当以实用为导向,在进行系列微课设计与制作时,除了为实现教学目标而进行的微课制作外,还应充分考虑学生的认知规律,选择学生感兴趣的知识点,从而激发学生学习的能动性,提升学习效果。

(三)直观性原则

微课以微视频的表现形式进行知识的传递,在知识教授和学习中起到了桥梁的作用,因此必须具有直观性,才能让学习者更快、更准确地理解所学知识。直观性从两个方面来进行分析,一方面,从观看的视觉角度来看,微课具有良好的视觉效果,能够提升学生的学习兴趣,激发学生的学习热情,进而培养学生学习的主体意识,增强学生学习的主动性。另一方面,体现在教学设计上,别出心裁的教学设计能激发学生潜在的学习能力,促使学生勤于思考,增加学生对新知识的记忆程度,发展学生的创新学习意识,有利于学生的个性化发展。

(四)注目性原则

注目性原则指微课应能引起学生的关注。现代社会是一个信息化的社会,是一个知识爆炸的时代,学生受到外界的干扰及诱惑越来越多,微课如果不能够引起学生足够的关注,它所具有的知识传播的基本功能就会降低,因此在进行微课设计与制作时,往往采用简洁大方的画面,生动鲜明的语言以及具有强烈视觉冲击效果的配色。在教学设计上倾向于趣味性的教学模式,如应用生动形象的动画代替大篇幅的文字叙述,学生在学习中容易产生共鸣,进而激发学生的求知欲望,使学生能够愉快地接受新知识。

三、微课设计要素

完整的微课设计需要考虑相应的要素要求,各个要素缺一不可,共同构成完整的微课,其设计要素包括目标设计、内容设计、过程设计、学习任务单设计和微视频设计。

(一)目标设计

目标设计既是微课教学的起点,也是微课教学的归宿。教学目标是关于教学将使学生发生何种变化的明确表述,是指在教学活动中所期待得到的学生学习结果。在教学过程中,教学目标起着十分重要的作用。教学活动以教学目标为导向,且始终围绕实现教学目标而进行。目标设计是一堂完整而优质的微课的重要组成部分,而一个明确的微课目标设计直接关系到教学活动的顺利开展,也关系到教学的质量和效果。

(二)内容设计

微课的内容设计是设计要素中重要的一部分,在整个微课教学过程中具有重要的作用。要打造一堂优质的微课,需要注重微课的内容设计,增强整个课堂的趣味性,才能收到良好的效果。微课教学内容的趣味性有利于增强其生动性,其趣味性包括内容本身的趣味性和过程的趣味性。如果微课的教学内容设计得生动有趣,就能在一定程度上激发学生的解题兴趣,增强学生的学习热情,还可以使学习过程生动有趣,学生得到应有的收获,最终就会增加其学习动力,提高学习效率,达到事半功倍的效果。

(三)过程设计

一节完整的微课应包括课前、课中、课后这三个阶段。无论是哪个阶段,都应该将教师的教学活动与学生的自主学习活动结合起来,成为彼此相互衔接、系列化的活动过程。整个教学过程需要做到以下几点。第一,在时间安排上要做到合理、主题切入要直接迅速。教学各个环节时间分配合理,详略得当,避免过度举例和重点内容讲解简略。结束时收尾快速。第二,所选方法要合理。所采用的教学方法要和微课相适应。第三,在讲授过程中要脉络清晰,讲解到位,视听一致,语言得当。第四,在信息技术的搭配使用上要合理。例如,Flash、PPT等多媒体资源要素适中、配合得当,板书也要简约、合理。

(四)学习任务单设计

学习任务单是教师根据教学目标、学生学情制定的表格,通过展示学习目标、学习方法、学习任务、学习困惑与建议,帮助学生自主学习。学习任务单设计更符合学生特点,通过搭配学习任务单,学生获取了更大的发挥空间,能够充分激发学生的学习兴趣,引导学生自主学习,更有助于培养学生良好的学习习惯,提高学生独立自主的学习能力。

(五)微视频设计

微视频是微课的主要载体,是一种视频教学资源,有时间短、内容精、容量小、情景化的鲜明特点。微视频的开发是一个系统化的"工程",每个环节相互配合,可以真实地展现课堂教学情境、引人入胜。视频的录制方式和录制软件多种多样，如 PPT 录制、Ipad 录制、自主拍摄模式等，常用的软件有 CamtasiaStudio 软件、录屏软件、拍大师屏幕录像等。

第三节　微课制作高手速成锦囊

一、锦囊一：CamtasiaStudio

（一）软件简介

软件介绍

Camtasia Studio(CS)是美国 TechSmith 公司出品的屏幕录像和编辑的软件套装。软件提供了屏幕录像、视频的剪辑和编辑、视频菜单制作、视频剧场和视频播放功能等。

目前，Camtasia Studio 是最专业、最流行的微课制作软件，相比专业的视频制作软件学习难度较低。它操作简单的录制功能和齐全的后期编辑功能为制作微课提供了有力保障。通过 Camtasia Studio，能很方便地录制屏幕操作和配音、视频的剪辑和过场动画、添加说明字幕和水印、制作视频封面和菜单、视频压缩和播放。其功能强大，操作灵活、容易上手、输出视频清晰、程序占用计算机内存小、输出文件占用空间小。

（二）功能特色

1. 录制屏幕功能

Camtasia 录像器能在任何颜色模式下轻松地记录屏幕动作，包括光标的运动、菜单的选择、弹出窗口、层叠窗口、打字和其他在屏幕上看得见的所有内容。除了录制屏幕，Camtasia Record 还允许录制时在屏幕上画图和添加效果，以便标记出想要录制的重点内容。无论是录制屏幕还是 PPT，都可以同时录制声音和网络摄像机的录像。在最后制作视频时，可以把摄像机录像以画中画格式嵌入主视频中。在录像时，可以增加标记、增加系统图标、增加标题、增加声音效果、增加鼠标效果，也可在录像时画图。

2. 录制配音功能

可以进行声音编辑，录制语音旁白、进行声音增强、把声音文件另存为 MP3 或者 WAV 文件。在 Camtasia Studio 工作的主界面，单击"更多"→选择"配音"→在新界面单击"开始录制"→单击"停止录制"，配音结束→重命名音频文件，保存至文件夹。请记住文件名及文件夹位置，如果是录课，最好和刚刚录好的微视频保存在一个文件夹中，方便后期查找。

3. 视频剪辑、处理功能

在时间线上，可以剪切一段视频、隐藏或显示部分视频、分割视频剪辑、扩展视频帧以便适应声音、改变剪辑或者帧的持续时间、调整剪辑速度以便做出快进或者慢放效果、保存当前帧为图像、添加标记以便生成视频目录。也可以为视频添加效果，如创建标题剪辑、自动聚焦、手动添加缩放关键帧、编辑缩放关键帧、添加标注、添加转场效果、添加字幕、快速测验和调查、画中画、添加元数据等。

（三）操作步骤

关于 Camtasia Studio 的操作步骤本书将其汇总在"微课制作"中，以二维码的形式呈现,可自主选择查看,内容包括视频录制—录制前的准备、熟悉 Camtasia Studio 软件界面、进行录制、视频剪辑、特殊效果添加、视频输出。

二、锦囊二：万彩动画大师

（一）软件简介

软件介绍

万彩动画大师是一款专门制作微课的软件：内置大量的在线模板和场景,可添加图形图片、文本气泡、音乐视频、SWF、动画角色等元素物体；用户可以在时间轴上添加动画特效、字幕和配音,操作容易上手,可用来制作动画片、趣味课件视频、微课视频、演示演讲动画视频等。输出的视频播放流畅,制作出来的微课非常精美。万彩动画大师内置的精美动画模板及海量素材,即使是没有动画视频制作基础的用户,通过简单的操作也能快速制作效果丰富的动画视频。

（二）软件特色

1. 操作体验快速简单

万彩动画大师界面简洁,操作简单易上手,短时间内便可学会制作。可在视频画布上随意编辑,轻轻松松便可做出专业级水平的动画视频。

2. 动画模板海量精美

大量的简洁大方的动画模板,涵盖多个主题内容,可以下载并替换模板内容来快速制作出酷炫的动画宣传视频、微课视频等。

3. 镜头特效别出心裁

缩放、旋转、移动的镜头特效让动画视频更富有镜头感,可以让学生拥有更好的视觉享受,且镜头切换非常流畅,让动画视频的方方面面都更加出彩。

4. 图形组合随心所欲

拥有多种多样的图形,可自由将各种图形任意组合成新图形,将创意与想象完美结合,做出让学生耳目一新的动画。

5. 动画角色栩栩如生

拥有表情多样、种类繁多的动静态动画角色（Flash、PNG 和 GIF）,增加动画视频的趣味性和互动性,帮助清晰地表达想法,生动形象地传递信息,让微课视频更加简单易懂,清晰明了。

6. 拥有手绘动画效果

可以将手绘动画特效灵活应用到动画视频中,提高微课视频、动画视频的美感与时尚感,从而让课堂更加趣味生动。

7. 文本转语音

拥有语音合成功能,只要输入文本,即可生成不同语音（男音、女音、普通话、粤语、英语、卡通人物语言、闽南话、湖南话、东北话等）,还可以调节语音的音量和音速。

8. 轻松输出动画视频

支持输出多种格式的视频,可自定义输出设置；上传为云作品在线播放,分享至微信等社交平台。

（三）入门操作

关于软件万彩动画大师的入门操作，本书将其汇总在"微课制作"中，以二维码的形式呈现，可自主选择查看，内容包括界面介绍、新建项目、基本使用功能。

三、锦囊三：Focusky

软件介绍

（一）软件简介

Focusky 动画演示大师相对来说是一款容易上手的微课制作软件，可以录音、录屏、字幕、配音，在操作上有点类似 PPT，所以比较容易学会。这个软件主要是通过缩放、旋转、移动来切换场景，制造出强烈的空间感；软件内有大量的模板和素材，可以自己根据需要选择相应的模板与素材进行编辑，也可以直接套用模板或者直接应用素材，页面还可以添加图文、公式、图表、视频、动画、角色人物等元素内容。

（二）功能特色

1. 快速简单的操作体验

Focusky 比 PPT 还要简单，所有操作即点即得，在漫无边界的画布上，拖拽移动也非常方便。

2. 软件自带精美的模板

Focusky 提供许多精美的模板，替换成自己的内容就可以用了，可以快速制作出好看的多媒体幻灯片。

3. 3D 演示特效打破常规

传统 PPT 只是一张接一张播放，而 Focusky 打破常规，模仿视频的转场特效，加入生动的 3D 镜头缩放、旋转和平移特效，像一部 3D 动画电影，给听众视觉带来强烈冲击力。

4. 思维导图式的体验

自由路径编辑功能支持轻易创建出思维导图风格的幻灯片演示文稿，以逻辑思维组织路线，引导听众跟随教师的思维去发现和思考。

5. 多语言支持

Focusky 完美支持中文，除此以外还支持输入其他语言，如英语、日语、韩语、法语、阿拉伯语等。

6. 多种输出格式

Focusky 支持多种输出格式，如 HTML 网页版、*.EXE、多种视频格式等，可以上传网站空间在线浏览，或者在 Windows 和苹果计算机上本地离线浏览。

（三）入门指南

本书将 Focusky 的入门指南汇总在"微课制作"中，以二维码的形式呈现，可自主选择查看，内容包括界面介绍、基本使用功能。

（四）Focusky 动画演示大师常见问题

1. Focusky 转换为 PPT 格式

首先打开 Focusky 软件,新建一个工程,使用 Focusky 软件创建好的幻灯片以后单击右上角的输出选项。

其次选择输出为 PDF 格式然后保存,Focusky 导出 PDF 格式文件成功以后就可以打开了,接下来将 PDF 文件转换成 PPT 格式文件就可以了。

2. Focusky 的输出与保存的不同

首先要保存工程,该工程只能在保存工程的计算机上打开,不能跟随账号一起移动。另存为工程后,保存为.fs 的工程文件,可供携带。换计算机后,可依次单击左上角的"文件"→"打开工程"。

其次输出,可保存为 9 种类型的展示效果。

3. 用 Focusky 制作做字幕

首先打开任意工程文件,单击帧右侧的"添加声音跟字幕"按钮,进入录音模式编辑界面。

其次为镜头添加声音和字幕。

（1）添加录音:开始录音—停止录音—选项—设置音量—保存。

（2）添加配音:导入—选择配音—打开—选项—调节音量—保存。

（3）添加字幕:新增字幕—添加字幕—完成—选项—自定义字幕效果。

（4）拖字幕条设置字幕显示时长—预览声音和字幕添加效果—退出录音模式。

第四节 微课的评价标准

好的微课能有效实现教学效果,从整体来看,好微课具备合理性、逻辑性、趣味性、有效性等特质;具体而言,微课的制作评价标准可以分为技术标准和内容标准,技术和内容相配合,构成评价标准,技术标准包含对常见微课制作技术方法的规范,内容标准包含对微课设计制作全环节的要求。

一、微课技术标准

微课制作技术方法囊括在微课多种多样的类型中,常见的方法有屏幕录制、拍摄类等,对于这些方法的规范如下。

（一）录制屏幕规范

此处录制屏幕指非人像出镜,主要是指多媒体课件的录制。录制屏幕首先要注意调整分辨率,录屏的分辨率一般采用 1024 ppi×768 ppi 或 1280 ppi×720 ppi,要避免高分辨率录制,低分辨率输出,同时要避免使用非常规分辨率。录制 PPT 时,要注意调整幻灯片大小,让其合理出现在录制范围内。除画面外,为了保证录音质量,录制屏幕时需要选择尽量安静的环境,同时使用智能、收音效果较佳的耳麦,减少外部无关声音干扰。

（二）摄像画面规范

摄像画面要图像稳定、对焦清晰、构图合理、镜头运用恰当。摄像时视频分辨率一般设定为 720 ppi×576 ppi、1280 ppi×720 ppi，视频帧率为 25 帧/秒，要避免同一摄像画面标清、高清混用，注意视频码流率所处区间范围合理性。

（三）混合编辑规范

如果采用屏幕录制与摄像画面相结合的方式制作微课，要注意屏幕录制画面、摄像画面均采用相同的分辨率，画面宽高比一致，混合画面后保证画面清晰稳定、声音清晰流畅、音画同步，其余规范可参考前述两条。

（四）交互生成规范

如果没有交互性内容，可输出 MP4 或 FLV 格式视频，每个微课使用单个文件输出；如果存在交互性学习内容，则必须符合共享内容对象参考模型（SCORM），采用 1024 ppi×768 ppi、800 ppi×600 ppi 等通用分辨率，以便生成最佳效果的视频。

大多数教师都会出现技术不熟练的问题，毕竟微课的设计制作是一个系统的过程，不是一蹴而就的，牵涉到很多细节工作，而且很多技术上的问题要有理论作为指导，所以有一定时间的摸索阶段。部分中年教师在从教多年的过程中积累了相当丰厚的教学经验，但是在微课的设计制作方面往往"心有余而力不足"，尽管很有想法，但是很难把想法衔接到微课的设计制作上，所以会出现节奏缓慢的情况。而部分青年教师往往能把握好新生事物"微课"的时代前沿性，所以部分教师的观念很有创新性，制作的微课能够给人眼前一亮的感觉，但是因为缺乏一定教学经验的积累，所以在设计、制作的过程中无法很好地处理好内容与效益的问题。无论是技术掌握还是经验积累，相对于整个教育教学系统来讲，微课算是一种教学资源，但是这种资源还需要聚集起来，这样才能发挥作为一种教学资源的优势，从而更好地服务于整个教育教学工作，助力教育数字化转型。

二、微课内容标准

微课设计制作全环节包括确定选题、设计教案、寻找资源、制作课件、录制视频、后期制作、教学反思，其中对于选题、教案、资源、视频中的语言、后期制作的审美都有具体明确的要求，具体参照表 7-1。

表 7-1　微课内容标准

内容	标　　准
选题	选题内容明晰，针对课前导入、课中重难点突破、课后拓展延伸； 既可以通过知识讲解、教材解读、考点归纳等形式，也可以通过方法传授、教学经验等技能展示
教案	微课的教学过程简短完整，教案中应包括教学问题的提出、教学活动的安排、学生协作探究解决问题等环节
资源	资源指向明确、主题突出； 以教学视频片段为主引领教学设计、多媒体素材、教师教学反思、学生反馈等相关教学支持资源，构成主题鲜明、类型多样的"主题单元资源包"

续表

内容	标　准
语言	语言要简明精确； 不同类型的微课要求教师具备适宜的语言风格,做到语言风格与授课内容的和谐统一,同时要注意语速合理,语言生动、富有感染力
审美	微课不仅要取得良好的教学效果,还要使人赏心悦目、获得美感； 优质的课程应是内容与美的形式的统一,要注意结构对称、色彩柔和、搭配合理,有审美性

　　明确微课的内容标准有利于修正"课堂实录"式视频教学资源模式。过去传统的"课堂实录"式的资源把整节课以视频格式照搬给学生,这样的视频应该说是很充实的,同时对知识点及问题的讲授论述也是完整系统的,但却显得过于"臃肿",学生也很难将注意力集中于这样的视频课。而制定明确的微课内容标准有助于解决传统的"课堂实录"式的诸多问题,使得视频资源是简洁的,同时也是学生能够集中注意力且感兴趣的。明确微课的内容标准还有利于构建并动态生成丰富的教育资源。微课作为一种教育资源并不是刻板的、停滞的、永恒的,它在动态中生成,并以动态形式灵活地运用在教育系统中,丰富教育资源,为教育资源的开发开拓了新的思路,从而引领着越来越多、越来越丰富的其他形式的资源等待着开发者来开发。明确的内容标准对微课建设具有重要意义,也适应了信息化时代发展对教育发展的要求。

思　考　题

　　1. 微课设计的核心理念是什么？

　　2. 微课开发的常见问题有哪些？

　　3. 设计和制作一节优秀的微课需要考虑哪些关键因素？如何确保微课的质量和有效性？

　　4. 不同学科领域中,微课的应用方式和效果有何不同？如何根据学科特点设计微课内容？

　　5. 微课如何与在线学习平台相结合,为学生提供更加灵活多样的学习方式？

———┤拓 展 资 源├———

　　1. 杨上影.微课设计与制作[M].2 版.北京：高等教育出版社,2023.

　　2. 郭利强,赵文霞.微课设计与制作[M].南京：南京大学出版社,2021.

　　3. 杨上影,沈竞.教师如何学 MOOCs——基于《微课设计与制作》课程的数据分析[J].现代远距离教育,2017(5).

　　4. 陈明选,胡月霞,张红英.理解取向的微课设计分析[J].中国电化教育,2017(5).

　　5. 陈君贤.基于微课设计的新手教师 TPACK 培养策略质性研究[J].现代教育技术,2018(2).

研 究 篇

第八章 信息化教学研究

学习目标

(1) 了解中小学教师需要具备的科研素养。

(2) 掌握研究课题的类型以及课题选择的策略与原则。

(3) 掌握文献检索的方法,并能够撰写文献综述。

(4) 了解课题研究方法的特点、分类,熟练掌握常用的课题研究方法。

(5) 掌握课题研究资料的收集与分析方法,并能够撰写研究结果。

第一节 中小学教师与教学研究

拓展资源

1999 年中共中央、国务院颁布的《关于深化教育改革,全面推进素质教育的决定》明确指出,教师要遵循教育规律,积极参与教学科研,在工作中勇于探索创新①。基础教育课程改革同样要求教师"成为具有教育科研意识和研究能力的研究型教师"。《中华人民共和国教师法》赋予教师"进行教育教学活动,开展教育教学改革和实验;从事科学研究、学术交流,参加专业的学术团体,在学术活动中充分发表意见"等权利。联合国教科文组织曾提出,在当今,从教师在教育系统中的作用看,教师与科研人员的职责趋向一致②。"教师即研究者"(the teacher as researcher)已然成为新时代赋予教师的职责与使命,对中小学教师教育科研的研究具有重要的意义。

一、中小学教师为什么要做科研

(一)基础教育课程改革需要

基础教育课程改革的核心是以学生的生存和发展为中心的,它更强调一种新的教育思想和理念,更需要有改革意识的教师去"播撒",并把这种思想和理念融入自己的教育实践,随着基础教育课程改革的不断深化,人们对教师职业的认识也进一步得到提升,由经验化、随意化上升为专业化。专业化是广大教师憧憬自我实现的最高境界,穷尽毕生之力,研究如何在教研、教改和教育试验、专业研究等方面树特色、出成绩。这充分体现教师工作的专业化程度和水平,达到专家型教师的境界和高度,这既是广大教师自身专业成长的追求,也是

---

① 杨叔子,余东升.素质教育:改革开放 30 年中国教育思想一大硕果——纪念中共中央国务院《关于深化教育改革全面推进素质教育的决定》颁布十周年[J].高等教育研究,2009,30(6):1-8.

② 史可可.中小学教师教育科研的现实困境和突破[J].文教资料,2021(8):168-169,144.

素质教育全面实施和课程改革的必然要求。

课程改革需要科研型教师。为实现基础教育课程改革的目标,全面实施素质教育,培养学生的创新精神和实践能力,教师必须是科研型的教师,必须具备高水平的教育科研能力,否则,就无法实施和完成这场变革。课程改革是一项重塑课程文化的复杂工程,它需要一种全新理念的支撑,来实现教学方式、学习方式、管理方式、评价方式等方面的全面变革。作为课程改革的主体教师而言,面对的更多的是挑战,只有在不断的研究求索中,在教师与教师、教师与学生的交流与互动中,边探究、边实验,以获得共生共长,才能完成由以往的"教学问"向自己"做学问"的转变[①]。

(二)有助于提高教育教学质量

教师科研的目的在于为教育实践服务。教师参与到教育科研中,一方面,可以比较全面地了解、运用已有的科研成果,作为做好教学工作、提高教学质量的参照经验;另一方面,可以在研究中认识到教学活动中的问题,从而在研究的基础上科学、有效地改正,促进教学质量的提高。教师在做好教学工作的同时,还应重视教育研究,把教学质量提高的基础放在教育研究上,在研究中发现问题,分析解决问题。总之,教师只有不断提高自身的教育研究水平,引导学生科学地观察和考虑问题,使学生以创造性的思维对待所学的知识,才能真正提高教学的质量。

(三)有利于教师各方面素质的提高

教育研究活动是一种创新活动,需要研究者在实践中不断探求新知,有所发现。而在这一创新活动中,研究者自身素质会有进一步的提高。长期以来,人们错误地将教学与科研割裂开来,认为这两种活动是截然不同的,造成了教师教学实践中面对各种问题束手无策,而研究者又往往不了解具体实际,不能从理论上对实际工作有所指导的局面。教师参与教育科研活动,可帮助教师发现存在的问题和不足,掌握解决问题的途径和方法,在实践中提高各方面素养。

开展教育研究能够切实地提高教师的教育研究意识,促进教师按照科研的要求调整并转换自己的角色。每个教师都可以结合自己所教学科、所育对象的实际承担课题组中的专题研究。一般而言,有组织的课题研究都要定期组织培训、考察、研讨活动,教师将自己的研究成果提炼出来进行发表、交流,相互学习,进而实现共同提高,不仅有助于教师解决实际的教育问题,而且能弥补其知识、能力,转变观念,提高素质,增强从事教育工作的信心与成就感。在这个过程中,会促使教师的教育教学工作从"经验型"向"科研型"转变,也能在很大程度上促使教师的角色从"教书型"向"专家型""学者型"转变[②]。

二、信息化环境下中小学教师需要具备的科研素养

(一)科研素养定义

对于中小学教师科研素养,国内专家、学者分别从不同的角度进行了研究,形成了不同

①　王水玉.基础教育课程改革与教师科研能力的培养[J].教育探索,2003(9):97-98.

②　童玲.中小学教师为什么要进行教育科研[J].遵义师范学院学报,2005(2):79-81.

的观点和认识。尤俊英等提出中小学教师的教育科研素养,是指在教育科研过程中应具备的科研意识和科研能力,如对问题的质疑、敏感、探索,勇于突破常规,超越自我,能进行科研分析、总结,撰写科研论文和报告等①。赵清福在《新形势下中小学教师教育科研素质提高的策略》一文中提出,教师的科研素养是指教师具有教育科研知识和认知结构,具有进行科研的特殊能力和科学品质②。杨丽在《中小学教师科研素养存在的主要问题及对策研究》一文中提出,教师的科研素养是指教师在专业化发展过程中,从事教育科研所必备的素质、修养,具体指教师开展教育科学研究所必备的知识、能力、品质、精神③。李帮魁提出教师的教育科研素养就是指教师的科研修养,它是一种高级的、复杂的、源于教育实践而又有超越和高于实践的内在的、综合素质④。它涵盖了教育学、心理学理论知识与方法知识、科学研究的知识与技能。包括收集利用文献资料,开发处理信息的能力、研究动手操作的能力、创新思维能力、语言文字表达能力、开拓创新精神、理论勇气、严谨的治学作风等。

(二)科研素养构成

教师教育科研素养框架如表 8-1 所示。

表 8-1 教师教育科研素养框架

维　度	指标要素	基　本　要　点
科研精神	科研意识	问题意识:对问题具有较强的敏感性,不断发现问题、整理问题并解决问题
		创新意识:在科研过程中推陈出新,要有自己独到的见解,突出自己的特色
		批判意识:不过于迷信教材和权威,敢于质疑、敢于检验,形成自己的观点
		反思意识:进行研究时,要不断更新教育观念,养成反思的习惯,不断对教学过程进行分析和总结
	科研道德	科研价值观:具有正确的教研、科研价值追求倾向
		学术道德:具有良好的学术品德,不伪造科研事实
科研知识	学科专业知识	学科本体知识:准确把握学科知识本质,熟悉学科知识体系
		学科教学知识:具有学科教学设计、实施、检测等方法知识
	科研理论知识	课程理论知识:具有学科课程校本化及校本课程开发知识
		教学理论知识:具有系统的学科课标和教学理论
		心理学知识:具有胜任教学的心理学知识
	科研方法知识	信息检索方法知识:运用合适的工具收集信息
		科研方法运用知识:选择合适的科研方法开展研究

---

① 尤俊英,于忠海.教师继续教育的突破口:提高教育科研素养[J].集美大学教育学报,2001(1):45-47.
② 赵清福.新形势下中小学教师教育科研素质提高的策略[J].教育探索,2006(7):112-113.
③ 杨丽.中小学教师科研素养存在的主要问题及对策研究[D].长春:东北师范大学,2006.
④ 李帮魁.中小学教师教育科研素养及其基本构成要素[J].教书育人,2017,594(8):46-47.

续表

维　　度	指标要素	基　本　要　点
科研能力	选择课题能力	问题调研能力：开发调研工具、实施调研的能力
		问题分析能力：结合科研实践分析问题的能力
		问题表达能力：把问题提炼成专题的能力
	组织实施能力	课程开发能力：结合实际需要开发校本课程
		校本教研能力：具有组织校本教研的能力
		区域教研能力：胜任区域内安排的学科教研任务
	成果凝练能力	理性思维能力：运用科研理论分析科研问题的能力
		经验提炼能力：科研实践经验提炼成规律的能力
		成果表达能力：以论文、报告等形式表达研究成果

三、中小学教师提高教学研究能力的途径

（一）学习与思考并重：致力教师科研的前提

理论的沙漠不可能孕育智慧的幼苗。教师科研必然是站在巨人肩膀上的舞蹈，虽然它以超越和创新为目标，但任何藐视前人智慧结晶、试图凭空创造的幻想都是天真和幼稚的。这是因为任何一个教师个体，其能力和智慧都是有限的。相反，教师倘若能够在科研过程中有意识地应用理论，可以使思维和表达更清晰、更有条理，因而也更能达到研究和表达的目的。因此，教师要想在科研的道路上开拓出自己的一片天地，首要的一条就是要注重理论的学习，包括教育学、心理学、哲学，乃至古今中外教育名家的教育思想和教育理念，这样，教师在阐述自己的科研观点时，才能做到陈词精辟，立论有据，使自己的观点或者思想更具有说服力。

当然，简单的学习远不是科研本身。教师更要学会在学习过程中进行思考，使教师能够领会隐于理论之中的深刻内涵，特别是要追问这些教育理论的实践意义和现实价值。这样，教师就有可能在科研中融会贯通地应用理论，反之，如果失去这样的思考过程，教师的科研之路只能走向迷茫和彷徨。

（二）实践与总结并举：推动教师科研的引擎

理论总是灰色的，实践是最具有生命力的。任何一种理论只有深植于实践的沃土之中，才能盛开鲜艳的花朵，结出丰硕的果实。《弟子规》设计了这样一条提高自身修养的路径："不力行，但学文，长浮华，成何人？"借用到教师科研上，可以说明这样一个道理：不亲身参与教育教学实践，而只知道读书啃理论，就会增长浮华而不切实际的习气，是不能在科研的道路上做出成绩的。对于教师来说，要做好自己的科研工作，仅有理论作为支撑是远远不够的，还必须躬身实践，在教育教学实践中获取大量的第一手感性材料，作为自己的研究对象。由于这些材料是教师在教育教学实践中发现的，与自己的工作有直接的相关性，因此，教师对这些问题和现象的存在感触最深，最有研究的紧迫性与价值意义，因而也最能够成为研究的突破点。

同时，教师还必须对自己的实践进行经常性的及时总结，记录成功的经验和失败的

教训。当然,这些总结应该带有明确的指向性,也就是说,它不能简单等同于一般工作小结意义上的材料罗列,而要善于从一系列单个教育现象中提炼出具有普遍意义的教育问题,并且能够自觉地以适当的教育理念、教育理论加以分析,使认识由感性阶段上升到理性阶段。一个阶段以后,教师就会发现,因为实践,可供研究的对象较为丰富;因为思考,教师对问题和现象的分析正在逐步全面。实践与思考正成为推动教师在科研道路上走向成功的引擎。

(三)整合与重构并行:成就教师科研的关键

科研绝不是理论与实践经验的简单叠加,它需要教师对过往所收集和积累的各种科研素材进行整合。教师要善于从已经占有的大量的丰富材料中,整合和筛选出自己思考得比较成熟的问题,形成自己的科研选题,并进行持续的研究,在研究中使自己对问题的认识进一步走向深化。

同时,要对已经形成的认识和材料进行反复重构。因为在人们的认识过程中,有许多灵感是在思维的瞬间产生的,充其量只能是一种思维的"碎片"。因此,教师必须对这些"碎片"不断进行加工、整理,使之成为研究线索,在此基础上,通过重构,构筑起思想的逻辑框架,形成研究的雏形。

这种建立在理论和实践基础上的整合与重构,构成了教师科研过程中具有决定性意义的关键环节。

无论是从学校发展还是从教师专业成长角度来说,中学教师都必然要面对科研这一现实问题,只有勤于学习和思考,努力实践和总结,才能使自己的科研能力得到不断的提高,使自己在科研道路上迈出坚实的步伐①。

第二节 研究课题的选择

一、课题选择的含义、意义、问题和类型

(一)课题选择的含义

选题简单说就是确定科研的课题,解决"研究什么"的问题,明确研究的目标和范围。选题是进行科研的第一步,而且是十分关键的一步。北京大学中文系原主任、著名现代文学研究专家温儒敏②在谈大学生毕业论文选题时指出:"选题就是选择确定所要提出并研究的课题。选题决定写作的对象与内容也在很大程度上决定论文的价值。俗话说,好的开头是成功的一半。选对了题目就迈出了写论文最关键的一步,就走过来了。"北京大学中文系古代文学教授刘永强③指出:"当我们准备做毕业论文时一开始就有一个选题问题,虽然一个好的题目并不意味着有一篇好的论文,但一篇好的论文首先一定要有一个好的题目。可以说

① 曹琴. 中学教师科研能力之自我培养[J]. 教书育人,2013(11):28-30.
② 温儒敏. 导言:与大学生谈论文写作[M]. 北京:北京大学出版社,2003.
③ 刘勇强. 关于古代文学论文选题及学术水平的三个层次[M]. 北京:北京大学出版社,2003.

能不能选出有价值的题目是写好论文的第一步,也是关键性的一步。"两位名师对选题的论述既说明了选题的内涵,也说明了选题的重要性[①]。

(二)选题的意义

目前来说,科研课题是依据研究目的,通过对研究对象的主客观条件进行分析而确立的研究问题。选择课题是课题研究的第一步,选题可以使研究的目的具体化,使研究活动指向特定的对象和内容范畴,选题具有指向性、概括性和理念性等特点。因此,教育科研课题的选择,对于整个研究过程、组织管理和课题方案的制定都具有十分重要的意义。

1. 课题可以反映出研究的价值

课题反映现有实践和认识的广度和深度,又反映向未知领域探索的广度和深度。著名物理学家爱因斯坦说过,提出一个问题往往比解决一个问题更重要。他认为解决问题也许仅是实验操作的技能而已,而提出新的问题却需要有创造性的想象力,而且标志着科学的真正进步。学校教育科研的目的是要解决教育实践存在的各种问题。这些问题由于对教育的影响不同,在教育活动中所处的地位和作用不同,因而其价值体现也就不同。例如,当前中小学正在进行的基础教育课程改革是全面推进素质教育一个主要举措。需要转变教育观念、教育思想、教育模式。因此,围绕素质教育选择研究课题就具有十分重要的理论意义和实践意义。

2. 课题可以引导研究的方向

研究方向是指研究者经过长期的教育研究和实践所认定的必须着手解决的某些方面的问题,并在这些方面开创自己的研究领域,形成论点明确的主攻目标。好的课题提出将会极大地推动教育实践和教育科学的发展。课题影响着整个研究过程的方向。课题是对研究对象、研究范围、研究主题的界定。例如:"农村初中学生辍学原因及对策研究"指出了研究对象是初中学生,其范围限定农村,目标是揭示出辍学原因,并指出相应的解决对策。显然,课题明确了,整个研究活动的方向就明确了。

3. 课题对研究工作起着制约作用

不同研究课题的研究目的、研究方法、资料的收集和利用都存在差异,对课题起到制约作用。例如:"当前中学生思想状况分析研究"与"中学生课外阅读指导研究",两个课题都需要了解学生课外阅读的情况,但前者侧重于对阅读内容的分析,后者侧重于阅读方法的研究,这是受课题制约的原因。

4. 合适的课题可以提高研究能力

对于中小学教师来说,撰写研究课题并不是一件轻松的事。如果研究课题过大或过难,就难以完成写作任务;反之,题目过于容易,又不能较好地锻炼科学研究能力,达不到课题研究的目的。因此,选择一个难易合适的题目,可以保证写作的顺利进行。选题有利于提高研究能力。通过选题,能对所研究的问题由感性认识上升到理性认识,使其初步系统化;对这一问题的历史和现状研究,找出症结与关键,教师不仅可以对问题的认识比较清楚,而且对研究工作也更有信心。科学研究要以专业知识为基础,但知识并不等于能力,研究能力不会自发产生,必须在使用知识的实践中,即科学研究的实践中,自觉地加以培养和锻炼才能

---

① 余三定. 谈大学生科研的选题[J]. 学术界,2007(4):145-149.

获得提高。选题是研究工作实践的第一步,选题需要积极思考,需要具备一定的研究能力,在开始选题到确定题目的过程中,从事学术研究的各种能力都可以得到初步的锻炼提高。选题前,需要对某一学科的专业知识下一番钻研的功夫,需要学会收集、整理、查阅资料等项研究工作的方法。

(三)确定选题过程存在的问题

"科研兴教"已成为中小学教育工作者的共识,以课题为载体,持续推动学校教学科研工作的开展,提高中小学教师的专业发展水平,成为很多学校教育教学的一大特色。中小学校建立了教育科研组织机构,开展形式多样的教科研活动。课题研究是促进教师专业成长的重要途径,课题题目是一篇文章思想的浓缩和灵魂,它不仅表明作者所要研究的主要目的、内容和对象,而且规范了研究的范围、思路和方法。

(1)选题过大、过深。所要讨论的问题是一篇论文难以容纳的,或者题目中包含两个以上的论题,使文章的论述无法集中。课题研究的目的是解决教育教学中的问题和困惑,但当前中小学教师在选择课题时,不能准确把握教育理念,往往选择一些宏大的、理论性较强的课题,严重脱离教育教学实际。

(2)选题过小致使文章只能讨论教育活动中的某个细节问题,就事论事,价值不大。

(3)题目的理论性过强。理论性很强的课题是中小学教师难以胜任的,这类文章常常泛泛而谈,没有多少意义。

(4)题目缺乏新意,缺乏创新性,重复性强。有些教师在选题时经常模仿他人内容,甚至是为了做课题而做课题,缺少创新。不仅增加研究与写作的难度,而且影响论文的价值。

(5)题目的表述不清楚或不明确。有些中小学教师为了追求文字的新颖、生动,行文含义模糊,不能很好地表达文章所要讨论的主要问题或主要内容。这种题目包括口号式的题目、提问式的题目及意义含糊的题目。

(6)选题缺乏可操作性。中小学教师教学任务繁重,其工作特点决定了课题研究应当以应用为主,不适合做理论研究。但有的教师因选择的课题比较宏大,导致研究周期长,缺乏可操作性,没有实用价值。题目着重于对教学内容本身进行学术性的深入探讨,而不是从中小学的教育教学出发来研究教学内容,脱离中小学教育教学实际,偏离了中小学教育科研的方向。另外学术性很强的探讨也是绝大部分中小学教师不能胜任的,文章也因此没有多大价值。

这六类问题是中小学教师所做的论文题目反映的主要问题,当然,这里的分类不是绝对的,有些题目可能同时存在几个方面的问题。

(四)课题选择的类型

掌握课题的类型,有助于准确地申报课题和明确地做课题。根据不同的分类标准,可把课题分为不同的类型。常见或常用的有以下课题类型。

1. 规划课题与自选课题

从是否受课题发布者约束的程度,可把课题分为规划课题和自选课题。

(1)规划课题是课题发布者发布课题时在课题指南里列出的课题。申报者可以从中直接选择相关课题进行申报。有的课题指南是方向性或范围性的,课题申报者可以据此细化、深化、具体化这个方向或范围,选择自己想申报的课题。例如,课题指南里有"中小学德育研究"这样的范围,很显然,这个课题给出了研究的范围,申报者可以据此申报"中学班主任思想教育方式研究""小学语文学科德育渗透研究""历史教学中的爱国主义教育研究"之类的课题。

(2)自选课题是相对于规划课题而言的,是申报者不在课题指南的范围内选择,而是根据自己的研究积累和研究兴趣选择的课题。有的课题发布者允许或鼓励申报者自选课题申报,有的则不允许。

2. 一般课题与重点课题

从课题的重要性角度,可把课题分为一般课题与重点课题,一般在申报类型中填写。

(1)一般课题是研究学科领域里一般性问题的课题。这些课题所涉及的问题具有日常性、局部性、非迫切性、影响面相对较小等特点。

(2)重点课题是研究当地或本领域改革与发展的全局性、战略性、前瞻性、长远性、迫切需要解决的重大问题的课题。重点课题一般会在课题指南中给出研究要点,以满足课题发布者的需要。

一般来说,在课题研究的难度上,重点课题难于一般课题;在课题立项的数量上,一般课题多于重点课题;在课题资助的金额上,重点课题多于一般课题。课题申报时要根据自己的研究积累和研究实力进行选择。

3. 基础研究课题、应用研究课题、开发研究课题

从课题功能的角度,可把课题分为基础研究课题、应用研究课题和开发研究课题。

(1)基础研究课题主要目的是认知未知,发现普遍规律,形成发展理论。教育中的基础研究课题主要是关于教育教学基本规律的理论性课题。例如,对教育功能的研究、对教育与社会发展关系的研究、对人类学习行为的研究、对教育本质的研究等。具体到学科,也有基础研究。例如,语文阅读的研究,在其基础理论方面可以着眼于研究阅读过程的心理结构、影响阅读理解的因素、阅读理解过程的信息加工模式等。

(2)应用研究课题是运用基础研究中得出的一般规律、原则等理论性知识解决实际工作中、生活中的具体问题的课题。教育中的应用研究课题着重将已有的教育理论成果应用于教育实践,使教育理论和教育实践相结合,探索教育规律,检验教育理论。应用研究不但对于解决当前的教育问题、提高教育教学质量有意义,而且能够促进教育理论的深化和发展。

中小学教师所做的课题以应用研究课题居多。比较宏观的课题,如因材施教原则在差异性教学中的运用、多元智力理论在教育中的应用。具体到学科,也有很多应用研究的课题,例如,语文阅读的研究,在应用研究方面有提高学生阅读能力的教学策略、阅读能力测量工具的制定、运用多媒体技术改进阅读教学方法等。

(3)开发研究课题有两层含义:一是努力开拓新的领域,二是发现和利用新的资源。开发研究课题是在基础研究、应用研究成果的基础上开辟新的应用途径的课题。

开发研究课题的成果一般表现为具有实施价值的规划、对策、方案、程序等,可直接应用于教育实践。教育研究中的开发研究多在资源的开发和利用、工具的开发和利用等方面。例如,课程资源的开发与利用,语文阅读教学软件的开发与推广、作文教学软件的开发与推广、教学用具的开发与推广等。从某种意义上说,开发研究课题的价值和意义在于将研究的成果与经验加以推广和普及。

总之,对于教育科研课题可以进行多角度、多侧面的分类。各种类型的划分都是相对的。在现实的教育研究中,课题往往是几种类型的综合。

二、课题选择的思维策略和原则

(一)课题选择的思维策略

1. 怀疑与批判

发现问题离不开怀疑和批判。怀疑与批判是产生研究问题的最简便、最常用的思维策略。怀疑与批判是对事物合理性的重新思考,这样可以在原以为没有问题的地方发现新的问题。怀疑与批判不仅可以指向实践中遇到的问题,而且可以指向耳熟能详、习以为常的观念和做法。怀疑与批判是研究的基础,研究中没有怀疑与批判就没有创新,没有怀疑与批判就没有超越,没有怀疑与批判就没有进步。

怀疑的方法主要有三个。首先,实际效果不理想时,应对现有的做法和理论进行怀疑与批判。其次,当发现新的事实与既有认识和理论发生冲突,或者不一致时,可以怀疑与批判既有的认识和理论。最后,当发觉某种理论、观点不符合逻辑时,也可以对此展开怀疑与批判。

2. 转换角度

转换角度就是不以否定原有结论为前提,摒弃原有的思维模式,摆脱原有知识的影响,另辟蹊径,从新的角度去发现新的探索天地。转换角度采用的思维形式为发散思维。发散思维具有不定向性,其思维策略具有灵活性和开放性,思维结果也往往具有多样性。以发散思维的方式去观察和思考,发现研究问题的可能性大。

转换角度的方法有多种类型。第一类是在同一层次上换位,从思考问题的一个方面转向另一个方面。例如,过去的小学生评价偏重学生的学业评价,而忽视了学生的综合素质评价。这样便可以把"小学生的综合素质评价"作为研究课题。第二类是在两个不同层次上换位,思考问题要么由具体到抽象,要么从抽象到具体。例如,可以根据孔子的"因材施教"的教育思想,素质教育的"面向全体学生"的思想,哲学上的"矛盾的普遍性和特殊性辩证思想"等理论作为支撑点,提出"小学语文课分层教学尝试"等研究课题。第三类是运用比较的方法转换思考角度,既可以是横向的区域比较,也可以是纵向的历史比较研究。如"城市与农村教师课程力现状比较研究""中美学生核心素养差异研究"等。

3. 借力而行

众所周知,板块内部比较稳定,而板块交界处地壳运动活跃。如果把教育学科看成一个板块,那么仅仅就教育进行研究不容易实现突破,如果能够将研究问题的突破口放在教育与其他学科的结合处,那么就比较容易有所突破了。其实,也就是运用其他领域、其他学科的研究成果或研究思路来解决教育领域中的问题。这种外借的思路、方法或理论,可以开阔教师的视野,拓展研究思路,对教育中的问题进行深入研究,对那些习以为常的老问题进行新的解读,赋予新的内涵,找到新的举措,取得新的研究成果。

4. 接力思考

马克思曾经说过,人们自己创造自己的历史,但他们并不是随心所欲地创造,并不是在他们自己选定的条件下创造,而是在直接碰到的、既定的、过去承继下来的条件下创造。人类的研究也好,发展也罢,总体上都是接力的,或者说是以接力的方式发展的。牛顿曾经说,"我不知道在别人看来,我是什么样的人。但在我自己看来,我不过就像是一个海滨玩耍的小孩,为不时发现比寻常更为光滑的一块卵石或比寻常更为美丽的一片贝壳而沾沾自喜,而对于展现在我面前的浩瀚的真理的海洋,却全然没有发现。如果说我比别人看得更远些,那是因为我站在了巨人的肩膀上。"在研究中,需要站在巨人的肩膀上,并对提供"肩膀"的前人、他人表示敬意和谢意。更重要的是,还要具有站得更高、看得更远的勇气,担当起比巨人、前人、他人站得更高,看得更远的责任,敢于超越,敢于挑战,敢于研究难度较大、挑战性较强的课题。

(二)课题选择的原则

1. 价值性原则

选择的课题要有理论和实践价值。主要表现如下。

(1)研究方向正确,符合事物发展的客观规律和人类的认识规律。有一定的理论和实践依据,不能违背已知的科学规律。不尊重科学理论和科学事实的选题,是注定要失败的。如果有人提出研究一种教学方法,使每个儿童都能达到超常儿童能够达到的水平,这就违背了科学规律,就如同研究"永动机"一样荒唐。

(2)符合教育改革、发展的需要,符合教育科学的需要。中小学教师选择研究课题,一定要着眼于本地区、本学校在教育教学改革中提出的新问题,着眼于自己教学中急需解决的问题或班级管理中经常遇到的难题。这些问题如果得以解决,教学质量就能得到较快的提高,研究成果也将促进教育科学的发展。

(3)有益于青少年儿童身心健康、和谐发展,有益于全面提高受教育者的素质。如减轻学生过重作业负担的研究和中小学学科学习方法研究等都是有益的,而靠"加班加点"和"题海战术"提高考试成绩、片面追求升学率的经验就不值得总结。

2. 可行性原则

选择研究课题要充分考虑课题的难度与完成课题研究的主客观条件,以及时机是否相适应。

(1)主观条件。研究者已有的知识、能力、经验、专长,所掌握的有关这个课题的材料,以及对此课题的兴趣。也就是说,要权衡自己的条件,寻找结合点,选择能发挥自己优势特长的课题。例如,在教育教学第一线从事实践工作的中小学教师,选题最好小而实。

(2)客观条件。必要的资料、设备、时间、经费、技术、人力等。有的选题看起来似乎是从教育发展的需要出发的,但由于不符合生活实际,也就没有实现的可能。

3. 创新性原则

创新是科学研究的本质特征,也是教育研究的本质特征。教育科学研究的创新主要表现如下。

(1)内容上的创新。研究的问题是前人没有解决或没有完全解决的;对某一问题提出了新的认识或新的概念、新的观点。

(2)方法上的创新。采用新的研究方法、手段或技术,改进、完善某些已有的研究方法。

(3)应用上的创新。将一种新的理论、方法首次运用到教育教学领域,或将已经在教育领域应用成功的观点、方法应用到新的教育领域。

4. 优势性原则

中小学教师在选择教育研究课题时,要注意充分发挥自己的优势。即在教学第一线,天天接触学生,了解熟悉学生的机会多,深入钻研教材的时间多,教育教学经验的实践积累多,对教育教学的主要矛盾了解多。教师选择那些贴近教育教学实际的课题,在工作实践中实施研究,以研究改进教育教学工作。例如,"阅读量对英语学习效果的影响——高中阶段增加泛读量的实验研究""小学数学分层教学的课堂操作方法研究"等,都是能发挥教师优势的课题。

第三节　课题研究的准备

一、文献资料的检索

(一)文献检索概述

1. 文献的定义

文献是指记录知识或信息的物质载体,如书籍、期刊、典章等,具有历史意义或研究价值。

2. 文献检索的定义

文献检索是指根据学习和工作的需要,对文献进行检索的过程。在现代,文献被认为是随着现代网络技术发展的,可以通过计算机技术来完成的具有历史价值的文章、书籍或与某一学科相关的重要图书资料。信息教学研究中课题研究的准备部分可采用文献检索获取文献资料。

3. 文献的类型

文献类型可以按照载体形式的不同分为以下几类。

(1)印刷型文献是以纸张为载体的文献记录形式,是目前文献使用的一种传统文献类型,也是一种主要的印刷型文献。

(2)视听型文献又可称为声像型资料,其载体的记录形式既有磁性材料,又有感光材料,因此,视听型文献也被称为声像型资料。视听型文献是借助机械装置直接记录声音或图像的一种文献形式,包括录影带、幻灯片、电影片、电视片、多媒体学习工具等,是一种对声音或图像的直接记录。

(3)电子型文献也可称为机读式材料,它以磁盘或光盘为载体,具有电子加工、出版、传输等功能,具有较高的信息存储密度和较快的存取速度,多表现为电子图书、电子期刊、网络资料库、光盘资料库等多种类型的电子出版物。在目前信息化的背景下,电子型文献的应用较广,比较大众化。

4. 文献的来源

文献来源主要有以下几种方式。

(1)学术期刊。期刊泛指正规发行的刊物。期刊的分类方式多种多样,按内容可分为一般期刊、学术性期刊、行业性期刊、检索性期刊;也可根据评价结果分为核心期刊和非核心期刊；还可根据学科类别分为社科类期刊、自然科学类期刊。

教育学领域的期刊，内容新、更新快，能够有效反应当前的研究水平，具有重要的参考价值。目前，我国教育学领域的核心期刊有《中国教育学刊》《当代教育科学》《教育研究》《教育科学研究》《课程、教材、教法》《现代教育管理》等。

（2）相关图书。已出版的与教育教学理论与实践相关的书籍，内容系统、全面、成熟、可靠，可以帮助研究者全面系统地了解专业领域的知识，也可以作为一种常用的查阅学科知识的工具。

（3）网络文献资源。在线教育文献资源能够满足人们对信息的需求，改变人们的知识结构。在线教育文献资源主要包括电子书刊、电子报刊、资料库、会议论文、科技论文、标准资料、数字文库等。它的信息源复杂，变化频繁，相对于传统文献资源而言，时效性、多媒体整合性、互动性更加明显。信息化背景强调多元融合作为期刊、图书之外的重要文献来源，网络文献的地位日益受到重视。

（二）文献检索方法

文献检索的方法有很多，在学习文献检索方法前要了解常用的文献检索工具有哪些。在信息化背景下，随着技术的不断更迭，有些常用的传统方法，如光盘检索、联机检索等逐渐被替换取代，现在常用的文件检索工具主要有两大类，一是工具书检索；二是基于网络的检索。

1. 工具书检索

1）工具书检索的定义

关于工具书检索，工具书是系统地收集某一方面的资料，并按照特定的方法进行编排，供需要查考时使用的专门用于查找知识信息的文献。按照工具书的基本性质和使用功能，可分为检索工具书和参考工具书两大类。此外，还可以按照标准进行划分，如语言、学科内容、规模大小等。从编辑用途上看，主要是供查考和检索，而不是通读使用；在编排方法上，工具书总是按照一定的具体体例进行编排，以体现其工具书的性质；从内容上看，广泛吸收已有的研究成果，所提供的知识和信息相对成熟可靠，叙述深入浅出，具有很强的概括性。

2）工具书的种类

常用的工具书主要有以下两种。

（1）书目、索引和文摘同属检索性工具书，又称为"二次文献"。书目是图书或报刊目录的简称，常用的书目有四库全书总目、全国总目、全国新编书目等。索引旧称"通检""备检"，是英文 index 音译"引得"，是查找语词、概念、篇目、人物等资料在图书、期刊或其他文献中的检索工具，常见的索引有全国各地的报纸、杂志索引等。文摘是将文献内容编成摘要，按一定方法编排，一般以期刊或报刊形式出现的检索、报道类刊物。常用文摘有《机械制造文摘》《中国电子科技文摘》等。

（2）年鉴和手册。年鉴是逐年出版的工具书，在相应的年份内提供各行业的现行资料，有"微型百科全书"之称。它不仅是各种动态性资料和实事、资料的综合考查工具，而且是百科工具书编写的基础信息源。手册以简明、简写的方式提供专门领域内基本的既定知识和实用资料的工具书，便于检查专门知识和具体的实用资料，经常以叙述和列表或图解的方式表达内容，并收集相关的事实、数据、公式、符号、术语和操作规程等专门化的具体资料，以供某一专业学科或专门部门使用。手册分综合类和专科类两种。手册与年鉴有相通之处:含有丰富的事实、资料和其他实用资料;两者不同之处在于,手册所提供的既成知识成熟,事实、数据等得到公认,不涉及新知识,不涉及当前发展进程中的新资料;年鉴则提供知识和动态资料,以备发展过程中参考。所以,常利用手册查阅溯源实用资料;年鉴则是目前主要的新资料和新信息来源。

关于工具书的检索方法主要是手工检索,作为一种传统的检索方法,手工检索是利用工具书(包括图书、期刊、目录卡等),以手工翻检的方式对信息进行检索的一种检索手段。手工检索不需要专门的设备,用户可以使用相关的检索工具,根据所检索的物体进行检索。手工检索的方法相对简单,比较灵活,也比较容易把握。不过也有比较明显的不足,比如耗时耗力等。

2. 基于网络的检索

网络上有大量的教育文献资源库,网络上的教育技术学文献资源主要是以在线数据库和教育网站的形式存在的。

在网络中常用的文献资源主要有以下两种。

(1)电子文献数据库。近年来,电子文献数据库在互联网的扩展和升级下发展迅猛。国外比较知名的电子文献数据库主要有:ScienceDirect、ISTP、IEL、SCI、ISI 等,国内的中文电子文献数据库有超星数字图书馆、维普数据库、万方数据库资源系统、中国知网数据库等。作为一种主要的电子资源,在网络环境中,电子文献数据库的独特优势日益突出。随着计算机、通信网络和信息技术的不断发展,作为图书馆发展电子馆藏和开展电子信息服务的重要资源和基础,电子文献数据库在今后几年将继续呈现出良好的发展势头。

(2)国内综合教育网站。国内现有综合教育网站有很多,例如,中华人民共和国教育部、中国教育新闻网、国家教育资源公共服务平台、国家基础教育资源网、中国教育在线、中国教育信息化网等。

(三)撰写文献综述

1. 文献综述的定义

了解文献检索之后,就可以对所有检索收集到的文献资料进行归纳、整理和综合分析,最后形成一个综合性的阐述,即形成文献综述。

文献综述简称综述,是指通过对当前研究课题或研究问题的最新进展、学术见解和建议的分析、比较、归纳、整理,对某一领域、某一专业或某一方面的课题问题或研究专题收集了大量的相关资料。文献综述可以反映相关研究课题的发展史、最新动态、未来发展趋势等重要资讯。根据文献综述信息含量的不同,可将文献综述分为三大类:叙事性综述、评论性综述、专题性调研报告。一般的文献综述格式是由标题、前言、正文、结束语、参考文献等几个部分组成的。

2. 撰写文献综述的步骤

撰写文献综述没有固定的模式或方法,一般可以分为以下几个步骤。

1)确定主题、设计框架

要选择具有研究价值和研究意义的主题进行研究,围绕确定的主题规划设计整体框架,此处的框架是指骨干框架,即整体大框架,仅做思路框架。

2）查询文献，细化框架

围绕已经选定的研究主题查阅分析相关文献，要注意尽可能全面收集相关文献，即不仅要搜集中文文献，也要囊括英文文献。既可以边收集文献边阅读，也可以收集完成后再阅读，不论哪种方式，一定要在阅读时多思考、多总结，这样有助于进一步细化框架。

3）对比修改，完善框架

在细化框架的基础上，对比优秀文献的逻辑、文献与文献间引用的逻辑，不断修改，使之逻辑清晰、条理分明，完善框架，突出整体主要论点，围绕主要论点分层次地进行阐述说明，引用观点的同时可以适当加上自己的评论。

4）拟定初稿，撰写成文

在深刻理解引用文献内涵的基础上，通过设计、细化、完善框架，拟写出初稿，用论与据相结合的方式撰写成文。切忌堆砌参考文献，要有自己的观点看法。

3. 撰写文献综述的注意事项

在了解文献综述撰写步骤的基础上，在撰写时需要注意以下三点。

1）要"新"

综述内容应是前人未曾写过的。如已有人发表过类似综述，一般不宜重复，更不能以他人综述的内容作为自己综述的素材。必须有最近最新发表的文献，一般不将教科书、专著列为参考文献。

2）要"全"

撰写综述时，搜集的文献资料尽可能齐全，切忌随便收集一些文献就动手撰写，更忌讳阅读了几篇中文资料，便拼凑成一篇所谓的综述。对于某些新知识领域、新技术，写作时可以追溯该主题的发展过程，适当增加一些基础知识内容，以便读者理解。对于人所共知或知之甚多的主题，应只写其新进展、新动向、新发展，不重复别人已综述过的前一阶段的研究状况。

3）要"实"

综述的素材来自前人的研究报告，必须忠实原文，不可断章取义，阉割或歪曲前人的观点。此外，综述的撰写者必须对所写主题的基础知识、历史与发展过程、最新进展全面了解，依据已有经验事实撰写，不可凭空想象。

总而言之，文献综述对于课题研究具有重要意义。学习写作文献综述不仅对于自身研究定位更加清晰，而且对于自身研究能力也有提升，要重视文献综述的研究意义，努力学习写好文献综述，从实处推动信息化教学研究开展。

二、课题的前期分析

（一）研究变量的确定

变量是研究中非常重要的概念，一般的科学研究中都有许多的变量，大多数的科学研究就是为了寻找变量之间的关系。

1. 研究变量

研究变量是指在研究中可以观察或测量，并且其值随研究条件或环境的变化而变化的因素。研究课题确定后，研究的变量也需要确定。研究是为了探究变量之间的关系，也需要对某些变量进行改变，对某些变量进行控制，在进行实际研究的过程中对某些变量进行观察。根据实际研究过程中变量的相互关系,将研究变量分为自变量、干扰变量、因变量。

1) 自变量

自变量是研究者主动操作,而引起因变量发生变化的因素或条件。例如,同样的教学对象、同样的教学内容,教学水平不同的教师,其教学效果也不一样。教学水平不同,其本身就是一个变量。

2) 干扰变量

干扰变量也叫调节变量,是一个会改变自变量和因变量关系强弱的外来变量。例如,不同的教学方法可能会导致学生学习效果的差异,但学生的主观态度、自身学习动机、学习习惯、自身能力水平等,都可能成为其中的干扰变量。

3) 因变量

因变量是指会被自变量所影响的变量,即研究者希望预测的结果变量。例如,同样的教学对象,同样的教学内容,不同的教学方式可能会导致学生的学习结果不一样,学生的学习结果是受变量影响的。

2. 研究变量之间的关系

关于自变量、干扰变量、因变量这三者之间的关系大致为:自变量可以影响因变量,干扰变量可以干扰因变量。在进行研究时,要全面考虑各变量间的关系,考虑如何有效改变自变量、如何有效控制干扰变量、如何有效观察记录测量因变量,使研究达到预期效果。

(二) 研究假设的陈述

1. 研究假设的定义及特点

假设也是研究中一个很重要的概念,假设是用来表达变量之间的关系,是以研究问题为基础直接进行的,对问题进行延伸的猜想或设想。一般的研究问题可以用假设的方式陈述一遍,甚至一个研究课题也会有很多不同的假设,这样就促进了研究活动的进行。

提出好的假设,一定要注重对科学合理假设的主要特征的把握。一般而言,好的教育科研假设需要具备以下特征。

(1) 科学性。即假说的提出要符合规律、符合逻辑,要以现有的科学理论或事实为依据,而不是没有事实依据的猜测、臆断。

(2) 明确性。即假设要对两个或两个以上变量之间的预期关系进行清晰、简洁、准确的陈述,切忌泛泛而谈。

(3) 可查性。即对教育现象之间的预期关系,可以在研究和之后的实践中得到确认,这是科学假设所必须具备的条件。

2. 研究假设的基本成分

在确定了课题并收集了大量的信息之后,就需要进行进一步的推想或判断,也就是进行研究假设,只有进行合理的研究假设才有助于更好地开展调研活动。研究假设的基本构成有以下要素。

(1) 课题限定条件,包括对个体的特征参数、群体对象的研究,也可以是对环境状态参数的研究。

(2) 自变量,即研究者在研究过程中有意操纵控制的,并有计划地安排许多变化的因素,这些变化可能是激发研究对象的输入因素,也可能是其结构因素。

（3）因变量，即因自变量的变化而产生变化的因素。研究人员打算对自变量做出反应的各种因素进行观察和了解，它是研究对象的反应输出因素。

3. 研究假设的陈述方式

一个研究问题可能会有不同的假设，这是因为假设有多种不同的陈述方式。一般研究假设的陈述方式主要有以下几种。

（1）存在式表述，存在式表述的形式："在 C 的条件下，A 具有 B 的性质。"例如，对于购物网站，清晰的导航栏具有帮助买家进行购物的作用。在这项假设中：

条件因素 C ＝购物网站
自变量 X ＝购物网站中的导航栏
因变量 Y ＝买家购物

（2）条件式表述，条件式表述的形式："在 C 的条件下，如果有 A，则有 B。"例如，对于高中某年级的学生，在物理课的教学中，如果利用多媒体情境设计式的教学，能增强对公式的记忆和理解，使长期记忆效果达到普通标准以上。在这项假设中：

条件因素 C ＝学生年龄＋物理科目
自变量 X ＝多媒体情境教学方式
因变量 Y ＝对公式的记忆和理解程度

（3）差异式表述，差异式表述的形式："在 C 的条件下，A 和 B 之间存在差异。"例如，对于少数民族语言的学习，汉族和少数民族学生的学习效果存在差异。在这项假设中：

条件因素 C ＝对少数民族语言的学习
自变量 X ＝民族类型（汉族和少数民族）
因变量 Y ＝学生的学习效果（汉族学生的学习效果 A，少数民族学生的学习效果 B）

（4）函数式表述，函数式表述形式："在 C 条件下，随着 A 的改变，B 将做某种方式的变化。"例如，中学生在利用智能设备进行学习时，随着学习时间的增加，学生的注意力保持率将逐渐下降。在这项假设中：

条件因素 C ＝中学生使用智能设备进行学习
自变量 X ＝使用智能设备进行学习的时间
因变量 Y ＝学生在学习中的注意力保持率

总而言之，研究假设的陈述十分必要，有助于更深刻地理解研究问题，进行研究活动。

第四节　课题研究方案的设计

课题研究方案就是课题确定之后，研究人员在正式开展研究之前制订的整个课题研究的工作计划，它初步规定了课题研究各方面的具体内容和步骤，是研究人员为了完成研究任务而进行的总体谋划。

一、科学研究的过程与要素

（一）科学研究的过程

在研究方案的设计之初，首先要明确科学研究的一般过程，这样才能知道研究方案中需要包括哪些具体的内容,以及各部分内容之间是如何相互联系的。研究方案的设计要与具体的研究课题相结合,研究方案会因研究对象、研究目的、研究内容等方面的不同而不同。

在设计研究方案各具体要素之前,应该了解科学研究的整个过程,这样有利于设计出更加科学、更加合理的研究方案。

从科学研究的过程中,可以发现研究工作的起点应该是兴趣、想法和理论。首先,对于兴趣,可以是对什么教学方法有利于教学效果的提高感兴趣,或者觉得某种教学媒体的应用有利于教学效果的提高等。其次,对于想法,也就是在研究工作的初始阶段,可能有一些具体的想法,例如,利用多媒体的教学资源提高学生的学习效果等。最后,对于理论,可以理解为多个变量之间的一组复杂关系。研究工作的这些起点是相辅相成的,一方面,兴趣可能产生想法,而想法又可能是理论的一部分;另一方面,理论可能促使新的想法和新的兴趣出现。

在对自己的研究课题有了比较清楚的界定后,就要对一些研究变量进行概念化,首先,要明确这些研究变量的真正含义。其次,要选择合适的研究方法,最好的研究设计往往不是采用某一种研究方法,而是将多种研究方法相结合。再次,要对那些研究变量进行操作,因为一些研究变量的真实含义,是需要通过观察和测量确定的。除了对研究变量进行概念化和操作外,还要明确研究对象和研究重点,所以要对研究对象的总体进行抽样。最后,要进行观察、资料处理、分析和应用的研究。

(二)研究方案的要素

1. 课题名称

课题名称通常是对所研究的问题及其影响因素之间关系的一种探究,并用一个陈述句把它表示出来。课题名称是课题最高度的概括,课题名称限制了研究内容。它一般应包括课题研究对象、研究的范畴和研究方法三部分,简称课题名称三要素。研究对象可能是学生,也可能是教师、教材或管理方式等;研究方法包括实验研究、比较研究、调查研究等。

2. 课题界定

课题界定要明确告诉读者"是什么"的问题,说明课题名称及相关概念的定义,解释如何运作和测量,指出依据的理论或观测的维度,使读者在宏观上掌握整个研究内容。课题的界定确保了研究是紧密围绕课题名称而进行的,防止研究方向和重心的偏移或范围的扩大和缩小。

3. 文献综述

关于文献综述,前面有详尽的介绍,即对国内外相关研究的历史脉络、当前现状、发展动向的综合评价。这部分内容说明了研究者对本课题是否有全面深刻的了解,是否具有良好的研究基础;另外,文献综述也是对本课题研究的客观定位,只有清楚前人的研究状况和程度,才能更好地明确本研究的目标和方向。同时文献综述还应指出本研究的独创之处,或填补理论的空白,或解决当前的热点问题等。

4. 研究价值

一般从实践和理论两个方面进行阐述,这部分内容要求写得具体明确,具有针对性,避免不着边际地大喊空泛的口号。它需要研究者认真思考和分析本课题研究的目的,判断是否深刻反映了某种社会或教育现象,是否解决了当前的热点问题,是否对现在或以后的实践工作具有先进的指导意义。研究的问题越具有代表性,研究的方法越新,或成果有重大的突破,那么,该研究便越有价值。

5. 研究思路及预期目标

研究思路就是说明课题研究打算怎样做。研究思路包括概括介绍研究的程序、每一步的预期目标和措施、研究过程中的假设(是研究者根据一定的科学事实和科学理论对研究中要解决的问题的结果所做的猜测,假设在课题研究中具有定向、限定和标准的作用)等。

6. 研究方法

研究方法是对如何做研究的回答,可以理解为原则、策略、程序、工具、方式的综合表述,重点写明怎样实施。例如,在实验研究方法部分,要说明如何选取自变量、因变量,控制哪些变量,以及如何收集数据,采用何种技术来分析、处理数据。常用的研究方法有文献研究法、调查研究法、观察法、实验研究法、个案研究法、行动研究法、评价研究法、经验总结法等。

7. 研究人员的分工和进度安排

小组合作课题需要小组全体成员的共同努力和分工合作,人员分工是指依据每位小组成员的具体情况而合理安排研究任务。一般而言,研究进度安排受到研究任务性质、难度、规模和研究条件等因素的影响。如果把整个课题研究分为前、中、后三期,前期研究的主要内容为:选择课题、陈述假设和制定研究方案;中期研究的主要内容为:实施研究、搜集资料、整理和分析资料;后期研究主要内容为:解释结果、总结研究成果。

8. 研究课题的条件分析

一般可以从以下两个方面进行条件分析:一是研究的基础,即指已经取得的与本课题相关的研究成果。二是研究力量,包括研究小组各成员的知识储备、研究能力、学校方面的条件、实验条件等因素。

9. 课题研究的保证措施

可以从研究设计的多方面进行阐述,如人员保证、机制保证、经费保证等,其中经费保证是极为重要的一项,教育科研的开展需要一定的财力和物力支持。因此,要认真做好经费预算:一方面,要注意节约确保每一分钱都落到实处;另一方面,应主动积极争取上级有关部门的支持和资助。

10. 参考文献

参考文献是在撰写研究方案中所引用到的具体有代表性的文献。2007年8月20日在清华大学召开的"综合性人文社会科学学术期刊编排规范研讨会"决定,2008年起部分刊物开始执行新的规范,即综合性期刊文献引证技术规范。该技术规范概括了文献引证的"注释"体例和"著者—出版年"体例,不再使用"参考文献"的说法。这两类文献著录或引证规范在中国影响较大,后者主要在层次较高的人文社会科学学术期刊中得到了应用。

二、课题研究的方法

1. 研究方法

研究方法是科学研究采取的方法,强调方法的研究性质,是人们从事科学认识活动的工具、技术、手段,涉及在科学认识活动中采取的一系列程序、步骤、方案、计划、规则、标准等。

2. 教育研究方法

教育研究方法涉及在开展教育研究时所采取的一系列程序、步骤、方案、计划、规则、标准等,是一个综合的研究方法体系。

教育研究方法是一种研究方法,要遵循研究方法的一般规则,讲求系统性、严谨性、逻辑性、科学性,要服务于科学研究。对于教育研究而言,就是要服务于教育的科学认识,描述教育现象和问题,形成教育理论,发现教育规律,找到解决教育理论问题和教育现实问题的办法,预测教育未来发展趋势,发挥科学研究的作用。

3. 教育研究方法的分类

根据不同的分类标准,教育研究方法的分类如下。

1) 教育实证研究方法、教育理论研究方法、教育应用研究方法

根据教育研究过程中对待研究对象的方式,分为教育实证研究方法、教育理论研究方法与教育应用研究方法。

2) 教育定性研究方法与教育定量研究方法

根据研究是否采用量化手段,可以分为教育定性研究方法和教育定量研究方法。

教育定性研究方法就是对事物的质的方面的分析和研究。事物的质是它区别于其他事物的内部所固有的属性,通过与其他事物的联系和区别表现出来,主要包括矛盾分析、系统分析、理论研究、经验总结、文献分析等方法。

教育定量研究方法就是对事物的量的方面进行分析和研究。事物的量是事物存在和发展的规模、速度、程度和水平及构成要素,教育定量研究方法主要包括教育统计、教育测量、教育实验、教育预测、教育模型分析等方法。

由于事物是性和量的统一,完整地认识事物需要定性研究与定量研究相结合,一项好的研究往往是定量研究与定性研究的有机结合。

三、常用的教育研究方法

(一) 观察研究法

1. 观察研究法的含义

观察研究法指在教育科学研究中通过科学的观察对有关教育现象进行研究的一种基本方法。教育研究者最初是运用自己的自然感官去认识世界、获取信息的,而今,研究者已不限于肉眼观察、耳听手记,可利用各种视听工具,如照相机、录音机、摄像机等作为辅助手段来提高观察的效果。

2. 观察研究法的类型

按照不同的分类标准会有不同的观察类型。按观察时研究者是否借助仪器,分为直接观察和间接观察;按观察时研究者是否参与研究对象的活动,分为参与观察与非参与观察;按观察方式结构化程度,分为结构观察、准结构观察和非结构观察;按收集资料本身的属性,分为定量观察和定性观察;按照观察的方式方法,分为抽样观察与追踪观察。

3. 观察研究法的实施步骤

观察研究法的一般步骤如下。

1）观察准备

（1）明确观察目的。观察目的是根据科研任务和观察对象的特点而确定的。为了明确观察目的,应做大略的调查和试探性观察。目的不是系统收集科研材料,而是掌握一些基本情况,了解观察对象的特点,以便确定通过观察需要获得什么材料、弄清楚什么问题,然后确定观察范围,选定观察重点,具体计划观察的步骤。

（2）制订观察计划。确定了观察目的,又收集了有关观察对象的材料,并进行试探性的观察后,就应深思熟虑地制订出观察计划,使观察有计划、有步骤、全面系统地进行。

（3）做好物质准备。如果观察要借助仪器,必须事先对仪器进行检查、安装,并做好使用的安排。印制观察记录表格,以便迅速、准确和有条理地记录所需的材料,便于日后的核对、比较、整理和应用。

2）实际观察

进行实际观察应尽量按计划进行,不要轻易更换观察的重点,超出原定的范围,致使离开了原定的观察目的。如果原定计划确实不妥,或观察现象有所变更,则应按计划中的应变措施或实际的变化情况随机应变,但目的只有一个,即力求妥善地完成原定任务,尽可能取得最好的成果。

3）定量观察的记录

定量观察是运用事先准备的一套定量的、结构化的记录方式进行的观察。记录方式的特点是:预先设置行为的类目,然后对特定的时间段内出现的类目中的行为做记录。定量观察法中经常使用分类测评工具,将那些准确反映观察目的的目标行为进行分类,从而建立比较具体的观察框架供观察记录时使用。最常见的测评观察工具为编码体系。

编码体系是观察调查法中常用的一种观察工具。首先,编码体系要求确定要观察的具体项目,然后对准备观察的具体项目进行编码。编码体系常结合时间取样观察法使用,专门观察和记录观察对象在特定的时间内发生的特定行为。观察者在指定的一段时间内,记录下特定行为的编码。

美国教育家弗兰德斯（Flanders）在 20 世纪 60 年代提出了弗兰德斯互动分析系统（Flanders interaction analysis system,FIAS）,国内很多学者对 FIAS 进行了相应的研究及完善。2012 年,方海光等学者提出了改进型弗兰德斯互动分析系统（iFIAS）[①],编码表如表 8-2 所示。

表 8-2　改进型弗兰德斯互动分析系统

教师语言	间接影响	1	教师接受情感		
		2	教师表扬或鼓励		
		3	教师采纳学生观点		
		4	教师提问	4.1	提问开放性问题
				4.2	提问封闭性问题
	直接影响	5	教师讲授		
		6	教师指令		
		7	教师批评或维护教师权威		

① 方海光,高辰柱,陈佳.改进型弗兰德斯互动分析系统及其应用[J].中国电化教育,2012(10):109-113.

续表

	8	学生被动应答		
学生语言	9	学生主动说话	9.1	学生主动应答
			9.2	学生主动提问
	10	学生与同伴讨论		
沉寂	11	无助于教学的混乱		
	12	有益于教学的沉寂		
技术	13	教师操纵技术		
	14	学生操纵技术		

4）定性观察的记录

定性观察以非数字的形式呈现观察的内容，包括书面语言，用录音设备记录的口头语言，或用其他工艺学手段记录的影像、照片等，有 4 种记录方式：描述体系、叙述体系、图式记录、工艺学记录。

（1）描述体系既继承了分类体系特点，又属于开放性的体系，它是在一定分类框架下对观察目标进行的除数字之外的各种形式的描述，如文字、个人化的速记符号，通常要辅之以工艺学记录。

（2）叙述体系也属于开放性的体系，它没有预先设置的分类。事先抽取一个较大的事件的片段，观察的同时对相关事件和行为做详细真实的文字记录，同时还可以加入观察者的一些主观评价。这种方法能帮助观察者找到真正需要研究的焦点，然后做进一步的观察研究。

（3）图示记录是定性观察中的一种更为直观的记录方式，即用位置图、环境图的形式直接呈现相关信息。

（4）工艺学记录是使用录音（像）带、照片等电子形式对所需研究的行为事件做现场的永久性记录。工艺学记录为观察研究提供了永久的记录，便于反复、细致地研究现场，能对一些微观的问题做更深层次的研究。同时也为其他记录方式提供检查可靠性的依据。

5）观察资料的分析处理

观察的最后阶段是整理和分析观察记录，分析资料，得出结论。在每一项观察告一段落时，应该在观察情境尚未完全遗忘的情况下，及时整理记录资料；应该审查初步整理过的材料，例如，所需的资料是否都收集到了，是否都有效；应该及时将资料分类归档，以便日后查询；应该详细说明需要解释的内容。

运用观察法应注意以下几个问题：选择最佳观察位置；善于抓住观察对象偶然的或特殊的反应；注意观察与分析相结合；坚持观察的客观性；做好观察前的准备工作。

（二）调查研究法

1. 调查研究法的含义

调查研究法是在科学方法论和教育理论的指导下，通过运用问卷、访谈、测量等科学方式，有目的、有计划、系统地收集有关教育问题的资料，从而获得关于教育现象等科学事实，形成关于教育现象的科学认识的一种研究方法。

2. 调查研究法的类型

按照调查研究的范围和方法等方面，可将调查研究划分成不同的类别。

按照调查范围,调查研究分为全面调查和非全面调查,后者又包括典型调查、抽样调查与个案调查。

另外,根据调查研究的方式,分为问卷调查法和访谈调查法等类别。

(1)问卷调查法是调查者运用统一设计的问卷向被选取的调查对象了解情况或征询意见的调查方法,问卷调查是间接性的、抽样式的、标准化的、定量的书面调查。按照问卷填答者的不同,可分为自填式问卷调查和代填式问卷调查。其中,自填式问卷调查,按照问卷传递方式的不同,可分为报刊问卷调查、邮政问卷调查和送发问卷调查;代填式问卷调查,按照与被调查者交谈方式的不同,可分为访问问卷调查和电话问卷调查。

(2)访谈调查法是调查者通过访问或座谈的形式来了解情况,搜集客观事实材料的调查方法,它主要适用于以下几种情况:所需调查的问题比较复杂,用问卷或其他方式不易了解全面情况,需要详细了解较具体的事实材料;对需要了解的材料,被调查对象用书面形式难以确切表达;调查对象较复杂,不可能用一份问卷或量表索取事实材料;被调查对象文化水平不高,不能提供所需要的书面材料。

3. 调查研究法的实施步骤

调查研究方法虽然有众多的分类,在实施程序上也各有侧重,但一般都要遵循以下几个步骤。

(1)确立研究的课题及其目的、性质和任务。

(2)拟订调查计划。依据课题的目的、性质和任务,确定调查对象、调查地点,并选择相应的调查类型和调查方式,同时要拟订实施的步骤和时间的安排。

(3)实施调查,收集材料。实施调查应严格按照调查提纲的规定进行操作,力争使调查材料具有真实性、客观性、典型性和横向可比性。

(4)整理与分析调查材料。在教育调查中,那些直接采集到的原始材料,必须进行整理分析,使之系统化和条理化,以便使调查者弄清材料之间的相互关系,发现教育现象和事物联系的规律,解答调查者提出的课题。

(5)撰写调查报告。分析调查结果,撰写调查报告,对所研究的问题做出解释,给出结论,提出改进的意见、建议和措施。

(三)实验研究法

1. 实验研究法的概念和特点

1)实验研究法的概念

实验研究法是自然科学领域中广泛采用的一种研究方法,现在越来越多地应用到社会科学领域中。实验研究法的主要目的在于查明研究现象发生的原因或检验某一理论或假说的实际效果。

2)实验研究法的特点

与其他研究方法相比,实验研究法具有以下特点:扩大研究范围;解释现象成因;可以重复验证;可靠性强。

2. 实验设计的基本要素

1)变量

变量(variable)又称为变数,是指某个与实验相关的因素或条件,将其定义为可观测、可数量化的东西,都可称为变量。实验设计中的变量包括自变量、因变量、无关变量三类。

(1) 自变量(independent variable)是由实验者操纵、掌握的刺激变量,目的是对被试产生影响。自变量可以采用的值称为自变量的水平。在教育实验中,教学方法、教学组织形式、教材内容、课程结构、师生关系、管理制度等,都可以作为自变量。

(2) 因变量(dependent variable)是反映被试变化的变量,是由自变量刺激作用而导致的结果。在教育实验中,因变量往往与被试身心发展的水平程度、状况有关,如对知识的掌握水平、能力发展、思想品德的发展程度、情感的发展、教学质量等。

(3) 无关变量(irrelevant variable)泛指除自变量以外一切可能影响研究结果的因素。无关变量对实验并不是真的"无关",是研究者不打算研究的变量。无关变量对实验可能起干扰作用,为了保证实验的效度,通常要对这类变量加以控制,因此无关变量又称为控制变量。如果使无关变量在各种情境下对被试的影响稳定,那么就很好地说明了观测到的因变量就是自变量引起的。

2) 主试和被试

主试指实验者,是主持实验的人。被试就是实验对象。主试发出刺激给被试,即把自变量施加给被试,搜集实验资料和数据。被试接受主试发出的刺激并做出反应。教育实验中的被试一般是人。

3) 前测和后测

前测(pretest)一译"试测",是在心理学实验中使用某项实验处理或训练计划开始前,对被试实施的测试。前测旨在为后测提供一个比较的基准,以说明实验处理对某方面心理或行为变化的效应。后测(posttest)是指在教学结束后进行的标准参照测试。测定学习者对特定教学目标的达成情况。

4) 实验组和控制组

实验组(experimental group)是指随机选择的实验对象的子集。实验组中的个体要接受对照组所没有的某种特殊待遇。几乎所有设计较好的实验(有时也包括观测研究)都有一个对照组和一个或多个实验组。

控制组(control group)是指不接受实验处理的被试组。它的功能是作为比较标准,与接受实验处理的实验组进行结果比较,以确定自变量的效果。

3. 实验设计的类型

教育实验的种类多样,所属的层次深浅不一,这是由研究对象的性质不同和开展实验的情境不同所造成的。教育实验的多样性正反映了教育现象和对象的丰富性、复杂性。

(1) 按实验目的划分,实验通常可分判断实验、对比实验和析因实验三种类型。

(2) 按自变量数量划分,实验设计可以分为单因素实验、双因素实验和多因素实验。

4. 实验设计的一般步骤

开展一个相对完整的教育实验,其基本程序是相对稳定和规范的。具体过程可分为准备、实施、总结三个阶段。

1) 准备阶段

准备阶段一般需要完成确定研究问题和研究目的、提出研究假设以及实验设计几个方面的工作。

2）实施阶段

实施阶段是实验的操作阶段，即进行实验测量的阶段，包括选择被试和进行实验两个组成部分。

选择被试是实验研究中的抽样过程，对实验结果有重要影响，一般采用随机、匹配等方法进行实验分组。有的被试是在实验实施前就确定好的，有的是在实验过程中进行选择分配的。

进行实验是根据实验设计方案，控制实验环境，引入自变量，然后仔细观察，做好测量记录。实验所要求的观察记录应当是定量化的数据，因为自变量对因变量的影响只能通过定量化的指标加以评定。测量工具一般有问卷、量表和仪器等，测量工具的选择首先要保证其准确性和可靠性。

3）总结阶段

总结阶段是要在分析资料的基础上对实验结果做出陈述，一般分为两个部分：整理汇总实验材料，撰写研究报告。

（四）行动研究法

1. 行动研究法的含义

行动研究法是指在自然、真实的教育环境中，教育实际工作者按照一定的操作程序，综合运用多种研究方法与技术，以解决教育实际问题为首要目标的一种研究方法。

2. 行动研究法的特点

行动研究法作为教育科研的重要方法，除具备所有研究方法应有的共同特征外，还有不同于其他研究方法的特殊性。

（1）为行动而研究。行动研究的目的，不是构建学术理论，而是解决实际工作者所处情境中的紧迫问题，强调实用性、针对性和即时性。

（2）在行动中研究。行动研究的环境就是实际工作情境，而非经过特别安排或控制的场所，研究的过程就是解决实际问题和行动的过程，同时也是实际工作者通过反思提高探究问题能力的过程。

（3）由行动者研究。行动研究的主体是实际工作者，而不是外部的理论工作者，专家参与研究所扮演的角色是咨询者、协作者，而不是主持者。

3. 行动研究法的类型

（1）从研究主体的规模来分，大体上有两种，一是独立研究，二是合作研究。

（2）从研究对象分，教育行动研究有反思已经发生的教育行为和探讨教育行动的变革两种。

4. 行动研究法的一般步骤

行动研究者对其研究步骤有多种划分，除去选题和撰写研究报告两个步骤外，其中可以提炼出来的共同要素是"计划—行动—观察—反思"四个环节。

1）计划

计划就是形成旨在改变现状的行动蓝图，包括以下三个方面。

首先，计划开始于解决问题的需要和设想，设想是以行动研究者对问题的认识及其掌握的有助于解决问题的知识、方法、技术和各种条件的综合，计划需要以所发现的大量的事实和调查研究为前提。

其次,计划应包括总体设想和每一个具体行动步骤的方案,尤其是第一步、第二步行动计划。

最后,计划应该具有足够的灵活性和开放性,以能适应没有预料到的情况和没有认识到的制约因素。

2) 行动

(1) 熟悉计划,做好准备工作。在行动实施之前,一定要熟悉总体计划,做好一切准备工作,内容包括:确定行动步骤、核实资料、检查监察手段和设备、培训行动研究人员、保证人和物各在其位。

(2) 行动实施过程的内容和要求。行动者在获得了关于背景和行动本身的信息,经过思考并有一定程度的理解后,要有目的、负责任、按计划采取行动步骤。这样的行动具有贯彻计划和逼近解决问题目标的性质。

实施计划的行动要重视实际情况的变化、重视实施者对行动及背景的逐步认识、重视其他研究者、参与者的监督观察和评价建议。总之,如同计划的灵活、开放一样,行动本身也常常是易变的、能动的、不断调整的,要求研究者随之为将要做什么做出决定,随实际情况做出判断。行动过程中至少有三个进展:行动的改进、认识的改进和行动所处环境的改进。

3) 观察

观察就是对行动过程、结果、背景及行动者特点的考察,包括五个方面。

(1) 观察需要在行动的同时进行。在行动研究中,观察是反思、修正计划及确定下一步行动的前提条件。由于行动总是受到现实制约因素的限制,而这些制约因素又总是不会事先就完全清楚,因此,观察应随时进行。

(2) 观察的主要内容有行动过程、行动效果、行动条件和制约因素、行动者情况、出现的问题等,要求做好全面详尽的记录。

(3) 观察应该有计划。

(4) 运用各种有效技术。为了使观察系统、全面和客观,行动者和研究者应该运用各种有效技术,既可以是行动者借助各种有效手段对本人行动的观察记录,也可以是其他人的观察记录,多视角的观察记录更有利于全面而深刻地认识行动的过程。

(5) 观察要与思考相结合。

4) 反思

反思就是对观察记录的现象、事实加以思考、判断评价,并且修正计划和行动方案。包括四个方面。即:整理和描述;评价和解释;对观察结果提出报告;形成修正性的总计划。

综上所述,行动研究并不难,它不是要求教师在正常工作之余额外研究,从而增加工作负担,而是帮助教师把工作做得更好、更有效率。因此,只要有勇于创新行动方式、提高工作效能的信念和决心,就不妨从现在开始尝试做一些小而简单的行动研究。

(五)内容分析法

1. 内容分析法的含义

在内容分析法的形成发展过程中,众多研究者从各自不同的角度进入内容分析研究领域,做出了杰出的贡献。20 世纪 50 年代以来,随着理论研究的开展,产生了许多关于内容分析法的定义。1952 年,美国传播学家伯纳德·贝雷尔森(Bernard Berelson)将内容分析法定义为,一种对具有明确特性的传播内容进行的客观、系统和定量的描述的研究技术[①]。

2. 内容分析法的特征

1)客观化

在内容分析的过程中,按照预先制定的分析类目表格进行判断和记录内容出现的客观事实,并根据客观事实再做出分析描述,确保不同人员在不同时间做出的结果是一致的。

2)系统化

系统化与客观化是一体两面的,是指内容的判断、记录、分析过程是以特定的表格形式、按一定的程序进行的,只有这样才能确保研究的信度。

3)数量化

内容分析法的特色就是可将质化资料转变为量化的形式。数量化是指内容分析的结果可以用数字表达,并能用某种数学关系来表示,如用次数分配、各种百分率或比例、相关系数等方式来描述。

4)明显化

明显化是指被分析的对象是以任何形态被记录和保存下来,并具有传播价值的内容。

3. 内容分析法的步骤

内容分析法的一般过程包括确定研究课题、限定总体和选择样本、选择分析单元、设计类目表格、评判记录、信度分析、分析数据、得出结论八个部分。

1)确定研究课题

准确限定研究的课题,有助于获取有价值的统计数据。内容分析要避免"为统计而统计"的弊病,避免毫无目的地搜集对研究没有太大效用的数据。

2)限定总体和选择样本

在确定总体时,必须注意总体的完整性和特殊性。完整性是指要包含所有有关的资料,特殊性是指要选择与研究假设有关的特定资料。

3)选择分析单元

分析单元是实际需要统计的东西。它是内容分析的最小元素,同时也是最重要的元素之一。分析单元越小,所搜集的信息就越具体,统计结果也就越精确。

4)设计类目表格

类目即根据研究假设的需要,将资料内容进行分类的项目。类目表格的设计是内容分析法中比较关键的步骤。

5)评判记录

内容分析的评判记录工作,就是按照预先制定的类目表格,按分析单元顺序,系统地判断并记录各类目出现的客观事实和频数。

6)信度分析

要使内容分析具有客观性,其度量和程序必须具有一定的信度。信度是使用相同研究技术重复测量同一个对象时得到相同研究结果的可能性。内容分析的信度分析是指两个或两个以上参与内容分析的研究者对相同类目判断的一致性程度,它是保证内容分析结果可

---

① 卜卫.试论内容分析方法[J].国际新闻界,1997(4):56-60.

靠、客观的重要指标。

7）分析数据

百分比、平均数、众数、中位数等描述性的统计方法都适用于内容分析。如果打算进行假设检验,一般的推论统计手段(将结果推广到总体)是可以接受的。卡方检验是最常用的方法,因为内容分析数据就形式而言,往往是定性的或定序的变量。如果数据是定距的或定比的变量,则可用 T 检验方差分析或皮尔逊相关分析。

8）得出结论

如果调查者就变量之间的关系对特殊假设进行检验,对其结果的说明会比较清楚。但是,如果研究是描述性的,有关结果就可能会有产生歧义的问题。

第五节 课题研究资料的收集与分析

一、课题研究资料的收集

课题研究资料是指与课题研究有关的信息材料,由课题研究人员在研究过程中收集和运用。每个课题的研究都离不开研究资料,它不仅可以使课题研究者了解和掌握相关研究领域已有的研究成果、发展历史和当前的研究趋势,从而有助于研究者正确选择研究课题,同时也能为课题的开题论证提供充分的理论和事实依据。课题研究的过程,从某种程度上讲,就是搜集、整理资料,分析、再利用、再创造资料的过程。

(一) 研究资料的分类

课题研究过程的一般性资料可以分成以下四类。

1. 课题研究的基础性资料

课题研究起步阶段形成的各类调研材料,对课题而言,都是基础性的材料。它是课题研究的前期准备资料,包括课题研究前期已有的相关资料,如课题研究方案、课题立项通知书、课题开题论证表、课题研究组成员的相关资料等,同时也包括课题研究中所做的调查、测量、检索、调研等工作所产生的各种资料,如课题的开题报告、专家对课题的意见和建议、各类问卷表和数据、前期观察记录、实验前测试数据等,这些都是在研究课题的过程中总结出来的。无论是题目的确定,还是理论假定的形成,题目的开篇论证,或者课题研究的操作材料都具有基础性的作用。

2. 课题研究的过程性资料

任何一个课题的研究,都必然会在研究过程中形成各种类型的、大量的材料,而这些材料正是过程性材料。过程性的材料一般会以课题研究记录的方式进行收集积累。如果一项课题研究的是某一教学方式的改进,那么教学设计、课堂记录、课堂音像资料、课题组成员听课记录、师生访谈记录、课堂观察记录、教研组评课记录、学生听课反馈、课堂练习和课后作业、学生考试成绩、家长反映等,都应该收集、积累起来,随时随地进行整理,并登记在案。

3. 课题研究的专题性资料

根据课题研究的需要,经常在调研过程中组织一些专题调研活动,以形成的材料为专题材料。如专题研讨课资料及活动实录、专题讲座文字及课件、发表专文等。这些专题材料对深化和拓展课题研究意义重大。

4. 课题研究的成效性资料

在课题研究的中后期，一些阶段性的成果会逐渐产生，这些成果就是具有效率的材料。如开发的校本课程教材、自制的教具、发表的研究论文、教学设计，与课题有关的各种获奖证书、实验数据的统计资料，又如学生制作设计的作品、检测的试卷、答案及成绩统计、有关报道等。这些材料是形成最后结果的主要材料。

每一个阶段的课题实施，都要有一个阶段性的成果。到课题研究结题阶段，还应有专题或综合小结，来自课题组和课题组成员个人，这些小结直接影响到课题的最终成果形成。

（二）研究资料收集的路径

1. 通过文献阅读收集资料

开展教育课题研究，文献阅览是收集材料最基本的方法。教师必须在读书的过程中养成良好的读书习惯，通过读书掌握阅读的基本方法，汲取营养，充实自己的读书修养。阅读最基本的方式有三种，一是略读，二是精读，三是泛读。略读侧重于总的观点大意，阅读要点是看文题和文章中的各个层次的题目。精读是指在略读的基础上，逐字逐句地研读，不仅要通过文章的字面意思深入理解其所表达的深意，而且要准确把握文章的实质性思想、全局性观点，并及时做好读书笔记、做好摘抄、收集目录索引等。泛读是指教师在阅读中不要拘泥于自己的学科领域，要适当进行一些跨学科的阅读，同时也要经常阅读国外的一些教育专著、教育杂志等，这些都是教师在阅读中要注意的。

2. 通过互联网收集资料

互联网的普及应用，为广大教师提供了科学研究的资源。通过网络搜集有关教育研究方面的资料，使教师获取教育研究所需要的资料更加快捷有效。但要注意的是，上网搜集教育信息，首先要利用好各类搜索引擎，准确掌握目标网站的相关网址（如各类学术期刊网、数字图书馆等），还要学会通过主题词、作者姓名、篇名、关键词等方式进行检索，同时还要学会检索的方法。

教育研究资料通过网络搜集，要注意素材选择的严谨性。建议将与课题研究领域相关的硕博论文适当延伸阅读。通过互联网搜集教育研究资料，应掌握"网上查询为主，下载上网阅读为辅"的策略。

3. 通过日常教育教学工作收集资料

教师在日常的教育教学工作中，一定要做一个有心人，要养成良好的习惯，善于收集和积累各类调研材料。如教师自己的教学设计、课堂观摩记录、读书笔记、学生作业、考试试卷、教学日志、实验资料等教学资料，还可以收集和积累教育管理方面的各类学生管理手册、班级团队活动设计、课外活动方案、社团活动方案等资料。另外，想通过教育教学研究提高自身业务能力的教师，在每节课、每单元授课结束后，也要养成写一篇教学笔记的习惯。这样做，不仅可以及时总结教学经验，通过吸取教训，完善自己的教学行为，还可以记录教学过程中所产生的启发，对教育科研工作的开展大有裨益。

4. 通过调查收集资料

对于课题研究资料的收集，调查是行之有效的方法之一。通过调查，可以搜集到一些直接观察很难获取到的信息。前面讲到的通过观测搜集资料，时间和空间都会受到限制，而调查则是不受时空限制的。调查法还具有高效的特点,可以在较短的时间内收集到大量的资讯和信息,调查过程本身也能够对相关工作的进展起到推动作用。

调查方式一般有抽样调查、典型调查等几种方式。可以通过召开座谈会、个别访谈、发放调查问卷等多种方式进行。

二、课题研究资料的整理与汇总

对课题研究资料进行整理、汇总,目的是确保征集到的调研材料有实效、有意义。通过整理、汇总,系统地掌握所搜集的调研材料,也为下一步分析材料提供方向和依据。

通过整理、汇总,研究材料变得有条理,才能有"组织"地成为材料。这里所谓的"组织",是指按照序列关系,将研究材料进行整理、汇总,形成科学的结构体系或归类。所以整理和汇总也可以合称为"编码"过程的研究资料。

(一)文本资料的整理与汇总

在研究材料中,文字方面的材料居多。在对文字材料进行归纳整理时,应注意理解原始资料的含义、挖掘文本资料的意义、归类整理文本资料。理解原始资料的含义才能对材料之间的相互关系和结构构成进行准确分析和把握,是材料整理汇总的先决条件。挖掘文本资料的意义是指深入挖掘资料含义而不仅仅停留在简单认识。归类整理文本资料是将具有相同或相近特征的研究资料按照课题研究资料的主题、性质、内容、途径、策略等特征来选择分类标准,将不同性质、不同特征的研究资料归入不同类别,以便为今后的资料分析工作做好充分的准备。

(二)数据资料的收集与汇总

在研究过程中会得到很多数据,这些数据都需要经过整理和总结。大部分教师都是通过手工操作来完成这项工作的,不仅烦琐、费时费力,而且研究效率低下,导致数据失真的可能性更大。现在的课题研究,尤其是教育实验、教育调查等实证课题的研究,往往收集的数据量相当大,如果仍然沿用以往整理、汇总数据资料的简单操作方法,势必会耗费大量不必要的人力、精力和时间。

目前教育科研中的数据资料整理大多是由计算机完成的,例如所有学科的学业水平测试都可以在全班、全年级,甚至全校学生中进行,试卷批改、成绩汇总处理都可以在相应的数据平台上进行,也可以使用 Excel 或者 SPSS 等软件。

一般需要两个步骤来处理数据资料。

1. 数据分类

数据资料要分类,首先要确定分组标识。因为它是对研究对象的某种属性特征的测量,这种特征可以是数量性的,称为数量标识,也可以是属性的,称为品质标识。不管是数量标识还是品质标识,都能作为一个标准进行分类。

例如,课题"初中学生校园欺凌现象的调查研究"需要进行问卷调查,那么在问卷中,调查对象即初中学生的"性别""学习成绩""家庭性质"等都是品质标识,若按"性别""学习成绩""家庭性质"对全部数据分组,称为品质标识分组;也可以按"年龄""身高"或"体重"分组,属于数量标识分组。

2. 数据汇总

在对研究数据进行分组处理后,应将数据导入统计软件相应的组别(或类别),根据需要对该组别的频次、比率或曲率等进行统计,然后编制分布表等统计项目(次数、频次等),并根据需要对各项目进行统计。

三、课题研究资料的分析与处理

分析处理收集到的课题调研材料是教育调研的重要组成部分。研究材料的分析与处理是全程伴随着研究的,课题研究到什么地方,研究材料就一定要分析到什么地方。

课题研究资料一般有两种分析处理方式:一是定性分析与加工,二是定量分析与加工。当然,很多专题研究中的资料分析和处理,都是在定性和定量的基础上进行的。

(一)研究资料的定性分析与处理

课题研究资料的获取途径很多,有些是通过课题研究者与研究对象的面对面接触,在自然不受控制的教育状态下获得的,通过观察、谈话、考察记录、作品分析等方法,在此期间不断地进行交流与沟通。这些研究材料涉及范围广、数量大、情境和时空限定性强,因此必须通过定性分析来处理这些材料。

1. 定性分析的概念与特性

1)定性分析的概念

定性分析是指课题研究人员通过判断、概括、抽象等思维过程,对收集到的各种文字、音像、照片、图片等资料进行系统地归纳和分类,进行具有教育意义的分析处理,从而揭示教育教学内在规律的研究过程。教育研究中的定性分析,又称"质的研究",是研究课题的一种重要途径。

2)定性分析的特征

教育研究中定性分析的特性有以下几点。

(1)以把握质的规定性为目的的教育现象。定性分析是在"教育发展与人的发展"的大背景下,将课题研究的对象作为一个整体加以认识和分析,揭示教育教学过程中各成分之间内在的逻辑关系,在研究内容上关注教育现象发生和发展的过程,以及各教育要素之间的相互关系。深入探究教育的内在本质,通过材料的文字、数字、图片等表面信息,从而对研究对象发展变化的真正原因进行分析总结,对其未来发展趋势进行推理。

(2)以描述性材料为对象,反映教育现象。课题研究中收集到的许多资料属于描述性资料,如教学设计、读书笔记、教研活动记录、现场观摩记录、学生作品等,一般以语言文字、声像或图片等形式表现。

(3)基本要素是反映教育过程的动态变化。研究材料的定性分析具有研究过程不固定、研究程序具有一定弹性和不确定性等特点。例如,某一现象在观察其发展过程中,可能会发生某种偶发事件。教育现象的发展动态性决定了研究结果的多样性,从而使定性分析的研究过程往往具有极大的弹性。

(4)影响因素是对研究人员和研究背景的分析。定性分析是在研究者对材料主观理解的基础上进行的,是一个分析处理的过程,围绕着课题研究者展开。因此,研究者的知识经验、研究能力、研究观点、受暗示等影响因素,和分析材料的科学性和准确性有很大的关系。

从另一个角度讲,课题研究对象所表现的行为总是与具体的教育教学情境相联系,而某一教育行为一旦脱离具体情境,就可能发生量与质的变化,所以在分析教育现象的背景时,也要注意定性分析。

2. 定性分析的常用方法

定性分析的方法多种多样,可以根据研究人员的具体需求和习惯、擅长研究领域选择某种方法进行定性分析。下面介绍几种常用的方法。

1)比较分析法

有比较,才有鉴别,才有判断。两个或多个教育问题的研究材料在教育教学研究的情境中进行比较分析,通过对问题的性质、数量、因素、结构变化等因素的比较,找出它们之间的共通点和差异性,从而对教育教学现象的发生和发展进行规律性认识的总结,这就是课题研究的比较分析方法。

可以从不同的角度进行对比。例如,比较同一教师配置的两个初中班级学生的学业情况,从起点看变化,从初一入学开始,根据学科成绩、学习过程、学习方法与策略、班风和学风、家庭教育方式等因素进行比较,找出学生学业水平发展的异同点,从而找出影响学生学业发展的因素,如学习过程、学习方式等。

2)归纳分析法

归纳分析法是把一般属性和本质的思维方法,从一些影响教育教学现象发生和发展的个别因素中推导出来。归纳分析法推演有关教育现象与行为变化必然产生的结论,从研究对象的个别事实和直接经验入手。

归纳分析法可分为两种,一种是完全归纳法,另一种是不完全归纳法。完全归纳法是从教育研究的所有对象和发生的所有情况中,分析并得出具有普适性的结论,是一种普遍的方法。这种归纳法用得比较少,因为繁杂的教育现象使得教师在做研究的时候,对于教育变量的所有要素都不可能穷尽。不完全归纳法是指在教育研究中分析某些对象的材料,然后得出研究结论的一种不完全归纳法。教育研究中采用这种方法的范围比较广。例如,某生物教师带的一个班,生物科目的平均分始终排在年级前几名。学校研究分析了其教学方法,发现这位教师与其他教师不同的一点是,其对学生"错题本"的建设格外重视。根据搜集到的材料,可以分析出,正是科学运用了"错题本",才提高了学生的考分。

3)枚举分析法

把所有可能导致教育现象的答案都一一列举出来,再根据条件来判断这个答案是否恰当,恰当的予以保留,不妥的予以放弃,这样的材料分析法就是枚举分析法。此方法是列举具有代表性的事实,对研究结论进行确认的一种方法。枚举就是以实例对具体教育现象的列举,在活生生的教育事实的映衬下,让具有数量化特征的研究材料更真实、更生动。

枚举分析法的运用应注意以下几点。

(1)所列举的带有事实的教育问题,必须具有现实性和典型性。只有这样,才能有代表意义的结论通过研究分析得出。

(2)课题研究人员要抓住教育现象的本质属性,运用科学的思维方法。教育问题是非常复杂的,影响一个教育现象发生和发展的原因是多方面的,进行资料分析的方式之一是抽象,即在分析中要紧紧抓住教育教学的本质属性和联系,把一些非本质的属性和联系撒开,从而形成对教育现象规律性的认识,这是对教育现象的分析。

（3）防止由于运用不当而导致枚举分析法的片面和不科学。枚举法大体上类似于未完全归纳法，是把教育现象的总体发展趋势，用一些具有代表性的事例进行概括，分析处理不好，就容易产生结论偏差。

（二）研究资料的定量分析与汇总

用统计学的方法处理收集到的各种数字化的研究数据和信息，得出并分析结果，然后形成研究的结论，这种数据分析方法就是定量分析法。数理统计分析的理论性和技术性都很强，更需要专业性。由于专业的限制，教师很少能做到对数理统计方法运用自如。所以这里只介绍一些简单常用的统计技术，包括图表技术和一些常用统计量的处理方法，从普通教师做课题研究的实际应用需求出发。

1. 定量分析的概念与特性

定量分析又称统计分析法，是指研究者通过对教育研究对象数量、规模、速度、程度等变量关系的分析研究，借助信息化的手段，对某一教育现象的发生、发展进行解释和预测的研究方法。

进行数据资料定量分析的手段主要是统计分析，即对收集到的数据资料运用各种统计手段进行解释、说明和分析，并根据样本特征在一定条件下推断出相应的总体特征，从而对其进行统计分析。当前，定量分析法已成为教育科学研究中一种不可或缺的研究方法，随着大数据统计分析技术的应用和推广。具体有统计分析法、模型分析法、图表技术等。

2. 数据统计图表的编制

研究材料的定量分析，将大量的数据材料形象地组合在一起，以常用的数据统计图表的形式进行合理的排列，使材料的总体特点得以展现，便于分析材料和发现教育现象之间的联系。

1）统计表的编制

统计表的构造相对简单，但在绘制时应注意规范，不然会影响研究报告的科学性。统计表一般包括多项内容，如表号、标题、主题、数字数据、备注或来源信息等。

统计表的种类很多，既有按一个特征分类的主栏分组表，也有按两个或两个以上特征分类的综合表。

统计表格的编制要注意以下三点。

（1）一份统计表一般只表示某一项研究的中心内容，若有多项研究内容，则可将其分为若干个表。

（2）认真核实统计表中的各类数字数据，确保真实、科学。在统计表的排版上，要做到数位整齐，并且要做到有效数字的相符。总计数需要列出的统计表，一定要让部分数和等于总计数。

（3）统计表线条不宜过多，表两侧尽量不要加纵线，斜线尽量不要用在左上角。

2）统计图的绘制

统计图的种类很多，主要有三种类型：条形图、饼图和折线图。这三种统计图是教育研究中常用的统计图。虽然现在的技术让所有这些图都可以通过表格转换软件在计算机上自动生成，但仍有必要进行解释。

（1）条形图。条形图是将某一变量的多少用条形的长短表示出来。条形图有两条图形基线：横轴上标有要求互相比较的项目因子，表示不同的研究内容；纵轴上标有如编号、成绩、次数等。

（2）饼图。饼图是用几何图形的面积表示各部分所占整体比例的大小。饼图能清晰地表示研究数据的部分和总体分布，以及部分和部分之间的数量关系。饼图中与圆心角成正比的扇形面积相对应。每个扇形圆心角的大小等于 360°乘以该研究项目在整体中所占的百分比。

（3）折线图。折线图是指某一教育现象的动态变化趋势，通过折线的升降表现出来的一种统计图，能反映数据所代表变量之间的依存关系，如学生的练习次数对学习成绩的影响程度、学生对学习策略的掌握程度，以及学习成绩的相互关系等，也能显示出现象的动态变化，例如，对不同年级学生学习能力测试结果的分析，能反映出学生学习能力的变化。

3. 定量分析中的几个常用统计量

在进行研究数据的分析时，必须恰当地选用统计量来表达数据的意义。统计量选择正确、合理与否是决定研究结果是否有效的关键因素。

在教育课题的定量分析中，运用最多的统计量有算术平均数、标准差、差异系数。这些统计量可以分别对数据的集中趋势、离散程度等进行测量与分析。

1）算术平均数

算术平均数代表某一组统计数据的集中趋势和平均水平，它是中小学教师进行课题研究时用到最多的一种统计量。它是把一组数据中的所有数据累加后再除以数据的数量而获得的一个统计量。算术平均数通常简称为"平均数"或"均值"，计算中用 $\bar{x}$ 表示。其计算公式为

$$\bar{x} = \frac{\sum_{i=1}^{n} x_i}{n} \qquad\qquad (8\text{-}1)$$

式中，$\sum_{i=1}^{n} x_i$ 表示 $x_1 + x_2 + \cdots + x_n$，n 表示观测值的数量。

例如，某次数学考试，A 组 6 名学生的成绩分别是：95、85、75、65、55、45；B 组 6 名学生的成绩分别是：73、72、71、69、68、67。两组学生的算术平均数分别是

$$\bar{x}_A = \frac{95 + 85 + 75 + 65 + 55 + 45}{6} = 70, \quad \bar{x}_B = \frac{73 + 72 + 71 + 69 + 68 + 67}{6} = 70$$

算术平均数是根据所收集到的全部观测值计算得来的，能代表整体，简明易懂，计算方便，是最简单、最可靠、最严密、应用最为广泛的一种集中量数。但是，有时它会受到少数极端值（特别大或者特别小）的影响而削弱其代表性。

2）标准差

在教育研究统计中，标准差是一种应用极为广泛的差异量，它表示一组数据的内部差异情况或者数据的离散程度，用字母 S 表示。标准差大说明一组数据的内部差异大，标准差小说明数据的内部差异小。将标准差与算术平均数结合起来分析研究，可以了解一组数据的全貌，从而弥补算术平均数存在的问题。同时，算术平均数的代表性如何，可以用标准差

来说明。标准差大,说明算术平均数的代表性小;标准差小,则说明算术平均数的代表性大。

3)差异系数

差异量一般有两种:相对差异量和绝对差异量。标准差代表的是绝对差异量,它是有单位的;另一种代表相对差异量的即差异系数(又叫变异系数),它没有单位,用比率表示,记为 CV。计算公式为

$$CV = \frac{S}{\bar{x}} \times 100\% \tag{8-2}$$

式中,S 表示标准差,$\bar{x}$ 表示算术平均数。

有了绝对差异量还要引出相对差异量,是因为有些教育现象或行为不适宜用标准差来比较两组研究数据内部差异的大小。如两组变量的单位不一致,或者两组变量的单位一样,但是当算术平均数相差很多,去比较两组变量之间的内部差异就不能用标准差,而要用差异系数。

例如,在某次学业水平统一测验中,A 班学生的平均分为 63.82 分,标准差为 6.24;B 班学生的平均分为 31.38 分,标准差为 2.62。此次测验哪个班级学生成绩内部差异大?

通过将数据套用公式 $CV = \frac{S}{\bar{x}} \times 100\%$,计算得出 $CV_A = 9.78\%$,$CV_B = 8.35\%$,因此 A 班学生成绩内部差异大。

4. 定量分析中的统计检验方法

通常,用平均分来比较两个班成绩的优劣,但这不严谨。例如,某次数学考试,一班的平均分低于二班的平均分,不一定说明一班学生的数学成绩比二班差。这是因为一个班的平均成绩具有统计意义,存在抽样误差,其平均成绩在一定范围内波动。假如再进行一次考试,也许一班的平均分会高于二班的平均分。所以比较成绩时应用平均数差异的显著性检验更科学。

统计检验中的一个最常用的检验是统计假设检验,即差异显著性检验。它是利用两个样本特征量之间的差异是否显著来检验其和总体参数之间是否有差异的一个推断方法。差异显著性检验的基本思路是用反证法来检验所要获得的结论。差异显著性检验是推断统计中最重要、应用最普遍的统计方法,其基本做法是:首先,建立虚无假设"$H_0: U_1 = U_2$",即假设被比较的样本均数没有显著差异。这种假设在统计学上称为"零假设",用 H 表示。接着,分析推断"零假设"成立的可能性,用 P 表示。共有四种水平:若 $P \leqslant 0.001$,拒绝 H_0,差异非常显著;若 $P \leqslant 0.01$,拒绝 H_0,差异十分显著;若 $P \leqslant 0.05$,拒绝 H_0,差异显著;若 $P > 0.05$,接受 H_0,差异不显著。

统计学中,进行平均数差异的显著性检验时,通常会规定一个显著性水平。经过检验,所得差异超过这个显著性水平,表明确实存在差异,反之属于抽样误差。这个平均数差异的显著性检验在教育科研统计中总结为 Z 检验或 t 检验。一般地,样本容量大于 30 时,用 Z 检验;样本容量小于 30 时,用 t 检验[①]。

---

① 吴伟强. 基于问题的视角:教师如何做课题研究[M]. 宁波:宁波出版社,2020.

第六节　研究成果的撰写

一、研究报告撰写

（一）研究报告的分类

1. 实证性研究报告

实证研究报告要求运用事实说明问题,通过对具体、典型、翔实可靠的资料、数据和典型事例的介绍和分析,总结经验,找出规律,指出问题,提出建议。这类报告理论与实践并重,往往与接触性的研究方法有关,这是一种比较适合中小学教师的研究报告写作类型。大量的教育教学研究是应用实证研究,如教育调查报告、实验报告、经验总结报告等。

2. 文献性研究报告

文献性研究报告主要以文献资料为研究材料,以非接触式的研究方法为主,以文献研究的考证、分析、比较、综合为主要内容,重点分析某一方面的研究信息、水平、进程、争议、趋势等,以评述、综述文章为主要表达形式。

3. 理论性研究报告

理论性研究报告就是狭义上的论文,以阐述对某一事物、某一问题的理论认识为主要内容,重在研究其本质及其规律性,独特的看法、创新的见解、深刻的哲理、严密的逻辑和个性化的语言风格是其内在特点。理论性研究报告没有实证研究过程,因此对研究者的逻辑分析能力和思维水平有较高的要求,同时研究者还要具备较高的专业素养。

（二）研究报告的结构

1. 研究题目

一般用原题目加研究报告字样,例如,"《普通中学教师心理健康教育的研究》课题研究报告"。注意题目名称一旦立项后就不能改动,否则对以后使用会造成麻烦。课题题目基本上可以明确研究内容,研究目标。例如,《初一英语分层分组激励机制的应用研究》,研究内容基本上可以概括为:研究如何分层分组;研究如何制定激励机制;研究如何应用。分层分组要紧扣学生初一英语学习情况,激励机制要符合初一学生心理特点,重点在学习别人成功分层分组和激励机制的基础上开展应用研究。

2. 序言

序言主要概括说明所研究的课题是什么,从什么时候开始立项研究,到现在经历了多长时间等。例如,《乡镇中小学活动的人文关怀研究与实验》,是某市某学校承担的山东省教育科学"十一五"规划重点课题。××××年××月获准立项并开始研究,经过课题组和实验学校教师近×年的努力,已经达到了课题研究的基本目标,此报告即课题研究的总结。

3. 正文

1）课题的提出

主要是指具有特定时代背景,回答的问题是为什么要进行该课题的研究,该课题的研究是根据什么,受什么启发而确定的。一般从现实需要角度去论述,如教育部出台的法律法规,时代的发展,社会的进步、科技的发展,对教育教学提出了什么新的要求(理论上的需求),学校教育、学科教学等方面存在的问题,以及差距(现实中的差距)。

2) 课题的设计

课题的设计主要说明:研究课题概念的内涵与外延,研究的目标和内容、研究的对象、研究方法、研究的指导思想或理论基础和原则、研究的假设或假说。

说明研究什么(内容)?用什么方法研究这些内容(方法)?研究要达到什么程度(目标)?串起来说,就是用什么方法研究什么内容,内容的研究是为了实现什么目标?注意内容、目标都是紧扣课题,依托课题展开、细化,方法要科学到位。例如,研究"导入"课题,可以展开为各种课型的导入方式的研究,可以展开为各章节的导入方式的研究。研究内容一般表述为"××的研究"。

3) 课题研究的实施过程

从进入课题研究开始写起到课题研究结束,写出研究过程的实施步骤和具体研究情况,把研究过程中获得的第一手材料和感性认识,通过比较、分析、归纳,进行抽象与概括,上升到理性认识。主要从三个阶段说明,重在实施阶段工作的开展陈述,这一部分是专家、读者评价课题研究方法是否科学,设计是否周密,结论是否正确的主要依据。

4) 课题研究取得的成果

研究成果是什么?成果一定要与目标、内容相呼应,课题是否完成了预期研究目标?研究成果的应用价值和推广价值体现在哪儿?

(1) 成果叙述中大家一定要树立正确的思路,切勿写成论文形式,说一个观点,列几个例子,这样的工作教师可以在一小时乃至几节课内就做到。课题研究要求有切实的、系统的、可推广的显性成果,拿来即用,用之有效。当然成果还包括通过研究在师生层面上的隐性变化,即隐性成果(或称两类为理论成果与实践成果)。

如《初三英语词语教学策略的研究》就可以在结题时做出系列小册子。《初三英语词语学习小册子》分上、下两册,每册目录:单元词语记忆内容、归类词语记忆内容、音形结合记忆类的词语、列表记忆的词语等,这才是需要的研究成果。下一轮教初三的英语教师就可以在此基础上进行改正。这个成果就会集思广益,更好地发挥科研的力量,促进教学质量的提升。这才能真正意义上实现教师工作的价值。

(2) 成果要体现学科特点。合作学习课题的研究强调要选择合适的学习内容进行合作,这个内容如研究小学数学,那么第几章第几节适合合作学习等就是学科特点的研究。再如物理课堂提问的研究,最终的成果不能说这个策略用在英语学科也行,用在数学学科也行。要用数据、活动照片、图表、典型案例等形式增强课题研究的可信度。

《初四学生通过自主学习提高物理课堂效率的研究》,题目就能体现出其中的两点,一是最好界定一下自主学习;二是课堂效率的提高怎样体现,就可以用学生成绩研究前和研究后对比这样的数据来说明。

5) 讨论和思考

问题讨论:主要是论述研究的不足,回顾研究过程,觉得还有哪些欠缺的地方,也就是有待于进一步加强的地方,不要过多,两三条主要问题即可。

思考:结合研究中的经验和教训,提醒别人开展类似研究应注意的问题,提供有益的启示,或再深入研究内容的提示。

4. 附录和参考文献

有价值的一手资料，如调查报告、案例集、论文集等。参考的文献要紧扣课题。

（三）研究报告撰写应注意的问题

1. 将研究报告与研究方案进行区分

研究方案是对课题研究的总体规划和设计，主要包括以下几部分内容：提出研究问题的假设，提供解决问题的基本途径和方法；通过对课题的论证来说明此课题的研究价值；进一步阐述研究者完成课题的条件保障；确定研究目标与研究内容；对研究过程进行设计，以确保课题研究能够有步骤、有秩序地开展。研究方案的确定有利于课题的论证、评价与管理。研究方案出现在开展研究之前，是研究的蓝图。

研究报告是在课题研究完成之后，研究者对研究过程的反思、对研究成果的总结。在研究报告中主要阐述采用哪种方法，做了什么，如何做的，达到了何种目标。研究报告教育科研成果的撰写是对研究方案的验证。

一般来讲，研究报告应该与研究方案的部分内容相呼应，例如，研究方案的题目是"基于××智慧平台的混合式教学模式构建"，显而易见其目标是教学模式的构建，那么在研究报告中就应有模式构建的具体步骤与措施；"基于实验法培养高中物理核心素养教学策略的研究"的研究方案中明确了研究方法为实验法，那么研究报告中就应该有研究实施前后的数据对比，以此来说明教学策略对物理教学的促进作用。

2. 避免研究报告结构中的常见问题

研究报告的结构包括标题、研究背景、研究目标与研究内容、研究方法和过程、研究成果、讨论和建议、附录，但是在研究过程中易存在如下问题。

（1）研究目标不够精练，表述繁多。一般来讲，一个标题之下的研究目标只有一个基本研究课题需要下分若干子目标，子目标与总体目标的表述也应该是一致的。例如，总目标是"促进初中学科教学方法的变革"，子目标可以是"促进初中语文教学方法的变革""促进初中信息技术教学方法的变革"。教师"个人课题"研究期限为一年、这样的课题研究目标大多只有一个，所以要言简意赅地对研究目标进行阐述。

（2）研究内容泛化。研究目标一旦确定，教师通过查找文献会发现可参考的内容非常多，于是就对全部可获得内容进行罗列。殊不知，研究内容与研究目标的相关度直接决定了研究的成败，所以研究者应该围绕研究标题中的关键词，去粗取精、去伪存真，做到内容重点突出、条理清晰。

（3）研究方法选择不当，应用过程不清晰。研究目标决定研究内容，研究内容限制研究方法。研究内容与研究方法是研究报告的主体，与研究目标要形成三位一体：研究目标突出"要做什么"，研究内容突出"做了什么"，研究方法突出"怎么做的"。一个严谨、规范的研究项目，必须以科学、规范的方法为支撑，在研究报告的表述中要突出研究的技术路线，分阶段说明用哪些方法解决了哪些问题。

（4）混淆研究成果和研究效果。课题研究成果一方面是指高度概括的理论成果，是探索出的具有理性思考价值的规律；另一方面是总结提炼出的解决教育问题的原理、方法、技术、途径、策略等，是具有一定实践指导意义的实践成果。课题研究效果是研究过程中教育的主、客体按照研究者意愿发生的变化，一是学生方面的变化；二是教师的发展；三是教学效果和教育质量的提高。课题研究成果的质量都要用研究效果来验证。

3. 处理好各种数据和材料

现代教育越来越呈现出多规格、多结构、多因素的复杂形态。要获得科学的结论，就要在充分尊重客观事实的基础上，围绕观点，在材料的取舍中区分现象与本质、主流与支流。使选取的材料真正具备典型性特征，以此反映事物发展的趋势，继而真实地揭示教育规律。材料中的数据应用得当，会增加研究结果的可信度，但是连篇累牍，全是统计图表就会影响可读性。要选择重要结果中的重要数据进行展示，处理好数据显示与文字表述之间的关系，在数据可信的基础上进行合乎逻辑的文字归纳和提炼，使之互相映衬、互为补充，让读者感受到报告的张弛有度、有理有据[①]。

二、学术论文的撰写

（一）学术论文的结构

一篇完整的学术论文由前置部分、主体部分、附录和结尾构成。对于这四部分，由于附录是论文主体部分的补充项目不是必需的，所以在学术论文中可以省略；而结尾对于学术论文来说只有必要时才附上，因此，这里主要介绍前置部分和主体部分，并对这两部分中的主要内容做适当的说明。

1. 前置部分

学术论文的前置部分主要有题名、摘要和关键词。下面就这三个概念逐一介绍和说明。

1）题名

一篇论文一定要有题名（也称文题）。论文题名的确定是一件十分严肃且谨慎的事，因为它是论文撰写者对其科研成果的肯定，也是对其科研成果的命名。根据"最恰当"和"最简明"原则，论文题名要反映特定的研究内容，而且在字数上一般以不超过 20 字为宜。

2）摘要

摘要是一篇以提供论文内容梗概为目的，不加任何评论和解释说明、确切地记述论文重要内容的短文。摘要的特点是具有独立性、自明性，并拥有与论文同等量的主要信息。其作用是供读者在不阅读论文全文的情况下，通过摘要就能了解和获得论文的主要信息，从而确定有无阅读全文的必要。摘要的主要内容有：研究的目的、方法、结果和结论。

3）关键词

在信息化的当代，每天都有数不清的学术论文发表，人们不可能在有限的时间内利用有限的精力阅读所有的文献。为了使读者能够检索到自己需要参考和阅读的论文，学术界约定利用主题概念词的方法去检索最近新发表的论文。如果论文撰写者忽略或忽视在论文中标注关键词，文献数据库就不会收录这类论文，读者就无法检索到此类论文，作者论文的被检索率、引用率、利用率就会下降。

2. 主体部分

学术论文的主体部分应包括引言、正文、结论、致谢和参考文献表。对主体部分的各组成部分除参考文献另作专门的论述之外，对其他各部分做简短的介绍和说明。

---

1) 引言

引言是论文的开头语,其作用是说明论文的撰写背景和目的介绍。与本研究相关的前人或他人的工作状况,以及本研究的作用和意义,给读者起到一个导读的作用。引言力求言简意赅,突出重点;引言不要重复摘要的内容,也不要成为摘要的注释;引言在说明本研究的作用及意义时,切忌使用过高的不恰当的评价用语,也不必使用一些过于谦卑的客套话。

2) 正文

正文是学术论文、科研论文的核心部分,占全文的主要篇幅。它是分析、研究和解决问题的决定性部分,是论文的学术水平、学术价值的集中反映,是作者科研成果的代表。因此正文在论证过程中必须实事求是、客观真实、准确无误、合乎逻辑。正文的结构层次要分明,语言要简练,论证要严密,能自圆其说,使读者阅读后得到一定的启示。

3) 结论

结论是论文的最终的、总体的总结,不是正文中各段的小结的重复。结论力求准确、完整、明确、精练。尽管许多作者都想采用结论的方式表达其主要意向,但结论并不是论文的必要组成部分。论文中如果不可能明显地导出它的结论,也可以没有结论而进行必要的讨论。

4) 致谢

致谢不是论文的必要组成部分,它只是对论文作者在选择、构思或撰写论文的过程中曾给予指导或建议的有关人员,或对在技术、资料、信息、物质或经费等给予帮助或资助的个人或集体的谢意,没有上述情况的不做专门的致谢[①]。

(二)学术论文的撰写流程

可以预先阅读有关资料,从而得到启发。一些人在科技研究上有所作为,但写文章却显得迟钝,其中一个重要原因就是没有重视这方面的学习。学术论文写作作为一种文类自然也有其一定的规律。初学者一般可按下列三个步骤进行。

1. 总体规划或基本构思

首先,根据已有的素材分析文章经常使用的结构方法寻找创新的方法。其次,选定文章的结构方式,然后着手拟订总体规划。有了总体规划可避免文章写成之后因结构规划不好,不得不花费很大精力进行修改重写。

2. 实际写作规划

拟订提纲然后打一个草稿定出思路。写作时要尽力避免干扰。在行文时思想要高度集中,把问题分析、论证、说明清楚。应尽量把基本观点、概念写清楚,把轮廓画出来。尽量一口气往下写,不要中途停顿,不要把时间拉得过长,要尽快写完初稿。

3. 认真修改

修改是提高文章质量的重要途径。对学术论文最起码的要求是把句子写通顺,使词语之间搭配得当,语义明确。优秀的作品不仅文章论点明确、论据确凿,能够做到论证有力,逻辑性强,就连文章的措辞和句子的结构及标点符号也应十分注意。优秀的科技人员都舍得花费时间和精力修改文章,应该注意避免文章中出现下列毛病:混乱的句子结构、不合格的

---

① 潘志清.学术论文结构及参考文献的作用与著录格式[J].黔东南民族师范高等专科学校学报,2005(4):117-120.

科技论文开头、不必要的材料堆砌、逻辑思维混乱等。

（三）学术论文撰写应注意的问题

1. 名词的定义应清楚、确切

对于专业名词，特别是某些不属于自己专业范围的技术名词用时必须谨慎。如果不知道它的确切含义请勿随便使用。非用不可时应请有关专业人员核对。

2. 在一篇论文里一个名词只能用来表示一个意思

一个意思、一件事物只能用一个名词来表示，如"溶解、溶化""溶剂、溶媒""糖类、碳水化合物"等在一篇论文中就不应同时使用。

3. 不用把广义名词当作专义名词

如"碳水化合物、糖""蛋白质、白蛋白、蛋清"等就不能互相取代。

4. 对一些意义相似但不相同的名词在使用时必须严格地加以区分

如"分析、测定、化验""结果、效果、效用、影响、关系""手续、步骤""成分、含量、组成、构成""评定、评判"等就具有不同的含义。

5. 在学术论文中用比较词的时候应该慎重

如"比较满意""比较差些""相当可观"等在学术论文中不可随便使用[①]。

三、教育案例的撰写

（一）教育案例的结构

一般而言，一个相对完整的教学案例的基本结构，包括案例标题、案例背景、案例事件和过程、对案例事件的反思等四个部分。另外，有些案例还有附录，主要是将一些有关案例主题的补充材料，如对具体问题的访谈记录、能够反映案例主题的数据和表格，甚至学生的作业等放在案例叙述之后作为附录。

1. 案例标题

任何教学案例都需要有标题，标题最好能够突出案例中的典型情境或反映出案例中事件的主题。一般而言，案例的标题有两种形式，一种是可以用案例中的事件作为案例的标题，这也是一种常用的方式，如《采摘前后》《打人之后》《整齐便利小柜格》等，另一种形式是将案例事件所反映的主题作为案例的标题，这就需要将案例所反映的主题加以明确和归纳，如《磁铁》这个案例也可以命名为《教师怎样预设富有层次的引导问题》。

2. 案例背景

所有的课堂事件都是发生在特定的时空框架与背景之中的。案例背景简要介绍案例中事件所发生的时间、地点以及原因、条件等方面的基本情况，这些介绍对于读者完整地理解案例的过程、评判案例中问题解决的策略是否合适等都非常重要。实际上案例背景就是案例事件和过程的"前因"，有此"前因"，才能有案例的发生过程这一"后果"。不同的背景前因，常常会导致不同的问题解决后果。对案例背景的叙述要简明、清楚。

---

① 王少林.浅谈学术论文的写作[J].吉林工程技术师范学院学报，2005(9)：62-63.

3. 案例事件与过程

教学案例的主体就是对案例事件及案例发生过程的描述。在描述的时候要围绕着案例的主题，说明事件是如何发生的，怎样发展的，产生了哪些突出的问题，原因有哪些，怎样解决这些问题的，问题解决过程中出现了哪些反复、挫折和困难问题解决的效果等。总之，要对事件发生、发展，乃至结局有较为完整的描述。

在描述案例中事件发生的过程时，要注意有详有略、详略得当，有目的地对整个事件的发生过程加以取舍。而且，对事件的描述不是对事件过程的"场记式"的记录，不是将教学中所发生的一切都事无巨细记录下来，而是应对已经发生的事件的"教学加工"，将与案例的主题相关的场景、话语与行为等进行详细、客观描述。

4. 案例的反思

对案例事件进行分析与反思是一个完整的教学案例的必要组成部分，教师撰写教学案例的过程，其实是对自己解决问题过程的一种回顾与再分析，也是对自己在解决问题的过程中的经验和教训的总结。在反思部分，主要涉及案例事件和问题的解决过程中有哪些经验和教训？自己对案例事件发生过程的感想如何？在今后的教学中，对此类问题有什么样的想法等。

（二）教育案例的撰写流程

1. 确定案例主题

案例的主题和研究报告及论文的主题一样，就是表明要阐述的中心思想和主要内容。主题是案例的灵魂，或者说是案例的精髓。案例的主题一定要鲜明而又深刻，案例事件可以是一件小事，但"小故事大教育"，透过现象反映的一般都是当前教育教学需要解决的热点、重点、难点问题。案例主题的选择要符合课程改革和教师专业发展的需要。可以从新课程理念、教育教学组织实施过程、教学关系的处理、教师作用的发挥、教学技能与方法的运用等方面确立主题。

2. 阐述案例背景

背景是案例写作的起因、缘由，主要说明案例发生时的政治条件、经济条件、物理环境和心理条件等。背景可以从以下几方面展开说明：第一，描写遇到的难题；第二，交代一些基本情况，如学校类型、学生情况和教师情况等；第三，具体、明确地叙述对教学或学生学习产生重要作用的学生的文化、社会背景等；第四，介绍教学内容，对本节课包含的知识点及知识点在教材中的承接性和延续性进行分析、对教学目标进行准确的描述。

3. 阐述案例事件

该部分介绍如何处理"问题或疑难情境"，并通过这个事件说明、诠释类似的事件，该部分是教育案例的主体内容。在案例撰写的初期可以较为鲜明地提出问题，让读者直接获得问题发生的各种信息。案例撰写过程中需要注意：内容真实，确实是教学过程中遇到的事件；情景完整，案例从开始到结束有完整的情节；表现手法取舍得当，案例事件的描述应是一件文学作品或片段，应该以一种有趣的、引人入胜的方式来讲述；叙述客观，客观地介绍典型案例，不能直接提出问题或表述观点，更不能流露出感情的褒贬，要让读者自己悟出其中的道理；揭示人物的内心，人物心理是案例故事发展的内在依据，通过对人物心理的揭示让读者明白采取教学行为的因果关系与内在逻辑，达到对案例的理解。

4．反思与讨论

反思是一个由故事上升为理性的过程，通过对教育教学出发点、指导思想、过程和结果进行解读、评述和分析，进一步明确案例所反映的主题、思想观点和规律策略，使案例具有突出的意义和价值。在撰写反思的过程中需要注意反思要就事论理，紧扣案例。反思立意要新，要以先进的教育思想、教育理念作为指导，要紧跟基础教育改革的步伐。反思要有针对性，不要讲空洞的大道理，要讲这个案例反映的小道理，让读者以小见大。

5．附录

附录是对正文的补充说明材料，一般篇幅过长，放在正文中叙述会影响正文的可读性，打断读者的思考，所以该部分可以采用附录的形式，放在文后。例如，在以"课堂教学改革"为主题的案例中，可以选取典型的课堂教学设计作为附录。并不是每个案例都需要附录，是否安排附录，要视案例的具体情形而定。

思　考　题

1．信息化环境下中小学教师需要具备的科研素养有哪些？
2．课题研究过程中文献的类型和检索方法有哪些？
3．课题研究的要素与方法有哪些？
4．简述行动研究法的特点、类型以及实施步骤。
5．整理和汇总的课题研究资料分析和处理的方法有哪些？
6．完整的学术论文的结构是什么？

拓　展　资　源

1．王阿习,余胜泉,陈玲.数据驱动的课堂观察活动多元分析与改进研究[J].中国电化教育,2022(2)：106-113.
2．刘喆,陈霓.智慧教室环境下的课堂教学互动行为分析：以 10 个初中数学优质教学视频课例为观察对象[J].现代教育技术,2021,31(9)：28-36.
3．钱冬明,赵怡阳,罗安妮.中小学生信息素养现状的调查研究：以成都市为例[J].现代教育技术,2019,29(6)：48-54.
4．朱莉,郑富兴,邓凡.数字教育游戏对学生数学学习效果的影响：基于国内外 43 项实验和准实验研究的元分析[J].现代教育技术,2022,32(11)：50-58.
5．魏雪峰,杨帆,石轩,等.协作思维导图策略促进小学生习作的行动研究[J].现代教育技术,2020,30(6)：47-54.
6．郑欣,刘笛月,徐斌艳.基于设计的研究之架构与实施：对 2015—2020 年 SSCI 发表的与数学教育相关 DBR 论文的内容分析[J].现代教育技术,2021,31(2)：33-39.
7．陈向明.质的研究方法与社会科学研究[M].北京：教育科学出版社,2000.

8. 董奇.心理与教育研究方法[M].北京：北京师范大学出版社,2004.

9. 风笑天.社会学研究方法[M].北京：中国人民大学出版社,2009.

10. 金哲华,俞爱宗.教育科学研究方法[M].北京：科学出版社,2011.

11. 理查德·普森.教育研究的哲学[M].李伟,译.北京：北京师范大学出版社,2008.

12. 田学红.教育科学研究方法指导[M].杭州：浙江大学出版社,2006.

案　例　篇

第九章 信息化教学实践优秀案例(选编)

学习目标

(1)掌握计算机辅助教学的基本流程与实施方法。

(2)掌握混合式教学的基本流程与实施方法。

(3)掌握 STEM 教学的基本流程与实施方法。

(4)掌握跨学科教学的实施原则,在教学中实现人机协同。

第一节 计算机辅助教学的案例

案例:《皇帝的新装》教学设计

一、案例背景

课型:新授课

学科:语文

设计者:王乐慧,日照山海天旅游度假区青岛路中学

教材:人民教育出版社的初中语文上册

年级:七年级

二、教材分析

《皇帝的新装》是人民教育出版社的语文七年级上册第六单元的一篇精读课文,这个单元的课文体裁多样,有童话、诗歌、神话、寓言故事。这些文学作品的共同点是通过虚构的故事和情节曲折地反映现实,或揭露鞭挞现实中的丑恶,或表达对美好生活的向往,或赞美呼唤人间真情,想象丰富奇特、引人遐想。这些富有想象力的文本,可以激发学生的阅读兴趣,培养联想、想象的能力,引导学生憎恶假恶丑,向往真善美。

《皇帝的新装》是丹麦著名作家安徒生的童话名篇,借神奇的想象,写了一个昏庸而又穷奢极欲的皇帝上当受骗、当众出丑的故事,尖刻地嘲笑了统治者的愚昧,讽刺了社会的虚伪风气,内涵深刻,具有启示意义。这篇童话中,无论是作者扣人心弦的叙述,还是那根本不存在的"美丽的新装",都将提高学生的阅读兴趣,是培养学生积极的人生态度和价值观,助其提高审美情趣、发展语言能力、激发想象力和创造潜能的好教材。

三、学习者特征分析

随着现代生活质量的提高,学生很早就接触到了童话这种形式,所以从内容来看本文容

易理解。但由于受生活环境的局限,学生对课文思想主题的把握往往不够深入,而且大部分学生对童话的写法特点缺乏系统的理论知识,所以课文理解常常稍显肤浅,这就要求教师在学法方面要适当点拨,引导学生独立思考,合作探究,要求其对问题的认识一定要言之有据,逐步深入。浅文趣教,就是让学生在学习中读出兴趣、体会谐趣、悟出理趣。

四、教学目标

(1) 学习快速阅读方法,了解故事主要内容,把握故事情节。
(2) 了解童话的特点,领悟课文中大胆的夸张和丰富的想象。
(3) 学习通过语言、动作、心理等多角度描写人物的艺术手法。
(4) 把握文章所揭示的主题,培养敢说真话的好品质。

五、教学重难点

(一)教学重点

(1) 了解童话的特点,领悟课文中大胆的夸张和丰富的想象。
(2) 学习通过语言、动作、心理等多角度描写人物的艺术手法。

(二)教学难点

(1) 领悟课文中大胆的夸张和丰富的想象。
(2) 把握文章所揭示的主题。

六、教学方法

通过小组合作探究、课本剧等学习形式,引导学生独立思考,并互相合作解决问题,提高学生理解分析、归纳概括能力,激发学生学习兴趣。利用数字化软件制作课件,形式新颖,互动性强,易吸引学生的注意力。利用录课软件制作微课,丰富课堂内容,调节课堂气氛。

七、教学资源与工具设计

(一)教学环境

拥有投影仪和电子白板的多媒体教室。

(二)资源准备

1. 交互性教学软件
交互性教学软件包括图片、音频、视频、微课及游戏设置等。
1)软件介绍
交互性教学软件的特色在于互动教学,学科教学资源丰富,备课高效。不仅具有 PPT 的基础功能,还具有形式多样的教学工具,操作快捷有趣,能有效调动学生积极性。双屏同步,用手机就可以控制白板大屏,在课堂中实时展示学生的学习成果,也可以调用手机摄像头实现直播,轻松实现移动授课。

2）辅助学科教学的作用

利用交互性教学软件的多媒体功能，实现音视频的插入与播放，方便快捷，如在本课导入时播放安徒生代表作品的音频，让学生猜测是孩童时期听过的哪部童话，瞬间触发学生的美好童年回忆，创设情境，引导孩子迅速进入课堂学习状态；利用交互性教学软件的"课堂活动"功能中多样的游戏化教学方式，大大提高了学生的注意力和参与度，活跃了课堂气氛，如本节课在检测学生字词掌握情况时，采用课堂活动中"分组竞争"的小游戏，让孩子在游戏中掌握词语读音及意思；在把握故事情节时，以"知识填空"形式，让学生将打乱的图片顺序还原，学生一边动手操作一边思考顺序，寓教于乐；在学生展示的环节，用"双屏互动"的方式直接展示学生成果，方便全班学生观看并及时评价，提高课堂学习效率，达到互动教学的良好效果。

2. 学科教学器材

课本剧服装、头饰、穿衣镜。

八、教学实施过程

教学实施过程如表 9-1 所示。

表 9-1 教学实施过程

教学环节	教 师 活 动	设计意图与技术应用
情境导入	今天很开心能和大家一起穿越到童年时期，听听浸润我们童年的童话故事。老师找了几个童话故事音频，看谁能最先听出是哪一个童话故事，并且大声说出该童话的名字（播放音频，同学们抢答）。	音频导入，创设童年情境，并以抢答的形式进行，迅速调动学生的学习兴趣，使其快速融入课堂。
了解作家、体裁	（1）多位学生介绍。 （2）教师总结补充。	培养学生提前预习、独立思考的学习习惯，提升其语言表达能力。
字词检测	（1）出示课件，学生依次回答。 （2）设置游戏，组织学生游戏，巩固知识。	利用交互性教学软件的课堂活动中的游戏功能，两人PK，寓教于乐，提高学生学习效率和课堂参与度。
教学过程	（1）快速默读全文，注意圈点标注，把握故事情节，并用自己的话简要复述。 （2）设置白板中课堂活动的"知识配对"游戏，将打乱的情节图片进行排序。	通过阅读方法训练，培养学生快速阅读的能力；通过"课堂活动"功能，生成互动课堂，提高学生学习效率和课堂参与度。
	（3）思考：皇帝的这件新装到底具有什么特性，导致引发了这场闹剧？ （明确：任何不称职的或者愚蠢得不可救药的人，都看不见这衣服。） （4）通读全文，找出文中看不见新装的人： 　　　　老大臣　　　皇帝　　　诚实的官员 　　　　全体随员　　百姓　　　尊贵的骑士	阅读方法训练，培养学生提取信息能力。

教学环节	教 师 活 动	设计意图与技术应用
教学过程	(5) 小组合作,从以上人物中找到1~2个你最感兴趣的,品读具体语句,分析人物形象特点。 提示:注意人物心理、语言、动作等描写。 例如:"我的老天爷!"他想,"难道我是愚蠢的吗? 我从来没有怀疑过这一点。这一点决不能让任何人知道。难道我是不称职的吗? 不成,我决不能让人知道我看不见布料。" "哎呀,美极了! 真是美极了!" 老大臣一边说,一边从他的眼镜里仔细地看, "多么美的花纹! 多么美的色彩! 是的,我将要呈报皇上,我对这布料非常满意。" 朗读指导:要揣摩人物的内心,注意语气、停顿和重读。 教法:指导学生朗读;生读、师读、齐读相结合,即时给予评价。 分析:心理描写、语言描写。两个"难道""决不能"的心理描写,体现了老大臣的恐惧和虚伪;对老大臣的语言描写体现了老大臣的愚蠢、阿谀奉承。 (6) 学生分析到最能集中体现统治者愚蠢、虚伪的部分(27~32段),教师组织学生进行课本剧表演(皇帝1、骗子1、大臣1、典礼官1) (7) "可是他什么衣服也没穿呀!"孩子揭穿骗局,体现孩子天真无邪、无私无畏。 对比: (8) 概括:同学们的分析太精彩了,这是一场多么可笑的闹剧。安徒生通过一件神奇的"新装"揭开了人们的"心装",真是妙哉! 提问:请同学们参考课件中的格式,概括本文主题。 格式:《皇帝的新装》揭露了⋯⋯社会现象,启示我们⋯⋯ (9) 一起分享:如果你在现场,你会说出真相吗? 现在的你还能做真实的自己吗,能否分享一下,写一写你的想法。	通过个人品读与小组合作探究相结合形式,培养学生独立思考和合作探究能力。 课本剧表演,加强学生对文本的解读,活跃课堂气氛,提高学习热情。 双屏同步,手机拍摄学生的写作投射到电子白板上,方便全班学生观看并及时评价,提高课堂学习效率。
归纳写法	提问:故事非常有趣,皇帝的行为很愚蠢,会发生在现实生活中吗?(不会)作者用的手法是?(想象) 播放微课:联想和想象微课。 课件展示:同学们总结一下这则童话故事是如何进行想象的,有什么效果。	利用微课突破教学重点、难点,丰富课堂内容,提升学生总结归纳能力。
课堂总结	多么可笑的故事,多么愚蠢的皇帝,多么虚伪的社会风气,天才的安徒生用他丰富的想象和幽默的手法,给所有孩子和大人写了一个有趣的童话,欢笑之后又发人深省,提醒我们要敢说真话,活出自我,无论处于哪一个年龄层次,都不要忘了对于真善美的追求。 老师有几句话想送给同学们,愿你慢慢长大,学会真实、慈悲与宽容;愿你慢慢长大,无论生活多么艰难,仍能保持赤子之心,无论经历怎样的坎坷,归来仍是少年。	以生动的课堂内容培养学生敢说真话的好品质。
作业布置	愚蠢的皇帝在游行大典结束之后,回到皇宫,他会怎么办呢? 请展开想象的翅膀,为童话故事写一个别致的续篇。	及时巩固本文所学手法和内容,进一步激发学生的学习热情。

九、板书设计

板书设计如图 9-1 所示。

图 9-1 《皇帝的新装》板书设计

十、教学评价与反思

（一）优点

（1）本节课通过互动教学软件的应用，运用搭载的小程序、小游戏等开展学习活动，激发学生学习兴趣，为学生搭建起快捷、高效、有趣的交互式学习平台，提升了语文教学的有效性、互动性和趣味性。

（2）基于语文核心素养中的语言、思维、审美和文化四方面要求，本节课教学目标明确、思路清晰，内容丰富，教学环节环环相扣，努力探索将信息技术与教学环节融合，教学内容层层递进，课堂简约而不简单。

（3）通过多样的朗诵形式、课本剧等方式充分调动学生的积极性，课堂气氛活跃，学生回答问题之后教师及时给予鼓励性评价，学生的参与度较高。

（4）板书设计新颖有特色，突出课文主题，有创意。

（二）不足

（1）普通话不标准，还需进一步加强。

（2）课堂部分过渡句还需斟酌，应更加自然体现语文特色。

第二节 混合式教学的案例

案例 《前前后后》教学设计

一、案例背景

课型：新授课

学科：美术

设计者：石志明，东营市胜利锦苑小学

教材：山东教育出版社 小学美术

年级：三年级

二、教材分析

这是一节在绘画中表现物体前后关系的美术课,属于【造型·表现】学习领域。绘画中的空间感,是学生艺术学科核心素养中,艺术表现里面至关重要的一个方面。使观者在观察时产生远近前后的视觉感知。更能体现出画面中的前后位置,以及远中近的层次性。本课通过学习绘画法和拼贴法,让学生建立用美术语言表现前后空间感的意识,为以后的美术表现做好铺垫。

本课重在对学生的观察力及表现力进行训练。运用前大后小的视觉规律,以及前后遮挡的绘画方法表现物体的前后关系,学生通过自主学习和自主讨论,在观察与思考中发现生活中的视觉规律,以培养思维的创造性、灵活性、发散性。

物体由于前后位置不同,会产生前后遮挡变化。生活中事物的前后遮挡关系无处不在,提醒学生观察这一美术现象,并学习用美术语言表现生活中的美术现象。

本课教材提供了多幅有前后遮挡关系的图片,启发学生用美术思维来观察身边的世界。教材中,秦始皇陵兵马俑实景照片旁配有简笔画示意图,一方面表现前后遮挡关系,另一方面还传达出一个信息:身高差不多的陶俑,由于摆放的位置逐渐变远,给人近大远小的视觉感受。

教材中提供了两种表现方法,一是剪贴法,用由远及近的粘贴顺序,便于学生理解前后遮挡关系;二是绘画法,教材下方的三幅学生绘画作品,较好地体现了遮挡、近大远小的关系,为学生进一步构思自己的作品做好准备(表 9-2)。

表 9-2 不同角度下的教学活动分析

角　度	分　析　结　果
大概念	前大后小和遮挡关系是表现物体前后关系的重要因素
知识线	(1) 前前后后的视觉现象如何表现? (2) 怎么表现物体前后的遮挡。
深广度	(1) 绘画中的空间感,是学生艺术学科核心素养中,艺术表现里面至关重要的一个方面,物体之间的前后位置变化,通过多角度的观察会发现其中的遮挡关系,将其物体间的遮挡关系表现在二维平面中,可以有效地增强画面中的空间感。使观者在观察时产生远近前后的视觉感知。更能体现出画面中的前后位置以及远中近的层次性。 (2) 通过学习学生可以建立用美术语言表现物体前后空间感的意识,为以后的美术表现进行铺垫。
问题线	(1) 生活中前前后后的现象都有什么? (2) 前后的物体进行比较,大小看起来有什么变化? (3) 前后遮挡的物体哪一个看起来更加完整? (4) 怎样构图可以使画面的前后效果更明显? (5) 欣赏《拾穗者》,你认为画家是怎么表现的。
活动线	教师活动:多媒体情境创设、作业展区创设。 学生活动:小组讨论、任务单汇报、自主创作、点评展示。
情景线	生活中有趣的前后现象,身高一致的同学在赛跑时出现前后位置变化,导致看起来身高发生了有趣变化。
学生认知发展	(1) 开始尝试描绘前后的空间感; (2) 增加画面空间感,令画面空间更丰富。

三、学习者特征分析

（一）学生已有的能力基础和认知水平

1. 学生能力基础分析

三年级学生通过两年的学习,在学习行为上已具有了一定的稳定性,思维更活跃、更宽广。从学生固有的天性来说,单纯、好动的性格促成学生天真、可爱的特点。这个年龄的学生具有丰富的想象力和敢于创造的意识,教师应在此基础上鼓励、引导学生探求美术课各领域的知识,感悟美术学习的乐趣,通过各种途径增强学生学习美术的兴趣,开阔其视野,培养其创造能力、审美能力,激发其创造美好生活的愿望。

2. 学生认知水平分析

随着学生日益增长的求知欲,以及见识越来越广泛,在绘画上、工艺制作上有着自己的创造思维、想象能力和个性,但这些会造成学习的不一致性、习惯的不统一化。要做到有的放矢,用小组制激发学生的积极热情,培养团体荣誉感的同时,养成良好的课堂习惯。考虑到三年级学生具有良好的代入感,用电教化与现实相结合的情境代入,使情境融入更好地发挥。运用绘画比赛的方式在课堂中让学生有更多的积极性。

（二）学生可能遇到的困难和问题

1. 困难

胆大心细可能是这个年龄阶段最突出的特点,而本节课需要大胆地表现物体的前后关系,如果前后物体形象大小视觉效果不明显则可能造成画面效果不佳,所以本课也重在对学生的表现力与创新能力进行训练。

2. 问题

学生在创作时无法将前后的物体大小进行明显的区分,前后遮挡的物体难以取舍。

四、教学目标

（一）知识与技能

（1）了解前后物体的变化以及遮挡关系的规律。
（2）用绘画的形式表现物体的前后关系。

（二）过程与方法

（1）通过小组活动,能主动与他人进行交流和讨论,清楚地表达自己的观点,可以代表本组分享组内研究成果。
（2）通过自主创作,展览展示,学生分享交流,可以自己总结表现的方法收获知识与技能。

（三）情感态度价值观

学生在实践过程中发现的美术的奇妙之处,激发学生的学习兴趣。

五、教学重难点

（一）教学重点

用绘画的形式,准确地描绘出前后物体的大小、遮挡关系。

（二）教学难点

(1) 区分前后物体的大小关系。
(2) 描绘物体遮挡的关系。

六、教学方法

通过小组活动、合作学习的形式,让学生六人组完成本组学习任务单并进行展示汇报交流。利用交互性教学软件制作课件,利用交互性教学软件的交互功能、板中板功能、游戏功能吸引学生的注意力,提高学习积极性。利用绘声绘影剪辑视频和制作微课,课前预习,激发学生美术学习兴趣。

七、教学资源与工具设计

（一）教学环境

拥有交互性教学软件的多媒体教室。

（二）资源准备

1. 通用的多媒体课件

通用的多媒体课件,如 PPT 课件及素材(视频、音频、动画等)。

1) 介绍

课件《前前后后》中运用了 7 个特色信息技术亮点,分别是放大镜功能、交互功能、板中板功能、投屏功能、倒计时功能、聚光灯功能、克隆功能,以及游戏小程序抽红包功能。

2) 辅助学科教学的作用(结合教学内容进行分析)

(1) 学生赛跑视频及放大镜功能:帮助学生观察人物的相同点与不同点。

(2) 交互功能:学生上台操作道路上前后汽车的位置摆放。

(3) 板中板功能:方便学生展示与统计其他小组意见及各个小组加分情况。

(4) 投屏功能:方便展示学生作业,观察各方面细节的处理。

(5) 倒计时功能:提示学生创作时间。

(6) 聚光灯功能:欣赏《拾穗者》,分析画面内容。

(7) 克隆功能:教师示范减少示范时间。

2. 学科软件

1）学科软件介绍

Procreate 可以利用丰富的笔刷在白板上灵活利用进行示范,避免教师上课带很多的笔刷以及美术工具,方便美术教师灵活多样选择绘画工具。

CAD 建模号使教师在讲解物体构成时可以建构立体模型,帮助学生理解物体的透视规律及物体的多面性,帮助学生建立体积意识及空间意识。

Picsart 美意可以将单个物体进行抠图并附加于多背景之上,帮助学生理解主体与背景的关系,也可以将两个物体罗列在一起帮助学生理解物体间遮挡关系。

CAD 让绘画的人物动起来,丰富课堂活动,帮助学生理解运动物象关节的连接点,以及运动路径等。

放大镜功能可以帮助学生发现细微之处。交互功能可以帮助学生自由拖拽白板中的图像元素,亲身实地感受绘画中的构图技巧。板中板功能方便教师多角度、多画板讲解绘画中不同观察角度。投屏功能方便展示学生作业,确保每一个学生都能观察到 A4 纸大小的美术作品。聚光灯功能对欣赏重点进行分析,聚焦学生的观察重点。克隆功能方便编辑白板中的美术元素,克隆后直接粘贴,方便表现美术中多人、多物的画面效果。

2）辅助学科教学的作用（结合教学内容进行分析）

交互性教学软件在使用时不受纸张大小的限制,教师可以更快速地创作,贴纸功能以及图案的复制粘贴功能大大降低了创作的时间,提高效率。

3. 学科教学器材

（1）PPT、视频、板书设计、翻页笔、磁力扣、彩卡纸、美术作业纸。

（2）铅笔、橡皮、画垫、马克笔。

八、教学实施过程

教学实施过程如表 9-3 所示。

表 9-3 教学实施过程

教学分析	教材分析：本课教材通过多种多样前后位置不同的图片来帮助学生直观地认识物体前后位置不同带来的各种视觉感受,将前后位置与远近感觉两个重点用方框标出,同时出示艺术家米勒的《拾穗者》来帮助学生学习怎样画出前后位置不同的画面,教材还提供了部分学生作品用来展示同龄人的创作思路与可学习借鉴的地方。通过找一找、说一说、看一看来引领学生逐步学习,最终达成学习目标。 学情分析：三年级学生不仅在绘画的技能上有了提高,而且对事物的观察与认识也有了很大的进步,本节课研究一个视觉效果,学生通过学习实践可以完成学习目标并应用于实际绘画之中,三年级学生对线条把握更精确,绘画速度也有一定提升,具备自主探究合作能力,通过有效引导也可以让其自己研究出本节课的重难点。
大观念	前大后小和遮挡关系是表现物体前后关系的重要因素。
素养目标	（1）了解前后物体的变化以及遮挡关系的规律。 （2）用绘画的形式表现物体的前后关系。 （3）学生在实践过程中发现的美术的奇妙之处,激发学生的学习兴趣。
基本问题	如何用绘画的形式表现物体的前后关系？

续表

关键问题	(1) 前后位置不同的物体有什么不一样的地方？ (2) 如何描绘存在遮挡关系的物体？
最终任务	用绘画的形式,准确地描绘出前后物体的大小、遮挡关系,完成一幅表现前后物体关系的绘画。
过程性活动任务	(1) 生活观察学习任务； (2) 绘画表现学习任务； (3) 自主创作学习任务； (4) 展示评价学习任务。
活动教学结构图	如何用绘画的形式表现物体的前后关系 ├─ 生活现象观察 │　　├─ 前后物体比较在视觉上前大后小 │　　└─ 前后遮挡时前面的物体看起来更完整 └─ 绘画方法表现 　　├─ 绘画前面的物体大,后面的物体小 　　├─ 物体摆放处于不同位置 　　└─ 优先绘画前面的物体
教学过程	(一) 导入激趣、构筑情境 　　上课,同学们好,请坐,今天给大家介绍几个新朋友,看(教师录制学生赛跑视频并剪辑有效片段)。 　　教师截取视频利用放大镜功能将身高放大并提问:她们有一个共同的特点,谁发现了?瞧,她们在干什么? 　　教师再次利用放大镜功能展示视频中细节并提问:跑步让她们的位置发生了改变,这个时候她们的身高发生了什么变化呢? 　　这种有趣的视觉现象是什么呢?让我们一起走进今天的学习《前前后后》。(约2分钟) 　　【设计意图:教师用赛跑的前后位置变化现象引起学生兴趣,利用放大镜功能进行提示,通过这种奇怪有趣的视觉现象,更能够激发学生的学习兴趣。】 　　(二) 问题引领、合作探究 　　除了刚才我们看到的前后现象,在生活中你还看到了哪些呢?那我们怎么用绘画的形式来生动地表现这种前后关系。我们一起来探索一下。下面请各小组长拿出学习任务单,带领本小组同学一起将任务单填写完成,5分钟后上台展示研究成果。(约6分钟) 　　1. 生活观察学习任务 任务一: 观察下面图片,前后两个物体相对比: 前面的物体看起来_____(A:大 B:小)。 后面的物体看起来_____(A:大 B:小)。 

任务二：

观察下面图片，如果前后物体产生了遮挡，那么_____（A：前面 B：后面）的物体看起来更加完整。

任务三：

请你上台在交互性教学软件上进行操作：将右边不同大小的汽车按照前后的关系重新摆放到左边的背景图中，使左边的图片合理完整化。

2. 绘画表现学习任务

任务一：

观察下面的图片，你认为哪张图片的前后效果更明显？_____

A　　　　　　　　　　　　　　　B

任务二：

观察下面的图片，你认为哪种构图方式更有利于表现物体的前后？_____

A　　　　　　　　　　　　　　　B

教学
过程

任务三：

欣赏油画《拾穗者》，利用聚光灯功能单独选出作品中的两个人物，谁在前谁在后？（A：左边 B：右边）

你认为作者在画这两个人物时先画前面的还是先画后面的？

【设计意图：本环节将生活中的现象、绘画的表现方式、艺术大师的绘画经验，设计成学习任务，使学生通过完成学习任务单，真正的通过自主探究获得知识。学生可以上台进行操作，利用交互性教学软件的交互功能拖拽汽车或是利用聚光灯功能分析画面，丰富了学生的参与性与积极性，提升了学习兴趣。在分组交流分享中解决了如何绘制一幅表现物体前后关系为主题的美术作品。】

（三）提炼问题、精讲点拨

学生上台分享本小组研究成果。教师利用交互性教学软件中白板功能为小组进行加分记录。

前大后小：如果让你画出物体的前后关系，你会怎么区分前面与后面的物体？

前后遮挡：如果你要画前面的物体挡住后面的物体，你会怎么画前面的物体？

不同位置：我们在画前后的物体时，应该将他们放在同一位置还是不同位置？（约 10 分钟）

你们合作学习能力非常强。现在我们把大家的研究知识点串联起来，看看老师是怎么运用这些知识点去描绘一幅表现物体前后关系的画吧。教师利用交互性教学软件示范，利用交互性教学软件的贴图功能以及克隆功能快速完成作品。（3 分钟）

【设计意图：本环节用示范作品将对小组探索的知识进行串联整合，将零散的知识系统化，以示范的形式进行总结，合理利用贴图功能以及克隆功能迅速地将示范完成。】

（四）主题创作、各显身手

相信大家已经跃跃欲试了，请大家组内讨论，你想怎么画，限时 1 分钟。利用交互性教学软件的倒计时功能提示讨论时间。

现在我宣布锦苑小学"你追我赶"绘画比赛现在开始，请看比赛要求。

（1）选择合适的题材表现物体的前后关系。

（2）前大后小描绘准确，两物体之间有遮挡。注意物体在画面中的位置。

（3）构图大小合适，背景环境与画面整体协调，色彩鲜艳，画面整洁，主体画大，限时 15 分钟，利用交互性教学软件的倒计时功能进行倒计时。（约 15 分钟）

【设计意图：将本课探究的表现前后物体和绘画部分元素统一到作画要求中，学生在短时间内进行讨论，利用倒计时潜移默化地提升学生的讨论效率，将所学知识再次进行融合。】

（五）生评师评、点优补缺

比赛结束，首先我们根据评分标准组内选举选出你认为你们小组最好的一幅，将它放到前面的作品展区（1 分钟）。

教学过程

续表

| 教学过程 | 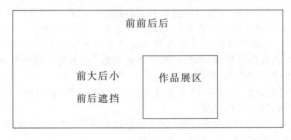 |

谁可以说一说,你最喜欢哪幅作品?为什么?这是谁的作品,你能来讲一讲你是怎么画的吗?(教师将本幅作品投屏到大屏幕中,使学生可以观察得更加仔细。)(1分钟)

老师觉得这一幅作品也很不错,看它的构图安排不是一条斜线,而是比较灵活,色彩运用大胆,画面也很干净。(教师将本幅作品投屏到大屏幕中,使学生可以观察得更加仔细。)

老师觉得大家画得都很好,各有各的优点。课下同学们还可以继续交流讨论学习。

【设计意图:评分部分分为四个水平,细化得分,学生人人参与。教师在展示时将作品进行投屏,使A4大小的作品铺满整个屏幕,使全部学生看得清楚。】

(六)知识总结、拓展延伸

今天我们通过绘画的方式表现了物体前后的关系,感兴趣的同学课下可以尝试用拼贴的创作方式去尝试表现物体的前后关系,相信会呈现出另一种视觉感受!(1分钟)

好,下课。

九、板书设计

板书设计如图 9-2 所示。

前前后后

前大后小
前后遮挡

作品展区

图 9-2　板书设计

十、教学评价与反思

(一)优点

1. 形成创新意识、创造精神、创造方法的内部驱动力

学生的学习主动性表现在积极自觉地参与学习全过程,并对所学对象表现出强烈的求知欲望,进而能够自我调节、自我控制,形成自己的个性品质。在课堂上为了充分调动学生学习的积极性,教师应是学习的引导者,要为学生营造课堂氛围,使学生能主动地参与学习;为学生提供学习空间,使学生能自主探究学习;给学生充足的时间,使学生能进行创造学

习,并鼓励引导其用绘画的方式表达自己的观点,真正在课堂上做到有效教学互动。

2. 电教辅助:信息技术与学科教学的深度整合

三年级学生有很好的代入感,借助电教手段,创设一种情境,学生如同身临其境,能更好地融入学习过程,开拓思维,大胆想象创作。通过短视频的观看,学生能更直观地看到生活中的视觉现象,产生疑问,进一步深入本课。任务单中交互功能与聚光灯功能的使用能活跃课堂气氛,板中板功能能提升小组竞争力,使学生深入课堂。交互性教学软件示范速度快,呈现清晰,能让学生观察更直观。学生展示阶段,用实物投影的方法,将自己的画呈现到白板大屏幕上进行讲解,增加学生的自信。

3. 学生作品的创新性

学生作品出乎自己的意料,比预想中的要好很多,创新性、表现力都非常强。

(二)不足

(1)本课安排内容较多,还应适当取舍;学生绘画的时间较短,这在之后的课堂中还应设计更合理的时段和方法。

(2)语言轻松,但是还可以适当严谨一些。

(3)示范的视频可以露脸跟孩子们打个招呼,教师更具亲和力。

(4)后面设计的比赛可以有所奖励,例如发奖状、证书等。

(5)还可以再融合一些德育的内容,注重学生德育的培养。

第三节 STEM教学的案例

案例一 《设计水火箭》项目教学设计

一、案例背景

课型:新授课

学科:科学

设计者:刘雪英,日照市东港区天宁小学

教材:青岛版小学科学六年级上册

年级:六年级

二、前期分析

(一)学习者分析

1. 学生认知发展水平分析

"设计水火箭"一节是青岛出版社小学科学六年级上册第七单元的内容,小学六年级学生年龄一般在11~12岁,处于具体运算阶段和形式运算阶段的过渡时期,这一阶段的学生在学习时已经可以逐渐脱离具体事物的支持,具备一定的抽象逻辑推理水平,能够进行假设演绎推理。

2. 学生的知识基础分析

经过小学阶段科学知识的学习,学生已经具备一定的科学知识基础,能够对长度和质量进行测量,并能够熟练进行各种数学运算。

3. 学生技能分析

六年级的学生已经具备一定的自我管理能力,能够很好地处理小组与小组之间,以及小组成员之间的关系,更适合进行小组协作探究学习,且学生在经过小学阶段的学习后已经具备一定的动手实践能力。

(二)学习目标分析

结合新课标三维目标和 STEM 教育理念,将学习目标划分为知识与技能、过程与方法、情感态度与价值观和 STEM 能力目标。其中,STEM 能力是指学生在通过 STEM 学习后所具备的问题解决能力、协作交流能力、技术应用能力和批判思维能力。因此,对"设计水火箭"项目进行分析,具体目标如表 9-4 所示。

表 9-4 "设计水火箭"项目学习目标

知识与技能目标		能了解火箭发展史,理解火箭升空原理,分析影响水火箭升空飞行的要素。
过程与方法目标		熟悉水火箭设计制作步骤,能够成功试射水火箭,能解决问题并不断改进水火箭的最远飞行距离,能够发表与分享制作心得。
情感态度与价值观目标		通过实际的制作和发射,提高学生的动手能力,激发学生对科技的兴趣,营造良好的校园科技氛围,激发学生的爱国之情。
STEM 素养目标	问题解决能力	能够对复杂问题进行分解,运用数学、物理、信息技术等多学科知识解决问题。
	协作交流能力	在探究水火箭的工作原理、设计制作水火箭和发射水火箭的过程中学会与教师和其他成员协作交流,共同探究。
	技术应用能力	能够运用计算机搜集有关火箭的发展史、水火箭的工作原理和用途的资料,能够选择合适的技术解决项目活动过程中遇到的问题。
	批判思维能力	敢于大胆说出自己的想法,对他人的想法和意见提出建议,尝试突破固有思维进行创新。

(三)教学内容分析

《设计水火箭》是青岛版六年级上册第七单元《设计与工程》中的主要内容。此项目中融合了科学、数学、工程、信息技术、美术等学科内容,项目活动通过引导学生动手设计水火箭,发展学生的协作交流能力及动手操作能力,教师提出疑问,水火箭的工作原理是什么,其中蕴含哪些科学知识(反冲原理),我们可以选用什么样的材料去设计制作水火箭,怎样进行改造和提升,提高学生的学习兴趣,培养学生严谨的科学探究品质。

根据 STEM 理念所倡导的多学科的融合,结合科学课程知识及学生生活经验将项目涉及的科学、技术、工程、数学四个领域的内容重新分析,如表 9-5 所示。

表 9-5 项目所涉及的 S、T、E、M 领域的内容分析

STEM 理念	学习内容
science(科学)	反冲原理、气体压强、受力分析、水火箭应用。
technology(技术)	剪刀、绳子、直尺、圆规、锥子、塑料瓶、卡纸等材料的选择和工具的使用; 创意想法; 制作技巧; 信息技术应用。

续表

STEM 理念	学习内容
engineering(工程)	工具与材料的选择； 绘制设计图； 材料造价。
mathematic(数学)	长度、高度的测量； 圆的面积计算。

　　科学教师在与项目所涉及的各学科教师进行沟通交流的基础上，选取项目所涵盖的科学、数学等学科的知识点，并对知识点进行分析后，确定项目所涵盖的知识点之间的关系，形成"设计水火箭"知识地图，如图 9-3 所示。"设计水火箭"知识地图中明确了学生通过 STEM 项目学习后应该掌握的知识及技能，有利于学生快速明确学习目标。由于学生对项目所涵盖的知识有了大致了解，在进行水火箭作品制作时能够调动学生学习的热情，提高项目成果的质量。

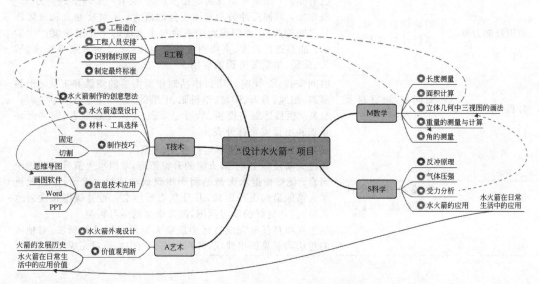

图 9-3　"设计水火箭"项目知识地图

（四）制作项目计划书

　　对"设计水火箭"项目进行整体规划，制订项目计划书，对项目主题背景、项目任务及学习目标、知识和能力基础、材料和工具准备，以及教学评价标准进行设计。"设计水火箭"项目计划书如表 9-6 所示。

表 9-6　"设计水火箭"项目计划书

项目内容	设计意图	具体内容说明
项目背景	明确项目问题来源于生活	中国航天的发展，壮大了国家的综合国力，拓展了民族的生存空间，最大限度地维护了国家安全，还引领了人类的未来。 回顾中国航天发展史，它是一部中华民族自主创新的历史，更是一段扬眉吐气、壮我国威，助推中华民族走向世界舞台中央的历史。那么火箭是怎样升空的呢？蕴含哪些原理

项目内容	设计意图	具体内容说明
项目任务和学习目标	通过项目学习,学生应具备的知识及能力要求	学生经过"水火箭"项目学习后,能够制作出一个能运行的"水火箭",探究"水火箭"的发射原理。 三维目标:通过火箭发展史,了解火箭的升空原理,掌握水火箭升空的影响因素;能够根据水火箭的制作步骤成功试射水火箭,不断改进水火箭的最远飞行距离,并分享心得体会;通过制作和发射水火箭,营造良好的学习氛围,激发学生的学习兴趣。 STEM能力目标:能够对"水火箭"项目问题进行分解,运用数学、物理、信息技术等多学科知识解决问题;在探究"水火箭"的工作原理、制作简易"水火箭"和探究"水火箭"的运行原理研究的过程中学会与教师和其他成员协作交流,共同探究;能够运用计算机搜集有关火箭发射原理和历史等资料,选择合适的技术解决项目活动过程中遇到的问题;敢于大声说出自己的想法,敢于对他人的想法和意见提出建议,尝试突破固有思维进行创新。
知识及能力基础	明确项目内容,科学设计学习支架	已有知识:知道火箭发射时需要点火,会有一个向下的推力。 新知识:掌握反冲力和气体压强的概念;了解反冲力和气体压强之间的关系,并明确此关系会对水火箭的下发射速度产生影响;能够进行长度、重物测量和重力计算;了解火箭在军事、航天、旅游、生活等方面的应用。
材料和工具准备	时间安排、材料及工具准备	时间安排:7课时。项目作品制作所需要的资源和工具:塑料薄膜、细绳、剪刀、圆规、塑料瓶、卡纸等。 材料:项目计划书模板、学习记录表、个人反思量表、同伴互评量表和项目成果打分表。
评价标准	明确项目评价的相关标准	成果方面:制作出能够运行的"水火箭"。 通过火箭发展史,了解火箭的升空原理,掌握水火箭升空的影响因素;能够根据水火箭的制作步骤成功试射水火箭,不断改进水火箭的最远飞行距离,并分享心得体会;通过制作和发射水火箭,营造良好的学习氛围,激发学生的学习兴趣。 学生在项目任务完成过程中能够大胆说出自己的想法,对他人的想法和意见提出建议,并在协作交流中高质量完成项目任务。

三、学习共同体设计

(一)项目实施共同体设计

由专家把握学校 STEM 教育的发展方向,对 STEM 教学开展提供理论指导和技术培训;由教导主任把握 STEM 教育进展,联合社会人员或企业为 STEM 项目学习的开展提供物质和人才支持;各班班主任兼 STEM 辅导员,负责本班 STEM 课程的开展及人员组织。依据"设计水火箭"知识地图中涉及的学科知识点,由科学教师担任负责人,选择项目所涉及学科的信息技术教师、数学教师、美术教师等学科教师组成项目实施共同体。

(二)项目学习共同体设计

学生主体为小学六年级学生,以小组的形式开展项目学习,在此基础上结合学生的知识技能水平、优势学科倾向及学习风格特点,引导学生进行角色定位,提高协作学习效率。小组中各个角色的任务如表9-7所示。

表 9-7 学习小组的角色分工

角 色	职 责
组长(组织型或综合型)	领导和指引组员各司其职
操作员(操作型或综合型)	把控制作环节,控制成本
材料员(知识型或综合型)	收集、组织、指导资料的正确使用
报告员(元认知型或综合型)	记录团队的想法并向全班展示最终成果

四、教学活动设计

(一)准备阶段(0.5 课时)

1. 创设情境,引入项目

1)观看视频猜谜语

课前观看航模视频、神舟九号发射动画,通过观看视频激发学生的求知欲。

2)玩气球看制作

玩气球,把气球吹足气后再放开,观察气球是怎样运动的;并由此提出火箭的发射原理与气球运动原理类似,引导学生探究背后的原理尝试设计一个"水火箭"。

(强调:协作探究、安全环保)

2. 知识地图呈现

在学习活动实施前,教师给学生呈现事先构建好的小学科学学科知识地图和"设计水火箭"知识地图。一方面,向学生展示本项目中包含的知识点及进行重难点标记,有利于学生明确跨学科知识之间的关联,保障"设计水火箭"活动顺利开展;另一方面,呈现知识地图的目的是为学生搭建"脚手架",学生在项目探究过程中往往会遇到超出项目内容的知识,此时学科知识地图能够帮助学生对知识进行迅速定位,利用知识之间的关联解决当前问题。

3. 概念和技能学习

STEM 项目中包含了超出学生知识基础的知识和技能。因此,在学习活动开始前,教师对超出学生知识基础的知识和技能进行初步培训,保障学生顺利开展项目探究活动。在"设计水火箭"项目中,教师为学生讲解反冲力及气体压强的相关知识,使学生初步掌握火箭升空是由于气体压强发生变化进而在尾部产生反冲力的原理,明确反冲力和气体压强的概念,了解气体压强改变时会产生反冲力,并在其大小改变时对"水火箭"的运行速度产生影响,知道如何进行重物测量、长度测量和力的计算等知识和技能。

4. 资源和工具的准备

教学资源主要从以下四个方面进行准备。

1)导入材料

在明确项目环节所需要的有关水火箭介绍的图片、视频、报纸、气球等。

2)调研工具

项目开展所应用的计算机软件及网络,便于学生进行资料搜集和调查研究。

3)产品制作材料

项目活动中学生进行作品制作用到的塑料薄膜、细绳、剪刀、直尺、圆规、卡纸、塑料瓶等材料。

4)学习记录及教学评价材料

项目计划书模板、学习记录表、个人反思量表、同伴互评量表和项目成果打分表等。

材料的选择没有固定的要求,只要适合教学活动的开展,可根据实际情况进行调节。

(二) 实施阶段(5.5 课时)

STEM 项目学习具有既定的实施流程,可将流程的各个阶段视作一个活动系统,在进行活动设计时充分考虑主体、客体、目标、工具、情景等要素,如表 9-8 所示。

表 9-8　项目实施流程

项目流程	项目执行者的角色定位			阶段目标
	学生	教师	社会人员	
明确项目	项目探究者 项目执行者	项目提出者 活动组织者	学习支持者	明确项目任务,分析学习目标,讲解评价标准
制订计划	计划制订者	计划评价者	学习支持者	成员任务分工、项目流程的探究以及时间安排
活动调研	计划执行者 资料收集者 活动探究者	调研引导者 资源提供者	学习支持者	进行资料的搜集、筛选与利用,撰写调查报告,进行资源共享
作品制作	产品设计者 作品制作者	设计指导者 制作帮助者	设计指导者 制作帮助者	绘制作品设计图,根据设计图选择作品制作材料,参照设计图,利用所选材料进行项目产品制作,并进行产品报价
交流汇报	作品展示者 作品评价者	汇报组织者 作品评价者	作品评价者	开展作品展示交流会,进行作品展示及产品测试,对作品进行点评
迭代完善	作品评价者 作品修改者	制作帮助者 作品评价者	制作帮助者 作品评价者	根据学生的产品测试成果和各小组的反馈建议,对作品进一步修改和完善

在明晰了项目活动前期流程安排、角色定位及预设目标之后,对项目参与的主体、客体做出明确的具体的任务执行安排,如表 9-9 所示。

表 9-9　项目人员具体活动任务执行安排

项目流程	项目人员具体活动任务			工具的选用	生成的子产品
	教师	学生	社会人员		
明确项目	提供项目任务、分析学习目标、讲解评价标准	掌握项目任务、明确学习目标、理解评价标准	对项目进行了解	与火箭有关的图片、音视频、气球等资源	—
制订计划	提供项目计划书模板,引导学生进行项目活动计划安排	制订小组中成员任务安排、项目探究流程、活动时间安排等计划	为学生计划制订提供经验支持	项目计划书模板,Word 软件	成熟的项目计划
活动调研	组织学生调研、提供调研工具、鼓励学生分享	通过图书馆等渠道进行调研,撰写调查报告,分享成果	为学生提供各种条件支持	计算机搜索引擎、Word 软件、图书资源	调研报告
作品制作	为学生提供产品制作所需的材料,辅助学生完成作品设计与制作,引导学生进行实验,探究火箭发射原理,完成产品报价	根据查阅到的资料绘制作品设计图,并依据项目设计图选择材料,进行项目产品制作。进行实验,探究火箭发射原理,并进行产品报价	为学生提供产品制作所需的材料,辅助学生完成作品制作	画图软件、学习记录表、直尺、圆规、塑料薄膜、塑料瓶、卡纸、剪刀等	设计图、项目作品、产品报价

项目流程	项目人员具体活动任务			工具的选用	生成的子产品
	教　师	学　生	社会人员		
交流汇报	组织开展作品展示交流会,引导各小组进行作品展示及实验结果共享,组织其他小组成员进行点评	每组派出一位成员进行作品展示与讲解,其余学生对所展示的作品及实验结果进行点评,提出修改建议	对学生的作品及实验结果进行点评,鼓励学生继续完善作品	—	学习记录表
迭代完善	提供作品完善指导及修改建议	根据学生的产品测试成果和各小组的反馈建议,对作品进一步修改和完善	辅助学生完善作品	学习记录表、直尺、圆规、剪刀、塑料薄膜等	成熟的项目产品

根据任务安排,进行具体教学流程设计,如表 9-10 所示。

表 9-10　具体教学流程设计

教学内容	教师活动	学生活动	建议用时	场地安排	教学工具
了解项目任务及学习目标,明确评价标准	播放火箭发射视频,讲解本次 STEM 项目任务及学习目标,明确评价标准	明确"设计水火箭"项目任务及学习目标,了解评价标准	0.5 课时	多媒体教室	搜索引擎、办公软件、视频播放器
制订项目计划安排,撰写项目计划书	组织学生将项目任务进行分解、对学习共同体内的成员进行分工,做好项目实施流程及时间安排	制订成员任务分工、项目流程的探究以及时间安排等计划,撰写项目计划书	0.5 课时	多媒体教室	项目计划书模板、Word 软件
进行资料的搜集、筛选与利用,撰写调查报告,并进行资源共享	组织学生调研,提供调研工具,鼓励学生分享	通过图书馆等渠道进行调研,撰写调查报告,分享成果	0.5 课时	多媒体教室	计算机搜索引擎、Word 软件、图书资源
绘制产品设计图	教师引导学生根据搜集到的资料进行产品设计,绘制设计图	进行头脑风暴,绘制产品设计图,并在图中标注好尺寸	1 课时	多媒体教室	计算机搜索引擎、白纸、笔、尺子
制作水火箭	引导学生根据设计图选择作品制作所需的材料,监控学习者的状态,给予适当帮助	根据所绘制的设计图,在小组共同协作的基础上,利用已有工具资源进行水火箭制作	1.5 课时	创客教室	纸壳、双面胶、小刀、塑料瓶等制作材料
根据项目制作过程中所选材料的类型,查阅目前的市场价格,并根据材料的用量计算花销,进行产品报价	引导学生通过网络查询材料价格并计算总金额	在学习记录表中详细记录材料的种类、用量,通过网络查询材料价格并计算总金额,完成项目报价	0.5 课时	多媒体教室	办公软件、搜索引擎
产品分享与交流	组织水火箭制作成果展示会,综合点评项目作品	各组汇报,展示产品,并相互交流,进行评价	0.5 课时	创客教室	项目成果打分表

教学内容	教师活动	学生活动	建议用时	场地安排	教学工具
产品测试及完善	鼓励学生根据交流汇报阶段教师及其他小组的评价反馈，对作品制作过程进行反思，并进行修改和完善	制作完成以后，小组内部之间对水火箭进行测试，分析总结实验现象，提出改进的方法，完成产品的迭代完善	0.5课时	创客教室	纸壳、双面胶、小刀、镜片等制作材料

（三）反思与教学评价（0.5课时）

STEM项目学习活动结束后，学生对本小组制作的"水火箭"进行展示，讲解其工作原理及制作思路，测试"水火箭"的使用效果，阐述"水火箭"发射影响因素的探究实验结果。教师引导学生进行反思，并组织学生及社会成员对学生的作品和探究过程进行评价。

（四）总结与强化练习（0.5课时）

项目活动结束后，教师引导学生反思项目活动中的表现及学习目标的完成情况。教学总结可以采用教师总结和小组汇报总结的方式进行，总结的过程有利于学生加深知识印象，将项目活动过程中的具体指示抽象化，通过对项目活动过程中学习到的新内容进行回忆与整合，建立知识关联，形成知识体系。

完成教学总结后，教师通过对教学评价和学生反思的整理，对项目学习中的重难点知识进行针对性强化训练，并对学习效果不佳的学生进行个性化辅导。

五、学习支架设计

"水火箭"项目学习各阶段学习支架，如表9-11所示。

表 9-11 "水火箭"项目学习各阶段学习支架

学习支架类型	学习支架	支 点
情境型支架	视频（火箭发射、中国航天事业发展）导入通过气球游戏呈现火箭发射的简易原理。	明确项目阶段。
任务策略型支架	项目计划书模板；提供"水火箭"范例。	制订计划、活动调研、作品制作阶段。
资源型支架	计算机软硬件；制作"水火箭"的材料、工具。	制订计划、活动调研、作品制作、迭代完善阶段。
协作交流型支架	计算机软硬件；教学场地；交流时间。	明确项目、制订计划、活动调研、作品制作、协作交流、迭代完善阶段。
评价型支架	评价量规；项目成果打分表；知识地图。	制订计划、活动调研、作品制作、协作交流、迭代完善阶段。

六、教学评价设计

教学评价设计主要由教师和学习者进行，评价主要包括学生试题检测、教师课堂观察记录、教师对学生进行访谈、学生自评与组内互评、项目成果打分和知识地图评价六方面的内容，争取对学生进行全方位、全角度、全过程的评价。

（一）学生试题检测

由教师根据"水火箭"知识地图中所包含的知识点进行分析，并在此基础上编制试题，在STEM项目活动结束后，将试题发放给学生，对学生的知识掌握情况进行检测。

（二）教师课堂观察记录

教师通过观察学生在"水火箭"项目学习过程中的课堂行为表现和学习状态进行观察并记录，在项目活动结束后，结合其他评价手段，对学生的学习成效进行评价。

（三）教师对学生进行访谈

在课后，教师与学生通过面对面交流的方式，由教师对学生进行口头提问，详细了解学生在"水火箭"项目探究过程中的心理状态的变化，掌握学生对自己的探究活动的评价结果，了解学生的协作交流水平。

（四）学生自评与组内互评

教师根据项目学习理念和STEM教育理念，结合"水火箭"项目的学习目标设计评价量规。评价量规分为个人反思评价和组内成员互评两种。个人反思评价使学习者对项目探究过程进行回忆，根据评价量规发现自己在项目活动过程中的优势和不足。组内成员互评是在项目结束后，学生对小组内其他成员的学习表现和项目贡献进行的评价。

（五）项目成果打分

教师根据"水火箭"项目制定项目成果打分细则，在学习者对自己的作品完成迭代完善后，将项目成果打分表发放给学生，组织学生对本组和其他小组的作品进行点评。评价的过程也是学生反思自己的问题，培养发散思维的过程。

（六）知识地图评价

项目学习活动结束后，教师引导学生根据本项目中学习到的内容，绘制知识地图，绘制知识地图的过程中需要学生回忆所学内容，将知识点进行关联，形成知识结构。由于学生的逻辑思维能力发展水平较低，所以需要教师在此过程中给予帮助和辅导。将学生绘制的知识地图进行互换，由其他小组成员进行点评，点评的过程也是反思自己、加深知识印象、批判性思维提升的过程。最后由教师对评价结果进行整理，了解学生的知识掌握情况，并对表现一般的学生进行针对性辅导。

案例二　《测量平均速度》教学设计

一、案例背景

课型：新授课

科目：物理

设计者：时培福，曲阜师范大学附属实验学校

教材：人教版初中物理八年级上册

年级：八年级

二、教材分析

从初中物理整体来看，把机械运动作为初中物理的开篇第一章是非常符合学生的认知规律的。首先在知识内容上，本章内容与现实生活联系紧密，知识点大多是学生已经了解或掌握了的常识性的内容，非常贴近学生的最近发展区，所以这非常有利于物理学习的入门。其次在学习情感和兴趣方面，本章内容从生活现象切入，通过生活化的情景引入，打消了学生学习物理过程中的畏难情绪，激发了学生的学习兴趣。从教材的第一章整体来看，第一节是长度和时间的测量，第二节是运动的描述，第三节是运动的快慢。前三节课的内容环环相扣，层层递进，而本节课作为第一章第四节的内容，既是对本章的总结又是前面内容的深化，突出体现了物理来源于生活，应用于生活的理念。本节课主要内容是通过学生分组实验来完成平均速度的测量，是对本章知识的综合性运用。所以本节课在设计时应特别注重知识的运用和能力的迁移。另外，教材在扩展性实验中引入了计算机辅助测量技术的介绍，这是一个适应时代发展潮流的导向，所以在实验中应该引导学生将信息科技的知识与物理相结合，综合利用来解决现实问题。而这也正是 STEM 教育理念所倡导的学科融合，学以致用。因此，本节课在设计时将图形化编程和开源硬件的相关知识也融合到本实验的教学中，以达到进一步拓宽学生视野、锻炼实验操作技能、促进学生知识和能力迁移、促进学生实践创新能力生成的教育目的。

三、学习者特征分析

（一）学生已有的能力基础和认知水平

1. 学生能力基础分析

通过前面章节的学习，学生已经初步掌握了时间和长度测量的方法以及数据处理的要求，也学会了平均速度的计算方法。因此学生具备了一定的实验设计和操作能力，通过小组合作交流能够达成本节课的教学目标。另外学生在小学段已经学习过 Scratch 编程，对交互类开源硬件如 Arduino 和 Mbot 智能小车等都有所了解，因此大部分学生可以通过图形化编程来获取传感器数据，并通过编程自动计算得出平均速度，并显示在计算机屏幕上。

2. 学生认知水平分析

本节课主要内容是分组设计实验和测量平均速度，学生通过前面章节的学习已经掌握了相关的物理原理和测量方法，能够设计出测量平均速度的实验流程。通过课前的预习准备，学生也会对本课扩展实验的自动化程序做出预设，实验中注意及时引导和辅助学生调试程序即可。

（二）学生可能遇到的困难和问题

（1）困难：平均速度的计算与单位的正确变换；图形化程序的调试与传感器的使用。

（2）问题：怎么计量实验物体运动的终点更准确；怎么运用传感器来编程触发计时开始和结束？

四、教学目标

(一)知识与技能

学会使用机械停表和刻度尺正确地测量时间与路程,能准确地计算得出平均速度,并加深对平均速度物理意义的理解。

(二)过程与方法

(1)掌握机械停表和刻度尺的使用方法。
(2)了解图形化编程的逻辑设计过程、光电开关的触发原理和使用方法。

(三)情感态度价值观

通过实验激发学生的学习兴趣与探索热情,培养学生严谨的科学态度。通过图形化编程完成自动化实验装置,增强学生的自信心与成就感,进一步激发学生的学习兴趣。

五、教学重难点

(一)教学重点

会用停表和刻度尺正确测量平均速度,加深对平均速度的理解。

(二)教学难点

实验数据的处理和分析,理解平均速度的物理意义。

六、环境与资源设计

(一)教学环境

创客教室,配备有计算机、图形化编程软硬件平台、常用传感器等。本课还需要的物理实验器材有斜面、刻度尺、秒表、小车、金属挡板等。

(二)主要教学工具

1. 图形化编程平台软件简介

Scratch+Arduino 图形化编程软硬件平台是基于 Scratch2.0 源码二次开发完成的,丰富和完善了软硬件交互的指令模块,可以图形化编程,同时也可以用代码编程,如图 9-4 和图 9-5 所示。广泛适用于中小学编程和 STEM 教育。

2. 图形化编程平台硬件简介

图形化编程平台配套电路板采用开源硬件常用架构,基于 Atmega328p 微控制芯片,支持 4 路电机驱动、红外遥控、板载 6 轴陀螺仪、光敏、2 全彩 LED 可扩展、蜂鸣器、4 位 8 段数码管、USB 转串口、蓝牙通信、无线 PS2 手柄控制器、连续 5V3A 电流、8 路 I/O 扩展口、1 路超声波扩展、3 路 I^2C、2 路 485 总线。全部接口可以在线图形化编程控制,也可以脱机烧录程序运行,如图 9-6 所示。

3. 图形化编程辅助初中物理教学的作用

通过引入图形化编程软硬件平台,既可以丰富和拓展学生的知识体系,又可以让学生提高在真实的场景中综合运用知识解决现实问题的能力。通过跨学科的教学设计与教学实践,弥合分科教学带来的知识体系的割裂,促进学生综合实践与创新能力的提高。

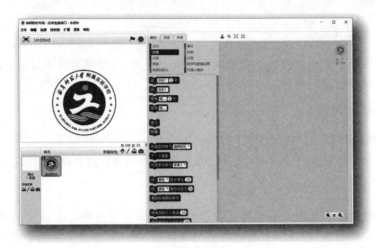

图 9-4　支持软硬件实时交互编程

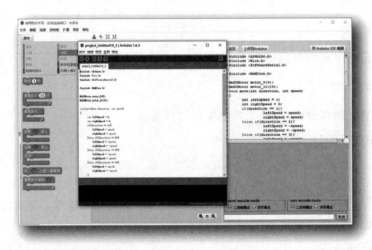

图 9-5　支持 Arduino 代码离线编程

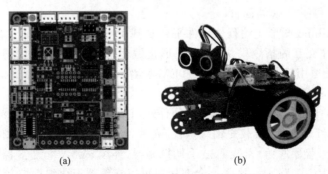

(a)　　　　　　　　　　　　　(b)

图 9-6　编程平台硬件电路与车体结构设计

七、教学实施过程

教学实施过程如表 9-12 所示。

表 9-12　教学实施过程

教学环节	教师活动	设计意图
课前预习	阅读课本并查阅资料,完成以下问题: (1) 实验原理_____。 (2) 测量平均速度需要测量哪些物理量?分别需要什么测量工具? (3) 图形化编程测量平均速度时需要测量什么物理量?程序逻辑怎么设计?	—
情境导入	播放刘翔雅典奥运会夺冠的视频。启发学生思考:你知道刘翔跑的到底有多快吗?通过回顾上节课速度的计算公式,引出测量平均速度的实验原理: $$v=\frac{S}{t}$$(刻度尺+停表)	创设真实场景,启发学生思考。通过回顾刘翔夺冠的历史性时刻,进一步增强学生的民族自豪感和自信心。
新课讲授	活动一　实验设计 分小组合作,参照课本 23 页,根据实验原理设计出本实验的步骤以及数据记录表格。分小组展示并优化改进设计方案。 设计表格,记录数据 	路程	运动时间	平均速度
$S_1=$	$t_1=$	$v_1=$
$S_2=$	$t_2=$	$v_2=$		通过小组合作探究,让学生经历完整的物理实验设计过程,促进学生实践能力的培养。
新课讲授	活动二　学生分组实验 按照上述实验方案,4 人一组进行实验,得出实验数据并正确填写到实验表格中。 分析与论证:比较　v_1 ____ v_2,即:小车沿斜面下滑的速度越来越_____。 结论:说明小车沿斜面下滑运动越来越_____。	
新课讲授	活动三　拓展实验(图形化编程实现) 教师提前准备好拓展实验装置如下图所示,学生 4 人一组进行编程测试与实验。实验方法:计算机端编写好的程序启动后,将小金属球从传感器 1 的位置由静止释放,此时传感器 1 触发计时开始,当下滑至传感器 2 位置时自动触发光电开关,程序计时结束,程序自动计算得出全程平均速度,并显示在计算机屏幕上。 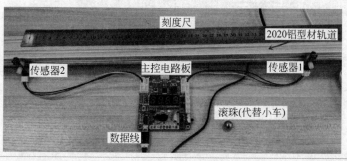	滚珠取代小车,铝型材取代斜面,可以保证小球运动轨迹沿直线,方便传感器进行测控。

教学环节	教师活动	设计意图
新课讲授	 实验参考程序如下图：  实验数据显示界面如下图： 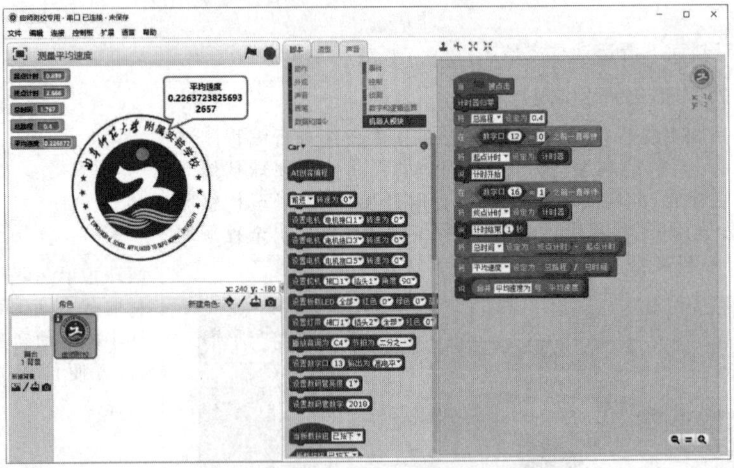 	滚珠取代小车，铝型材取代斜面，可以保证小球运动轨迹沿直线，方便传感器进行测控

续表

教学环节	教师活动	设计意图
巩固提升	(1) 测量长度的基本工具是________,长度的基本单位是________；测量时间的工具是________,时间的基本单位是________。 (2) 一位同学骑自行车行驶在一段公路上,前 5 min 行驶了 1200 m,然后又用 0.5 h 行驶了 8 km,最后用 5 min 行驶 1000 m。这位同学骑自行车前 5 min 的平均速度是________m/s,中途 8 km 路程中的平均速度是________m/s,通过整段公路的平均速度是________m/s	—
课堂总结	(1) 实验原理： $v=\frac{S}{t}$(刻度尺＋停表) (2) 实验步骤： (3) 实验结论：________________	—
作业布置	(1) 完成配套练习册本节课内容； (2) 拓展挑战任务：完成利用超声波传感器实时检测物体运动速度的实验设计	—

八、板书设计

板书设计如图 9-7 所示。

测量平均速度

实验原理

$v=\frac{S}{t}$(刻度尺＋停表)

图 9-7　板书设计

九、教学评价与反思

(一) 优点

本节课基于 STEM 教育学科融合的理念进行设计,在传统物理实验教学的课堂上实现了编程与电路、工程设计与实施等内容的融合,既丰富和完善了学生既有的知识体系,又充分锻炼了学生综合运用多学科知识解决真实情景下复杂问题的能力,是新课标下课堂教学改革的一种创新与尝试。从课堂教学实践来看,本节课的教学能基本达成教学目标。另外,拓展实验仪器是教师原创设计,彻底解决了学生分组实验中小车运动轨迹偏离斜面的问题,值得推广使用。

(二) 不足

本课设计对学生的信息科技素养要求较高,对于学校实验室的编程硬件配备要求较高,所以这种授课模式的普适性有待进一步提高。

第四节　基于 AIGC 的跨学科教学案例

案例　《AI 重现历史，梦回大唐》项目教学设计

山东省昌乐二中　修建

一、项目介绍

项目简介如表 9-13 所示。

表 9-13　项目简介

项目主题	AI 重现历史，梦回大唐		
项目背景	《义务教育信息科技课程标准》(2022 版)明确要求用 10% 的课时开展跨学科学习或跨学科实践活动。借助 AI 全新的方式重现历史经典，让历史变得更加生动、直观和可感知。这种融合不仅有助于推动信息科学学科与历史学科的教育教学研究，还可以促进学生利用科技手段对传统文化的认识和传承，重现文化自信，为当代社会带来新的启示和灵感。		
对应教材	普通初中教科书历史《中国历史》第一单元第三课《盛唐气象》(人民教育出版社)	课时安排	2 课时

二、跨学科项目式学习教学设计

历史课程核心素养包括唯物史观、时空观念、史料实证、历史解释、家国情怀等。信息科技课程核心素养包括信息意识、计算思维、数字化学习与创新、信息社会责任。基于历史学科与信息科技学科的核心素养，开展"AI 重现历史，梦回大唐"跨学科项目式学习设计如下图 9-8 所示。

"AI 重现历史，梦回大唐"项目来自初中历史课本的中国历史部分课程。该项目式学习让学生结合历史学习中的唐代部分的内容进行探究学习，从唐朝政治清明、经济繁荣、文化发展、民族关系、对外交往等方面进行分组探究，通过生成式 AI 进行不断地提问，用人工智能帮助学生们生成更为形象化、具象化的作品，让学生感受唐朝不仅是中国历史上的一个高峰，更是中华民族文化自信的源泉之一。唐朝代表着一种开放包容、积极进取的精神，为后世留下了宝贵的文化遗产和精神财富。

在历史学习方面，学生对于唐朝部分内容已经有整体的学习、感知，但对于生成大任务、大情境下的作品依然是一个不小的挑战，所以在任务的设计上要求学生采用小组合作模式，相互合作探究，生成关于唐朝的一系列作品。

基于上述学情，教师引入技术赋能的"AI＋思想"，通过展示用信息技术重现的历史经典

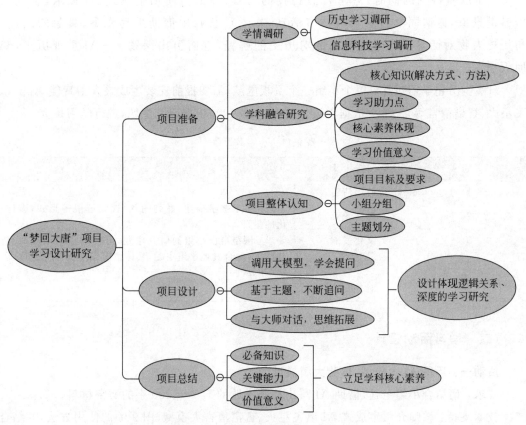

图 9-8　"梦回大唐"项目学习提升研究

文献、艺术品等案例，帮助学生能够身临其境地感受大唐时期的繁荣与辉煌，更好地代入项目学习。小组成员通过生成式 AI 大模型协作研究，经历"AI 重现历史，梦回大唐"学习过程，在有限的时间内完成作品的创作，认识如下几点：第一点是学习大唐盛世的相关史实，通过对唐朝衣食住行的了解，感受制度创新对社会的推动作用；第二点是学习有效的信息收集方法，培养良好的解决问题的能力以及养成自主学习的习惯；第三点是通过想象自己作为一个唐朝人的衣食住行情况，借此体会盛唐的精神面貌，以增强民族自豪感，树立为中华民族奋斗的伟大志向。

三、跨学科项目式学习教学实践研究

（一）创设情境、素养引领

借助 2024 年春节联欢晚会上的《山河诗长安》节目，《山河诗长安》节目是 AI ＋历史文化交融，重现大唐盛世景象，借助生动文字、具象的图片、与历史人物对话等形式重现中华传统文化，是一场科技与文化交融的盛宴。

学生欣赏诗词的同时,思考背后科技的力量,即如何使用生成式 AI 技术,重现大唐盛世景象,邀请同学们参加科技节活动,在学校长廊中借助生动文字、具象的图片、与历史人物对话等形式阐述自己的对历史的解释,进而引出课题——AI 重现历史,梦回大唐。

班级内分组学习设计:每个小组一个平板电脑,需要提前安装生成式人工智能 App(讯飞星火、智谱清言等)。学生依据小组分工表(表 9-14),依据研究主题,进行学习探究。

表 9-14　小组分工表

小组	研究主题	呈现成果及要求
1	政治清明	呈现形式:文字描述、系列图片、视频解说等形式,多样化的呈现。 要求:围绕自己小组的研究主题,可在本小组主题研究基础上,融合其他小组主题,具体情况以小组研究进度而定(开放性)。
2	经济繁荣	
3	文化发展	
4	民族关系	
5	对外交往	

(二) 学习活动设计

活动一:巧用 AI 大模型、体验大唐盛世

要求:请结合小组主题,借助 AI 写出相关主题的不少于 200 字的文字材料。

技术支持:教师介绍生成式 AI 讯飞星火、智谱清言大模型(图 9-9)的使用方法,并结合生成式人工智能的概念,讲解使用方法,让学生操作练习。

图 9-9　讯飞星火、智谱清言 APP

学会提问—教师给予参考示例:(以对外交往的主题为例)

提问 1:请结合大唐盛世发展,列举唐朝时期与日本、新罗、印度等国家交往的史实材料,不少于 200 字。

教师引领、点拨提问技巧:问题要非常具体、明确,包含背景、角度、要求等。在提问的过程中,要尽量使用清晰、简洁的语言,避免使用模糊或含混不清的词语,以确保模型能够准确理解提问者的意图。此外,对于复杂的主题,可以适当提供一些背景信息,帮助模型更好地理解问题的背景和上下文。在与生成式 AI 进行交互时,要注意不断调整问题的表达方式,以获取更准确和更符合预期的结果。

学生依据大模型进行实验探究,而后进行展示(表 9-15)。

表 9-15　讯飞星火大模型与智谱清言大模型生成内容

讯飞星火大模型（生成内容）

请结合大唐盛世的发展，列举唐朝时期与日本、新罗、印度等国家交往的史实材料，不少于200字。

唐朝是中国历史上的一个盛世，经济繁荣，文化昌盛。在这一时期，中国与日本、新罗、印度等国家的交往非常频繁。

1. 与日本的交往：

○ 遣唐使：日本为了学习唐朝的先进文化和技术，从公元630年开始，先后派遣了十几次遣唐使团到中国。这些使团不仅包括官员，还有学者、艺术家、工匠等。他们在中国学习了法律、制度、文学、艺术、医学等各种知识，并将这些知识带回日本，对日本的文化和社会发展产生了深远影响。

○ 留学生和学问僧：除了遣唐使团，还有许多日本留学生和学问僧来到中国学习。他们在长安等地的学校和寺庙里学习，吸收了大量的中国文化。

2. 与新罗的交往

○ 新罗是朝鲜半岛上的一个国家，与唐朝有着密切的交往。新罗学生大量涌入长安，学习唐朝的文化和制度。他们在回国后，对新罗的政治、文化等方面产生了重要影响。

○ 新罗还通过海路与中国进行贸易往来，两国的商品交换促进了彼此的经济发展。

3. 与印度的交往：

○ 唐朝与印度的交往主要体现在佛教文化的交流上。许多中国僧侣如玄奘等到印度取经，学习佛教经典和文化。

○ 同时，印度的佛教僧侣也来到中国传播佛法，如阿倍仲麻吕（又称善无畏）等人。

○ 唐朝还与印度进行了贸易往来，通过丝绸之路和海上丝绸之路交换商品。

总的来说，唐朝时期与日本、新罗、印度等国家的交往不仅体现在政治使节的互访上，还包括文化、宗教、贸易等多个方面的深入交流。这些交往对于促进各 州地区的文化交流

智谱清言大模型（生成内容）

请结合大唐盛世发展，列举唐朝时期与日本新罗印度等国家交往的事实，材料，不少于200字。

唐朝是中国历史上一个繁荣开放的时期，与日本、新罗、印度等国家的交往十分密切。以下是一些具体的交往事实和材料。

1. 与日本的交往：

• 唐朝时期，日本多次派遣遣唐使来华学习中国的政治、经济、文化等。这些遣唐使团规模庞大，成员包括学者、僧侣、手工艺人等。

• 唐朝的诗人李白、杜甫等人的作品在日本广为流传，对日本文学产生了深远的影响

• 唐朝的书法、绘画、建筑等艺术也深深影响了日本的艺术发展。

2. 与新罗的交往：

• 新罗是唐朝的一个朝贡国，两国之间有频繁的使节往来。新罗派遣了大量的留学生到唐朝学习，其中最著名的是崔致远，他在唐朝学习了十年，回国后成为新罗的著名学者和政治家。

• 唐朝的货币、服饰、饮食等对新罗产生了深远的影响，新罗的风俗习惯也受到了唐朝的影响。

3. 与印度的交往：

• 唐朝时期，印度的佛教、医学……

教师引导学生思考：针对同样的问题，为什么不同的大模型给予的回答不一样？

学生讨论交流，教师引导学生探究生成式背后的原理：学习大量的数据—得出共同点—建立模型—基于提问做出回答—依据回答问题好与坏—迭代、优化模型。

答案的不同源头在于模型，模型依赖于数据训练，数据不同，模型不同，生成成果就不同。生成式人工智能技术主要基于深度学习技术，通过大量的数据训练，学习并生成新的内容。自然语言处理技术是生成式人工智能技术的重要组成部分，通过对自然语言的理解和处理，实现与人类的自然交互。

活动二：巧用追问，深度挖掘唐朝风貌

要求：请结合活动一中的问题，不断追问，深度挖掘。

学会提问—教师给予参考示例（以对外交往的主题为例）。

追问1：请结合七年级历史下册课本（人民教育出版社）第3.4课，总结唐朝对外交往的3个特点。

追问2：基于上述，分析大唐盛世时期对外交往频繁的原因。

追问3：基于对大唐盛世时期对外交往的描述，生成一张图片。

学生操作、展示：换一种表述方式，完成活动二，教师巡视各个小组，鼓励小组合作探究。而后依据大模型进行实验探究，展示交流。

思考1：如何通过提问让回答更加符合对唐朝时期的客观情况？

思考2：计算机传统创作方式与 AI 方式有何异同，AI 创作对历史学习有何帮助？

教师点拨思考1：要代入角色场景；根据应用场景提出问题；提问要明确、具体、详细；对于需求和要求具体描述；若对生成结果不满意，可以修改提示语或持续追问，不断续写、改写；使用多个大模型生成多个结果并对其进行整合再修改。

教师点拨思考2：从创意设计操作、时间、成本、个性化与创新、协作与迭代等方面，分析计算机传统创作方式与 AI 创作优缺点，并结合历史学科特点阐述 AI 创作对历史学习的帮助。

教师点拨思考如表 9-16 所示。

表 9-16 教师点拨思考

方法	创意设计操作	时间	成本	个性化与创新	协作与迭代	最终作品
计算机传统创作方法	草图、图形软件、设计师的创意、艺术感、专业技能	几天、几周	成本高	灵活加入创新元素	需要团队成员相互沟通迭代	依赖专业设计师团队的技能和经验
生成式人工智能	借助深度学习等技术及模型生成	几分钟	初期投入高，长期经济	受限于训练数据算法的能力，可能无法完成	可以快速迭代作品，但缺乏个人触感和细致入微的修改	取决于训练数据的质量和模型

教师引领：通过计算机传统方法和生成式人工智能方法对比分析，各有优缺，结合使用，提高制作效率和质量，更深入了解历史时代风貌。

基于提问，大模型生成文字、图片等信息，教师进一步引导学生深度思考，基于个人已有的认知经验,思考、组内交流讨论。

思考3：唐朝的对外交往对当时的世界产生了哪些影响？

思考4：在现代社会,我们应如何借鉴唐朝的对外交往经验,促进国际交流与合作？

教师点拨思考3：教师可以引导学生从以下三个问题引导学生总结出问题的答案；唐朝的丝绸、瓷器等商品对世界各地的贸易产生了深远影响。唐朝的文化、宗教和艺术影响了周边国家及更远的地方。唐朝的开放政策对后来的历史产生了怎样的启示？

教师点拨思考4：这个问题引导学生将历史与现实相结合,思考如何从历史中汲取经验,为现代社会服务。教师可以提示学生：借鉴唐朝的开放政策,坚持对外开放,积极融入全球化进程。学习唐朝的包容精神,尊重不同文化,促进文化交流与融合。借鉴唐朝的贸易策略,发展对外贸易,促进经济合作与共赢。

活动三：对话大师,提升价值

要求：与大师对话,提问自己的疑难点、困惑点。(可以跨小组研究主题)

提问1：请讲一讲鉴真六次东渡日本和玄奘西行的故事,并总结他们的精神品质。

提问2：请基于唐朝的繁荣与开放,谈谈对我们民族复兴的3点启示,不少于100字。

技术支持：智谱清言智能体、讯飞助手。

拓展思考：AI 辨析思考

思考1：使用生成式 AI 创作的作品是否就是正确的？基于如图 9-10 所示生成的,进行辨析思考。

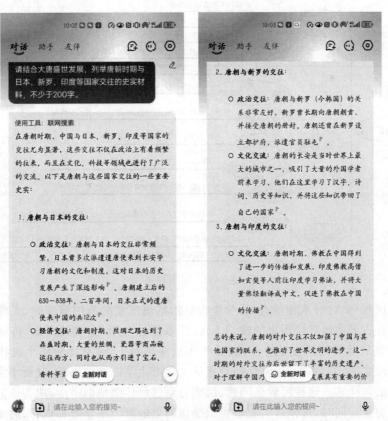

图 9-10　AI 生成作品

思考 2：生成式大模型的生成结果涉及版权问题吗？

思考 3：生成式 AI 是否会产生自主意识并控制人类？从人工智能基础数据、算法、算力三方面去思考，结合生成式 AI 原理与过程去思考探究。学生围绕问题畅所欲言，分享自己观点。教师带领学生观看相关版权问题的案例，进一步引发学生的深度思考。

教师点拨引领如表 9-17 所示。

表 9-17　教师点拨引领

思考	思考 1	思考 2	思考 3
教师基于问题进行引领	训练模型时确保数据的质量和准确性；防止数据投毒，对数据进行清洗和校验	评估生成内容的独创性以及与现有作品的相似度；在《中华人民共和国著作权法》中，作品需要满足一定的原创性标准才能受到保护	基于算法和模型的技术，基于人的目标、规则和限制，以确保其输出符合人类的期望和道德标准。过程中监控和干预，以防止其产生不良后果或滥用

（三）总结、提升

学生进行交流讨论，最后梳理本项目学习，通过思维导图形式智慧聚焦、升华主题，如图 9-11 所示。

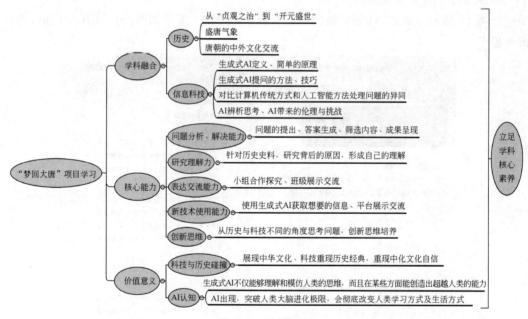

图 9-11　思维导图

当历史课程与 AI 技术相结合，为学生们展示盛唐气象的辉煌篇章时，无疑为学生们打开了一扇通往古老中国辉煌历史的窗户。AI 技术通过生动、直观的方式，将盛唐时期的文化、艺术、科技成就等展现在学生面前，让学生们穿越时空，亲身体验那个时代的繁荣与昌盛。这种沉浸式的学习体验，让学生们对盛唐文化产生了浓厚的兴趣，进而增强了对中华民族传统文化的认同感。这种民族认同感、民族自豪感将伴随他们一生，成为他们成长道路上的重要支撑力量。同时，这种自信心也将激励他们更加努力地学习和成长，为中华民族的伟大复兴贡献自己的力量。

四、教学启示

（一）精准把握学科融合助力点

学科融合助力点如表 9-18 所示。

表 9-18 学科融合助力点

序号	助力点	表述
1	史料深度学习	帮助学生在浩如烟海的历史资料中检索和分析信息，提高研究效率。
2	互动性历史教学	与历史学家对话、交流等，提高学生的学习兴趣和参与度。
3	模拟历史场景	助力学生更好地理解历史事件发生的背景和环境、原因等，拓展知识的广度与深度。
4	培养批判性思维	分析 AI 生成的内容，助力学生批判性地评估信息的真实性和可靠性。
5	满足个性化需求	基于需求提供定制化的学习内容和资源，从而满足不同学生的学习需求。
6	转变教与学的方式	发挥学生主体作用，通过提问得出答案，助力教师的教与学生的学。

（二）立足学科核心素养

基于人工智能的跨学科项目学习，要落地学科核心素养，本项目核心素养体现，如表 9-19 所示。

表 9-19 学科核心素养及体现

历史学科核心素养	项目学习体现
唯物史观	学生从政治、经济、文化、民族关系、对外交往等角度全方位地研究大唐盛世的景象，进而理解繁荣与开放之间的关系。
时空观念	学生通过将七八世纪的中国与同时代的日本以及西方等国家的对比，理解唐朝在当时世界上的先进性。
史料实证	学生通过提问生成大量的史料，阅读并进行自主甄别和选择，提取信息并形成对大唐盛世的认知。
历史解释	学生不仅要形成对大唐盛世的全方位认知，更要通过大量的史料探究出现大唐盛世的原因。
家国情怀	学生通过研究大唐盛世在政治、经济等方面的表现，认识到唐朝在世界历史上的重要地位，增强文化自信，增强民族自豪感和自信心，要为中华民族伟大复兴而努力。
信息科技学科核心素养	项目学习体现
信息意识	学生在提问生成答案的过程中，从海量历史资料中筛选、挖掘、甄别、评估有价值的信息，以确保生成的作品具有准确性和可信度，体现了学生对信息的敏感度和判断力，增强信息意识。
计算思维	学生在基于提问生成不同答案的过程中需要理解生成式 AI 的工作原理，形成有效地利用 AI 技术进行历史资料的分析和作品的生成的方式、方法。
数字化学习与创新	学生借助生成式 AI 重现历史经典，进行作品的生成和创作，将传统的历史学习与科技相结合，拓展创新思维，体现了数字化学习的重要性和创新性。
信息社会责任	学生在使用生成式 AI 进行作品创作时，要对 AI 技术辨析思考，体现了信息社会责任的重要性。

（三）关注学情、做好调研

学科学情分析如表 9-20 所示。

表 9-20　信息技术与历史学科学情分析

学　　科	学 情 分 析
信息科技	教师通过调查问卷普查以及与学习小组长沟通等方式了解学生对于人工智能与生成式人工智能的的了解程度。通过这些方式，教师可以全面了解学生学习需求，收集学生对于人工智能和生成式人工智能的基础认知情况。问卷内容可以涵盖人工智能的定义、应用领域、发展历程以及学生对于目前生成式人工智能应用现状的看法等方面。通过分析问卷结果，教师可以了解学生的整体认知水平，为后续教学提供参考。
历史学科	在知识储备方面，七年级学生已经通过书籍、纪录片、影视剧等方式对唐朝有了一定的认知，知道唐朝在中国历史上是一个非常辉煌的朝代，因而会有带有很多"唐"字的词，如唐人街、唐装等。但是学生已有认知并不是完全符合历史，所以需要在学习时进行甄别和纠正。针对学生前期掌握情况，从政治、经济、文化、历史事件发生的前因后果等多方面进行调研，为项目学习做好铺垫。

五、结语

　　跨学科项目式教学，是以具体项目为依托，帮助学生在学科大融合的背景下建构知识体系、能力体系、价值意义体系。从知识融合角度，帮助学生将不同学科的知识融合在一起，提高他们的综合素养；从创新能力培养角度，引导学生不同的角度思考问题，培养他们的创新思维和解决问题的能力；从团队协作角度，有助于提升他们的团队合作能力和沟通能力；从价值意义角度，最终指向学生核心素养落地，对学生发展有很大的促进和影响。当然，也将面对一定的挑战与问题，例如生成式模型的准确性、稳定性和可解释性等带来的技术挑战、引发的伦理安全问题等。

　　在科技重现历史经典的过程中，学生和教师不仅能够感受到历史的真实氛围，还能够深入了解历史事件的背景和内涵。"历史是一场对话，是现在与过去的对话。"科技重现历史经典，正是通过科技的力量，让历史的灵魂重见光明，让文化的自信在心中继续燃烧，也让我们对自己的文化有了更深的理解和认同。

思　考　题

1. 请结合信息技术发展趋势，试述计算机辅助教学的新变化。
2. 谈一谈对混合式教学的理解。
3. 试述 STEM 教学的优缺点。
4. 如何看待 AIGC 支持下的教学过程变化。

————| 拓 展 资 源 |————

1. 赵春,刘福刚.一种融合联通主义与新建构主义的混合式教学模式[J].高教探索,2021(10):16-21.

2. 袁杰.基于设计思维的师范生《现代教育技术》公共课教学模式研究[D].烟台:鲁东大学,2018.

3. 叶莎.游戏化教学模式下初中信息技术教学的实践研究[D].石河子:石河子大学,2021.

4. 李士平,赵蔚,刘红霞.数据驱动下的学习支持设计与实践[J].电化教育研究,2018,39(3):103-108,114.

5. 郭文革.北京大学"教育技术学基础"混合式教学模式探索[J].电化教育研究,2009(8):59-63.

6. 詹泽慧,李晓华.混合学习:定义、策略、现状与发展趋势:与美国印第安纳大学柯蒂斯·邦克教授的对话[J].中国电化教育,2009(12):1-5.

7. 赵呈领,赵文君,蒋志辉.面向 STEM 教育的 5E 探究式教学模式设计[J].现代教育技术,2018,28(3):106-112.

8. 王琳.面向计算思维培养的高中人工智能教育学习活动的设计研究[D].济南:山东师范大学,2020.

拓展资源

附　录

附录 1　《个人反思量表》

根据自己的实际情况,请仔细思考每一项的评分并进行打分。打分结果不会让其他成员知道。

1 完全不符合　2 不太符合　3 中立　4 比较符合　5 非常符合

编号	题　目	1	2	3	4	5
1	有创新精神					
2	自主学习能力强					
3	按时完成任务					
4	敢于质疑,善于反思					
5	乐于助人,帮助其他同学					
6	与同伴进行合作学习,参与度高					
7	善于发现问题,勇于解决问题					
8	学习态度,学习认知水平有很大提升					
9	学习目标明确,积极投入项目学习中					
10	能够将本学科知识和其他学科知识联系					
11	能够灵活运用知识和技能解决实际问题					

附录 2　《同伴互评量表》

下面是关于你和你所在团队的每个成员的问题列表,请仔细思考每一项的评分并进行打分。打分结果不能让其他成员知道。

1 完全不符合　2 不太符合　3 中立　4 比较符合　5 非常符合

题　目	姓名			
	(自己)	(组员)	(组员)	(组员)
积极组织团队讨论				
积极参与团队讨论				
与他人合作、交流愉快				
勇于提出自己不同的观点				

续表

题 目	姓名			
	（自己）	（组员）	（组员）	（组员）
及时完成团队安排的任务				
对团队讨论有很大的贡献				
为团队中其他人提供帮助				
尊重并倾听其他成员的想法				
对项目成果的制作有很大贡献				

附录 3 "水火箭"项目试题检测

一、填空题

1. 钱学森是中国科学院及中国工程院院士,对我国的_____做出了巨大的和开拓性的贡献,被誉为"_____"和"火箭之王"。

2. 设计和发明需要勤于观察和_____,需要创新的勇气,坚强的_____和持续的努力。

3. 要制作水火箭,我们可以用硬卡纸_____、_____、_____、笔、胶带等材料制作,制作过程中,一定要注意安全。

4. 水火箭各个部分的材料、_____以及_____等都可能影响水火箭飞行的高度。

5. 测试某一因素对水火箭飞行的影响时,需要保证对比实验中_____不变。

二、选择题

1. 我们可以通过调查,查阅资料,( )等方式了解火箭发射的相关知识。
   A. 上网搜索　　　　　　B. 听音乐会　　　　　　C. 看电视剧

2. 我国( )时期,万户陶成道试图利用火药制成的"火箭"上天。
   A. 明朝　　　　　　　　B. 商朝　　　　　　　　C. 唐朝

3. 一般用气球做模拟实验能研究水火箭的( )问题。
   A. 材料　　　　　　　　B. 外形　　　　　　　　C. 动力

4. 制作水火箭用材料时( )最适合作尖端材料。
   A. 硬卡纸　　　　　　　B. 报纸　　　　　　　　C. 木板

5. 水火箭飞行时,箭身在空中打转,我们应该调整( )。
   A. 空水瓶中的水量　　　B. 尾翼的位置和大小　　C. 尖端材料

三、判断题

1. 明朝时,万户陶成道就利用火药成功制成了火箭。　　　　　　　　　　（　　）

2. 取材时,硬纸板通常都是用手撕。　　　　　　　　　　　　　　　　　（　　）

3. 水火箭的尖端材料不会影响火箭飞行的高度。　　　　　　　　　　　　（　　）

4. 改变水火箭尖端的形状会影响火箭飞行的时间。　　　　　　　　　　（　　）

5. 比较水火箭飞行高度时,可以通过竖直向上发射时记录水火箭从飞出到落地的时间来比较。　　　　　　　　　　　　　　　　　　　　　　　　　　　　　（　　）

附录 4　《项目成果打分表》

评价对象:　　　　　　　　　　　　　　　　　总分:

能力指标	优秀 (8~10分)	良好 (6~8分)	合格 (3~6分)	不合格 (0~3分)	得分
学术能力	能够在项目作品制作过程中应用多学科知识,并且通过项目活动探究,掌握新知识和新技能,了解项目作品在现实生活中的用途	能够在项目作品制作过程中应用多学科知识,并且通过项目活动探究,掌握新知识和新技能	能够在项目作品制作过程中应用多学科知识	不能够在项目作品制作过程中应用多学科知识	
项目执行能力	学生能够高质量地完成项目任务,设计制作的作品具有创新性	学生能够完成项目任务,但设计制作的作品缺乏创新性	学生能够勉强完成项目任务,设计制作的作品不具备创新性	学生没有完成项目任务	
协作交流能力	在作品制作阶段,积极参与讨论,分享自己的观点,听取他人的意见,在合作的基础上高质量完成项目任务	在作品制作阶段,积极参与讨论,分享自己的观点,听取他人的意见,在合作的基础上完成项目任务	在作品制作阶段,不积极参与讨论,不分享自己的观点,听取他人的意见,在合作的基础上完成项目任务	在作品制作阶段,不积极参与讨论,不分享自己的观点,不听取他人的意见,没有完成项目任务	
创新能力	能够在项目作品制作过程中灵活运用多学科知识,提出创新性观点,能够创新性地完成项目任务	能够在项目作品制作过程中运用多学科知识,提出创新性观点,完成项目任务	能够在项目作品制作过程中运用多学科知识,完成项目任务	没有完成项目任务	
问题解决能力	能够对项目问题进行准确分析,并在此基础上提出问题解决方案,运用多学科知识高质量完成项目任务	能够对项目问题进行分析,并在此基础上提出问题解决方案,运用多学科知识完成项目任务	能够对项目问题进行分析,并在其他成员的帮助下提出问题解决方案,完成项目任务	不能对项目问题进行分析,完全不知道应该怎么做	

附录 5 《项目计划书》模板

项目计划安排	具 体 内 容
项目任务分析	
小组成员分工	
项目活动实施流程	
项目活动时间安排	

附录 6 《产品报价书》模板

项目名称:

材料名称	规格	单位	数量	单价	备注
总计:					

附录 7 《学习记录表》

项目名称：	时间：	姓名：